행함

정성진 목사의 야고보서 강해 행함

지은이: 정성진
펴낸이: 원성삼
펴낸곳: 예영커뮤니케이션
책임편집: 김지혜

초판 1쇄 발행: 2015년 2월 14일

출판신고 1992년 3월 1일 제2-1349호
136-825 서울시 성북구 성북로6가길 31
Tel (02)766-8931 Fax (02)766-8934

ISBN 978-89-8350-909-3(03230)

정가 14,000원

www.jeyoung.com

이 도서의 국립중앙도서관 출판예정도서목록(CIP)은 서지정보유통지원시스템 홈페이지(http://seoji.nl.go.kr)와 국가자료공동목록시스템(http://www.nl.go.kr/kolisnet)에서 이용하실 수 있습니다.(CIP제어번호: CIP2015003865)

모든 인간은 하나님의 형상을 닮은 존엄한 존재입니다. 전 세계의 모든 사람들은 인종, 민족, 피부색, 문화, 언어에 관계없이 존귀합니다. 예영커뮤니케이션은 이러한 정신에 근거해 모든 인간이 존귀한 삶을 사는 데 필요한 지식과 문화를 예수 그리스도의 사랑으로 보급함으로써 우리가 속한 사회에 기여하고자 합니다.

정성진 목사의 야고보서 강해

行 행함

정성진 지음

行 행함

들어가는 말

주전 5세기 경, 중국의 춘추전국시대 사람이었던 공자는 인과 예로써 바른 세상을 만들고자 하는 열망으로 현실 정치에 발을 담그며 제자들을 키웠습니다. 공자의 가르침을 유학이라고 불렀고, 중국의 중요한 통치 이념이 되었습니다. 조선이 국가의 통치 이념을 유학으로 정한 이후 500년 동안 그 가르침을 지키며 살아왔고, 21세기인 지금도 아직 우리에게 영향을 미치고 있습니다.

유학의 공부 방법은 경전을 읽고, 그것을 해석하고, 삶에 적용하는 것입니다. 송나라의 주자는 이것을 "격물치지(格物致知)를 통한 거경궁리(居敬窮理)"라고 하였습니다. 즉 "사물의 이치를 연구함으로써 지극한 앎에 이르고, 공경한 상태에 거하며 이치가 막힘없이 뚫리는 것"입니다. 이런 주자학의 흐름은 필연적으로 사변적 성향을 띠게 되었습니다.

오랑캐인 만주족이 세운 청나라를 보며 조선의 학자들은 '공자·주자의 유구한 전통을 계승할 나라는 우리 밖에 없다.'면서 주자의 학문을 더욱 숭상하였습니다. 그로 인해 조선 말기, 나라의 어려움은 필설로 다할 수 없게 되었고 헛된 이론 다툼과 붕당(朋黨)으로 인한 폐해는 결국 백성의 몫이 되고 말았습니다. 경전의 해석에만 치중하고 결국 공자의 본래 목적인 '백성을 평안케 함'을 잊어버린 유학의 말로는 조선의 멸망이었다고 봐도 과언이 아닙니다.

장신대학교에서 철학과 동양학을 가르치시던 배요한 교수님은 "경전을 숭상하던 유학자의 전통이 성경 중심주의 사상으로 이어졌다."고 평합니다. 확실히 우리 한국 교회만큼 성경을 열심히 읽고 성경통독, 성경쓰기 등의 방법론을 강조하는 교회는 없는 듯합니다. 하지만 그런

'읽기', '쓰기'와 같은 유학적 공부방법론만으로는 부족합니다. 그것은 결국 지식 쌓기, 사변 놀음으로 끝날 수 있기 때문입니다.

과거 유럽의 기독교 신학이 스콜라 신학의 사변 놀음으로 흘러가고 있을 때 종교개혁자들은 과감히 반기를 들었고, 말씀대로 살고자 했던 그들의 삶이 세상을 바꾸었습니다. 독일의 루터교회가 루터의 말을 교조적(教條的)으로 숭상하며 생명력을 잃어갈 때, 예수님의 말씀을 삶으로 실천한 경건주의자로 인해 독일 교회가 새로워졌습니다. 영국국교회가 왕실과 귀족들의 번견(番犬) 역할만을 하며 교회로서 생명을 잃어갈 때, 존 웨슬리의 감리교회가 등장해 영국 교회에 성령의 활력을 불어넣었습니다. 말씀대로 살아야겠다고 다짐한 수많은 미국의 젊은이들이 선교의 바다에 뛰어들었고, 우리 민족도 언더우드와 아펜젤러와 같은 선교사의 헌신으로 그리스도의 복음을 듣게 되었습니다.

역사의 문제는 반복됩니다. 언제나 문제는 말씀이 실천되지 못하고 곰팡이가 피는 서재에 갇히거나 책상 위에 머물 때였습니다. 이제 우리의 신앙이 사무실과 책상 위와 예배당을 넘어 일상의 삶 속에서 행함으로 드러나야 합니다. 그것이 한국 교회를 갱신하는 방법이고 더 나아가 하나님 나라의 확장을 위한 우리의 사명입니다.

언더우드 선교사가 조선에 발을 디딘지 1년 반이 지난 1886년 12월 어느 날, 황해도 소래 지방에서 세 명의 남자가 세례를 받기 위해 찾아옵니다. 문답을 해 보니 이미 기독교의 기본적 교리와 구원에 대한 진리를 잘 알고 있는 자들이었기에 세례를 주기로 결의합니다. 그런데 문답 과정 중 이 세 남자가 두루마기를 벗고 돌아섰습니다. 그리고 세 남자의 등에는 작은 나무 십자가에 매여 있었습니다. 놀란 언더우드 선교사가 이것이 무엇이냐 물으니, "세례를 받기 위해 서울로 출발하기 전에 성경을 읽다가 예수님께서 '…나를 따라오려거든 자기를 부인하고 자기 십자가를 지고 나를 따를 것이니라(마 16:24).'를 읽고, 우리가 그냥 갈 것이 아니라 주님의 말씀을 좇기 위해 십자가를 만들어 지고 온 것입니다."라고 대답했습니다.

언더우드는 이에 크게 감명을 받고 이 사실을 미국에 선교 편지로 보냈습니다. 한국 교회 신앙의 첫 조상들은 말씀을 순진하리만큼 있는 그대로 믿고 실천했습니다. 그 토양 위에 한국 교회가 지금과 같은 건실한 나무로 자라게 된 것입니다.

올해는 언더우드, 아펜젤러의 한국 선교 130주년, 광복 70주년인 뜻깊은 해입니다. 주님께서 이 시대 성도에게 원하시는 것은 당신의 말씀을 행하라는 것입니다. 아무쪼록 저의 졸저가 이런 주님의 마음을 조금이나마 담아 많은 분께 행함에 도움이 되길 간절히 바랍니다.

이 책이 나오기까지 수고하신 여러 분들에게 감사의 말씀을 드립니다. 문맥을 다듬고 편집해 주신 예영커뮤니케이션 원성삼 대표와 직원들에게 감사드립니다. 그리고 전 대표이시며 하늘나라에서 주님과 행복한 시간을 먼저 보내고 계신 故 김승태 장로님을 추억합니다. 지금까지 저의 모든 원고는 김승태 장로님께서 함께 하셨는데 아쉬움과 그리움이 남습니다.

항상 부족한 목사의 설교를 끝까지 경청해 주시는 성도들께 감사드립니다. 양이 없는 목자는 목자가 아니듯, 성도가 없이는 설교도 목회도 없습니다. 인생의 반려자가 되어 목회를 내조해 준 사랑하는 아내와 그리스도 안에서 자신의 몫을 다 하는 두 자녀에게 고마움을 전합니다. 아무쪼록 주님께서 다시 오시는 그날까지 주께서 주신 말씀을 행함으로 진리에 이르는 우리 모두가 되길 소원합니다.

行 행함

行 행함

시험을 당할 때

1하나님과 주 예수 그리스도의 종 야고보는 흩어져 있는 열두 지파에게 문안하노라
2내 형제들아 너희가 여러 가지 시험을 당하거든 온전히 기쁘게 여기라
3이는 너희 믿음의 시련이 인내를 만들어 내는 줄 너희가 앎이라
4인내를 온전히 이루라 이는 너희로 온전하고 구비하여 조금도 부족함이 없게 하려 함이라

_야고보서 1장 1-4절

신약성경에 야고보라는 이름을 가진 사람이 여러 명 나옵니다. 마가복음 1장 29절에 예수님의 12제자 중 하나인 세베데의 아들 야고보, 마가복음 3장 18절에 알패오의 아들 야고보 또한 예수님의 제자입니다. 누가복음 6장 16절에 유다라는 제자의 아버지의 이름이 야고보라고 기록되어 있습니다. 이 유다는 다대오라는 이름을 갖고 있는 사람으로 가룟 유다와는 다른 제자입니다.

예수님의 형제인 야고보는 예수님이 지상에 계실 때는 그를 믿지 않았습니다. 그러다가 부활하신 예수님을 만난 후에 개종하여 예루살렘 교회의 초대 감독이 되었고, 초대 교회 당시 베드로와 요한과 함께 교회의 기둥과 같은 중요한 인물로 널리 인정받고 있었음을 사도행전에서 알 수 있습니다. 야고보서는 어떤 서신보다 예수님의 교훈을 연상케 하는 구절이 많고 특히 산상수훈과 공통점이 많습니다.

유대의 역사가 요세푸스에 의하면 야고보는 주전 62년 대제사장 안나스에 의해 돌에 맞아 순교했다고 기록하고 있습니다. 대부분의 학자들은 야고보서가 신약 중에 가장 먼저 기록된 것으로 추측합니다. 본서의 내용으로 미루어 짐작할 때 스데반의 순교 이후 유대교의 박해를 피해 로마제국 각 지역에 흩어져 있는 유대인들에게 보낸 편지라고 볼 수 있습니다.

이들은 외적으로 유대교를 신봉하는 동족의 핍박으로 인하여 큰 시련을 겪고 있었습니다. 또한 내적으로 '믿음으로 구원을 얻는다.'는 교리를 지나치게 강조한 나머지 실천적 신앙을 매우 등한시하는 신자들이 많이 생기고 있어 교회에 문제가 발생했습니다.

이에 대해 초대 교회 대표적인 지도자의 한 사람이었던 야고보가 흩어진 유대인 성도에게 여러 가지 시련을 믿음으로 극복하도록 격려하고 다른 한편으로는 행함이 있는 바른 믿음 생활을 통하여 신앙의 성숙을 도모함으로 교회의 문제를 해결하고자 기록한 것입니다.

이런 이유로 신앙의 실천적 면을 강하게 교훈하고 있기 때문에 '신약의 잠언' 혹은 '신약의 아모스'라는 별명으로 불리기도 합니다. 이로써 오해를 가장 많이 받은 성경이기도 합니다. 야고보가 주장한 '이행득의(以行得義)'[1] 사상이 사도 바울이 강조한 '이신득의(以信得義)'[2] 사상과 정면으로 대치하는 것처럼 보이기 때문입니다.

1. 행함으로 의롭다 함을 얻는다.

2. 믿음으로 의롭다 함을 얻는다.

그래서 루터는 야고보서를 '지푸라기 서신'이라고 폄하하기도 했습니다. 그 이유를 생각해 보면 루터가 종교개혁의 기치로 내세운 '오직 믿음'은 로마 천주교회가 헌금을 강조하고 공로를 강조하는 것에 반대하여 오직 믿음으로 구원 얻는 것임을 강조했는데, 반대파들에서 야고보서를 들이대면서 반박을 하니, 루터로서는 야고보서가 걸리적거리고 매우 가치 없는 지푸라기처럼 여겨졌을 것이라고 생각합니다.

그러나 야고보서를 잘 이해하면 믿음으로 의롭게 된다는 사상과 정면 대치되는 것이 아니라 참된 믿음에 반드시 뒤따라야 하는 행위를 강조함으로써 성도가 믿음과 행함의 균형 잡힌 신앙을 갖도록 가르치고 있음을 알 수 있습니다.

믿음은 행함으로 증명됩니다. 믿음 없는 행함은 도덕군자를 만들 뿐입니다. 따라서 믿음과 행함은 수레의 두 바퀴입니다. 야고보서를 통해 균형 잡힌 신앙인이 되시기 바랍니다. 믿음을 삶으로 증거하여 삶 속에서 그리스도의 향기를 풍기고 이 덕행으로 복음 전하는 성도가 되시기 바랍니다.

1. 시험을 기쁘게 받으라(1-2절)

야고보서 서론에는 흩어져 있는 유대인, 특히 각처에서 믿음 때문에 시련 당하는 형제를 격려하는 야고보의 마음이 담겨 있습니다. 1절 말씀은 전형적인 서신서의 일반적인 형식을 따르고 있습니다.

> 하나님과 주 예수 그리스도의 종 야고보는 흩어져 있는 열두 지파에게 문안하노라(약 1:1).

야고보서의 발신자는 앞에서 말씀드린 대로 야고보입니다. 야고보는 자신을 "예수 그리스도의 종"[3]이라고 밝히고 있습니다. 야고보는 자기 자신을 하나님과 예수님의 뜻만 전해야 하는 종이라고 말하고 있습니다. 그러므로 서신의 내용은 하나님의 말씀임을 뜻하는 것입니다. 예수님의 동생이라고 구태여 밝히지 않은 것은 당시 사람들이 전부 알고 있었기 때문이라고 생각됩니다.

수신자는 '흩어져 있는 열두 지파들'이었습니다. '흩어져 있는 유대인'을 '디아스포라'[4]라고 합니다. 두 종류의 디아스포라 그리스도인이 있었습니다. 하나는 핍박 받아 유대 땅을 도망쳐 나온 유대인이요, 다

3. 종(δούλος, 둘로스): 자주적 의사결정권이 없는 비천한 노예

4. 디아스포라: 흩어진 자들, 유대인으로서 본토를 떠나 나그네 된 자들

른 하나는 장사를 목적으로 혹은 다른 이유로 해외에 있다가 예수 믿고 개종한 유대인들입니다. 아무튼 이들은 모두 로마의 통치권이 미친 세상에서 살면서 여러 가지 시련을 겪게 되었던 것입니다. 야고보는 그들에게 위로는커녕 불을 지르는 말을 하고 있습니다.

> 내 형제들아 너희가 여러 가지 시험을 당하거든 온전히 기쁘게 여기라(약 1:2).

"형제[5]들아"라는 말은 신약의 기자들이 기독교인을 호칭할 때 즐겨 사용하는 말로 바울, 베드로, 요한도 사용하고 있습니다. 수신자에 대한 애정과 관심이 깃들어 있음을 느낄 수 있습니다.

이들이 당하는 여러 가지 시험은 무엇입니까? 유대인들은 각 곳에 흩어져 장사를 할 수밖에 없었고, 언제나 핍박 받으면 거처를 옮겨야 했기 때문에 현금과 보석을 모았습니다. 그래서 돈을 빌려 주는 대부업을 하기도 하고, 보석 세공업자도 많았습니다. 그래서 유대인은 수전노라고 하는 인식이 퍼지게 되면서 배척을 당하고 약탈당하는 일이 생겼고, 유일신 신앙으로 우상을 섬기지 않는 일로 인해 그 지역 사람들에게 비난 받고 배척당하는 경우가 생긴 것입니다.

시험을 의미하는 페이라스모이스(πειρασμοις)[6]는 예기치 못한 시련이라는 뜻을 담고 있습니다. 성경에 두 종류의 시험[7]이 나타납니다. 본문의 시험은 하나님께서 주시는 시험이기 때문에 시련(trial)을 겪게 되는 것입니다. 시험을 당해서 핍박 받고, 비난 받고, 약탈당하고, 배척당하

5. 형제(ἀδέλφος, 아델포스): ① 육신의 형제 ② 유대인 동족 ③ 영적 이스라엘인 성도

6. 시험(πειρασμοις, 페이라스모이스): 예기치 못한 시련

7. 시험의 두 종류: Test(성도의 믿음을 연단시키기 위해 하나님께서 주시는 시험) → Temptation(시련, 사단에게로부터 주어지는 시험) → 유혹

는 상황인데 어떻게 기뻐하라[8]는 말입니까? 말이 됩니까? "약을 올립니까?"라고 항의할 수 있을 것입니다. 그러나 앞의 설명을 가만히 생각해 보십시오. 시험을 하나님이 주셨다고 생각하면 기뻐할 수 있지 않겠습니까? 이 시험은 시련이기에 분명히 연단 받고 단련 받아 뜨거운 맛을 보고 어려움을 당하는 것은 사실이지만 신앙을 점검할 수 있는 좋은 기회가 되는 것입니다. 시련을 통과하고 시험을 마친 후에는 칭찬과 상급이 기다리고 있기 때문입니다. 믿음의 비밀을 모르는 사람은 도저히 알 수 없는 기쁨입니다. 이 기쁨을 모르는 사람은 이런 사람을 보면 '돌았다.'고 할 것입니다. 그러나 이 기쁨을 맛보았던 사도 바울은 이렇게 말했습니다.

> 다만 이뿐 아니라 우리가 환난 중에도 즐거워하나니 이는 환난은 인내를, 인내는 연단을, 연단은 소망을 이루는 줄 앎이로다 (롬 5:3-4).

시험과 시련을 기쁨의 태도로 대처할 수 있는 유일한 길은 우리의 생각을 바꾸는 것입니다. 시련과 시험을 참고 싸워 이김으로써 우리가 더욱 강하게 된다는 것을 앎으로써 기뻐할 수 있습니다. 시련과 시험이 우리를 예수님처럼 더욱 정결하고 의로운 자로 만드는 기회라는 것을 앎으로써 기뻐할 수 있습니다. 시련과 시험을 도약의 기회로 인식할 때 기뻐할 수 있습니다.

여러분, 시험으로 인하여 기쁨을 잃어버린 분은 없습니까? 마음이 낙

8. 기뻐하다(καυχάομαι, 카우카오마이): 자랑하고 싶어서 견딜 수 없는 기쁨, 기쁨으로 충만한 상태

심하여 일어날 기운조차 없습니까? 사탄에게 빼앗긴 기쁨을 되찾으시기 바랍니다. "이 시험과 시련을 통해 나는 강해질 것이다. 나는 정결해질 것이다. 나는 의로워질 것이다. 나는 영적인 사람으로 도약할 것이다."라고 외치시기 바랍니다. 낙심했던 마음이 위로받고 기쁨을 찾게 될 것입니다. 기쁨으로 충만할 때 시험은 더 이상 시련이 아니라 정금이 될 것입니다.

> 그러나 내가 가는 길을 그가 아시나니 그가 나를 단련하신 후에는 내가 순금 같이 되어 나오리라(욥 23:10).

2. 시험을 믿음으로 받으라(3절)

시험을 기쁨으로 받으라는 말씀보다 시험을 믿음으로 받으라는 말은 더 황당하게 느껴질 수 있습니다. 그러나 믿음이 무엇인가? 믿음의 본질을 생각해 본다면 꼭 그렇게 느끼지만은 않을 것입니다.

> 믿음은 바라는 것들의 실상이요 보이지 않는 것들의 증거니(히 11:1).

믿음의 선진, 즉 믿음의 조상은 실상을 보고 증거를 가지고 승리한 것이 아니라 보이지 않는 것을 증거 삼고, 바라는 것들이 실상이 있다고 믿고 끝까지 갔기 때문에 승리했다는 말씀입니다. 하나님께서 이스라엘 백성에게 젖과 꿀이 흐르는 가나안 땅을 주겠다고 약속하셨습니다. 그래서 요단강을 건너갔더니 그 땅에 여러 족속이 그대로 살고 있었습니다. 왜 주신다고 했으면 도착했을 때 깨끗이 비워 놓으셨어야지 그대로 일곱 족속을 놔두셨을까요? 이것은 이스라엘 민족을 시험하기 위해서 그리하신 것입니다. 이스라엘은 이 전쟁의 체험을 통하여 민족정신을 형성하게 된 것입니다.

> 네 하나님 여호와께서 너를 인도하여 내실 때에 네가 본 큰 시험과 이적과 기사와 강한 손과 편 팔을 기억하라 네 하나님 여호와께서 네가 두려워하는 모든 민족에게 그와 같이 행하실 것이요(신 7:19).

처음부터 전부 차려진 밥상을 받게 되면 은혜도 모르고 감사는 더욱 멀어지게 되는 것입니다. 홀트는 이런 말을 했습니다. 그리스도인은 그리스도인다운 생활을 할 때에 시련에 부딪칠 각오를 하지 않으면 안 된다. 그러므로 시험을 당할 때 탄식하기보다는 이 시험 너머에 큰 상이 기다리고 있다는 믿음이 필요한 것입니다.

> 이는 너희 믿음의 시련이 인내를 만들어 내는 줄 너희가 앎이라(약 1:3).

9. 시련(δοκίμιον, 도키미온): 금과 은을 불 속에서 제련할 때 쓰는 말

믿음의 시련[9]이 중요합니다. 시련을 당할 때 믿음을 가지고 시련과 싸우면 인내심이 증진됩니다. 시련이라는 단어의 뜻이 의미심장합니다. 제가 금광에서 담임 전도사를 해 봐서 이 뜻을 조금은 이해할 수 있습니다. 지하 960m까지 파고 내려간 수직갱에서 30m마다 사방으로 파고 들어가 금 섞인 돌을 채굴합니다. 그 돌을 갱도를 따라 싣고 나오면 광부들이 잡석과 금 섞인 돌을 구별합니다. 금 섞인 돌은 쇠 방아에 넣어 가루가 될 때까지 분쇄합니다. 완전히 가루가 된 돌에 수은을 집어넣으면 수은이 금가루를 붙잡고 가라앉습니다. 그러면 수은과 금을 분리한 다음에 불에 넣고 녹입니다. 잡물은 전부 타고 99% 금만 남게 되면 금괴를 만드는 것입니다. 그런데 이 과정을 거치는 사이에 돌 1톤에서 금 4g이 나오면 수지타산이 맞고 그 이상이 되면 이익이 됩니다. 요즘은 생산비가 올라가 돌 1톤당 10g이 나와야 채산성이 맞는다고 합니다.

이 비율은 10만분의 1입니다. 10만분의 1만 금이 되는 것이고 99.999%는 폐석이 되어 날아가 버리는 것입니다. 시험을 당할 때 믿음을 가지고 승리한다는 것도 이와 같이 어려운 일입니다. 믿음 가지고 승리한 믿음의 선진들의 이름이 히브리서 11장에 기록되어 있는 것입니다.

어떻게 하면 시험을 믿음으로 받을 수 있을까요? 먼저 기도 중에 환상을 보고, 기도 중에 확신을 갖을 때 믿음으로 시험을 이길 수가 있습니다. 바로 요셉이 그런 사람이요, 다니엘이 그런 사람입니다. 그 다음 믿음의 선배들을 보고 따라갈 때 믿음으로 시험을 이길 수 있습니다. 주기철 목사님, 손양원 목사님, 한경직 목사님, 주변에 많은 분이 있습

니다. 그리고 말씀을 믿고 따라갈 때 믿음으로 시험을 이길 수 있습니다. 하나님의 말씀만큼 우리에게 믿음을 장려하고 힘을 주고 시험을 이기게 하는 더 이상의 방법은 없습니다.[10]

시련 중에 있는 성도에게 요구되는 것은 무엇보다 하나님에 대한 확신 있는 믿음입니다. 이것이 있을 때 하나님께 필요한 것을 간구할 수 있고 또 간구한 것을 하나님께 받을 수 있습니다.

> 그러므로 내가 너희에게 말하노니 무엇이든지 기도하고 구하는 것은 받은 줄로 믿으라 그리하면 너희에게 그대로 되리라 (막 11:24).

믿음은 눈에 보이지 않는 것을 보는 것이요, 손에 잡히지 않는 것을 잡는 것이요, 귀에 들리지 않는 것을 듣는 것입니다. 믿음을 가지면 시험은 이미 상급이 되는 것입니다.

찬송가 545장

이 눈에 아무 증거 아니 뵈어도
믿음만을 가지고서 늘 걸으며
이 귀에 아무 소리 아니 들려도
하나님의 약속 위에 서리라
(후렴)
걸어가세 믿음 위에 서서

10. 재난을 당했을 때: 욥기 1장 20-22절
환난을 당했을 때: 시편 46편 1-3절
인생의 짐이 무거워 낙심했을 때: 마태복음 11장 28절
남의 입에 오르내려 괴로울 때: 시편 31장 20절
가난하고 궁핍할 때: 시편 40편 17절
사랑하는 이를 잃었을 때: 요한복음 5장 24절
사업에 실패했을 때: 잠언 4장 16절

나가세 나가세 의심 버리고
걸어가세 믿음 위에 서서
눈과 귀에 아무 증거 없어도

> 믿음이 없이는 하나님을 기쁘시게 하지 못하나니 하나님께 나아가는 자는 반드시 그가 계신 것과 또한 그가 자기를 찾는 자들에게 상 주시는 이심을 믿어야 할지니라(히 11:6).

3. 인내를 온전히 이루라(4절)

인내를 온전히 이루라는 말의 의미는 끝까지 인내하라는 뜻입니다. 일본 제국주의 통치가 장기화되면서 조선 독립의 희망이 보이지 않자 1940년쯤 이르러 유명한 시인, 음악가, 소설가를 비롯한 역사에 남을 만한 많은 사람이 지조를 꺾고 일본에 동조하므로 친일파로 낙인찍히는 불명예스러운 이름이 되고 말았습니다. 춘원 이광수, 홍난파, 현제명, 서정주, 김활란, 최남선, 주요한, 유진오, 김성수, 노천명, 모윤숙 등 인내를 온전히 이루지 못한 아픈 이름입니다. 야고보는 시험으로 인해 당하는 고통에 대해서 적극적인 자세로 인내하라고 말씀하고 있습니다.

> 인내를 온전히 이루라 이는 너희로 온전하고 구비하여 조금도 부족함이 없게 하려 함이라(약 1:4).

'온전히'라는 말은 헬라어로 텔레이오스(τέλειος)인데, '완전히, 흔들림 없이, 끝까지'라는 뜻입니다. 이는 성도의 인내가 중도에서 좌절됨 없이 끝까지 지속되어야 함을 의미합니다. 옛 시조 중에 김천택의 "잘 가노라 닫지 말며"로 시작되는 유명한 시조가 있습니다.

잘 가노라 닫지 말며(김천택)

잘 가노라 닫지 말며
못 가노라 쉬지 말라
부디 끊지 말고
촌음을 아껴 써라
가다가 중지 곧 하면
아니 간만 못하니라

신앙의 길도 끝까지 인내해야 합니다. 시련이 닥친다고 바람에 넘어지고 포기하면 안 됩니다. 의인은 일곱 번 넘어져도 다시 일어나야 합니다. 인내를 온전히 이루라고 하니까 마치 자신이 노력하면 된다고 오해할 수 있습니다. 이 뜻은 자신의 노력이 아니라 인내가 그 효력을 발휘하면 부족함이 없는 그리스도인이 될 수 있다는 뜻입니다. 이것을 본문에서는 '구비하여'라고 말하고 있습니다. '모든 부분에서 완전하다.'는 뜻입니다. 이 상태를 사도 바울은 이렇게 표현했습니다.

우리가 다 하나님의 아들을 믿는 것과 아는 일에 하나가 되어

> 온전한 사람을 이루어 그리스도의 장성한 분량이 충만한 데까지 이르리니(엡 4:13).

이렇게 성숙해지고 장성한 그리스도인이 되기 위해서는 끝까지 인내해야 합니다. 그런 의미에서 그리스도인의 온전함이란 종말론적인 의미를 지닙니다. 그것은 단번에 완성되는 것이 아니라 세상 끝날 하나님 앞에 설 때까지 계속적으로 온전해져 가야 하는 것입니다. 예수님께서도 제자들에게 온전할 것을 말씀하셨습니다.

> 그러므로 하늘에 계신 너희 아버지의 온전하심과 같이 너희도 온전하라(마 5:48).

우리가 어떻게 하나님의 온전하심과 같이 온전할 수 있겠습니까. 지레 겁먹고 포기할 필요는 없습니다. 온전함은 당장 이루어야 할 과제가 아니라 끝까지 가야 할 과제이기 때문입니다. 그리스도인은 언제나 과정에 있는 존재들입니다. 신학적으로 '도상의 존재'라고 말합니다. '오직 하나님 안에서 오직 하나님의 힘으로' 천국에 도달할 수 있는 과정 중에 있는 존재를 말하는 것입니다.

그러므로 그리스도인은 "이만하면 됐지."라는 말을 하면 안 됩니다. '이만하면 됐지.' 하는 순간 넘어지게 되고 인내를 온전히 이룰 수 없기 때문입니다. 우리는 야고보가 세운 기대를 낮추어서는 안 됩니다. 끊임없이 절대적 온전함의 목표를 향해 달려야 합니다. 이 세상의 삶이 비록 험하고 어려울지라도 인내가 완전히 발휘될 때 인격적으로 성숙한 사람으로 자라게 될 것입니다. 이런 의미에서 야고보의 온전함은 이 세상 안에서 도덕적 완전함을 내세우는 철학적, 도덕적 이상이 아니라 종말론적인 온전성을 지향하고 있습니다.

이것을 우리의 현실에 대입한다면 이 세상에서의 삶은 언제나 시험이 끊이지 않을 것입니다. 그러나 끝까지 주님이 주시는 힘을 가지고 인내하고 나아가면 매 순간 닥치는 시험을 이길 것이며 마침내 승리하게 될 것이라는 뜻입니다. 그러기 위해서는 이런 결단이 필요합니다.

> 내가 이미 얻었다 함도 아니요 온전히 이루었다 함도 아니라 오직 내가 그리스도 예수께 잡힌 바 된 그것을 잡으려고 달려가노라(빌 3:12).

우리는 부족한 사람입니다. 그러므로 시험은 끝이 없습니다. 한 가지 끝나면 또 오고 작은 것 끝나면 큰 것이 옵니다. 그러나 예수님께 붙잡혀 끝까지 인내하며 가다 보면 강해지고, 정결해지고, 의롭게 되고, 주님을 더욱 닮아가게 됩니다. 그래서 4절 마지막 말씀처럼 조금도 부족함이 없는 사람이 됩니다. 이것은 천국 백성이 되고 천국에 시민권이 있는 사람임을 증명하는 말씀입니다.

사랑하는 형제, 자매 여러분! 시험을 당할 때 온전히 기쁘게 여기시기 바랍니다. 시험을 당할 때 믿음으로 받으시기 바랍니다. 시험을 당할 때 끝까지 인내하시기 바랍니다. 조금도 부족함이 없는 천국 백성을 만들어 주실 것입니다. 시험에 승리하는 저와 여러분들이 되시기를 바랍니다.

기도로 나아감

· 감당할 수 없는 시험이 닥쳐 올 때에 하나님의 뜻은 나의 실패가 아니라 복에 있음을 기억하게 하시고, 기쁨으로 감당할 수 있는 믿음을 주옵소서.

· 시험 너머에 있는 하나님의 섭리를 미리 보고, 앞으로 주실 상급을 미리 볼 수 있는 선취적 믿음을 주옵소서.

· 인내함으로 시험을 이기게 하시고, 인내를 온전히 이룸으로 믿음의 귀한 결실을 얻게 하옵소서.

지혜가 부족합니까?

[5]너희 중에 누구든지 지혜가 부족하거든 모든 사람에게 후히 주시고
꾸짖지 아니하시는 하나님께 구하라 그리하면 주시리라
[6]오직 믿음으로 구하고 조금도 의심하지 말라
의심하는 자는 마치 바람에 밀려 요동하는 바다 물결 같으니
[7]이런 사람은 무엇이든지 주께 얻기를 생각하지 말라
[8]두 마음을 품어 모든 일에 정함이 없는 자로다

_야고보서 1장 5-8절

앨빈 토플러는 『제3의 물결』에서 인류 역사에 첫 번째 물결은 농업화의 물결이라고 말했습니다. 이 물결은 5,000년 동안을 서서히 흘렀습니다. 두 번째 물결은 산업화의 물결로서 제임스 와트의 증기 기관으로 대변되는 것으로 공업이 발달하면서 자원 전쟁이 시작되었습니다. 서구 열강이 아프리카, 아시아, 아메리카 등을 침탈하면서 세계를 지배했습니다. 뒤이어 후진국들도 산업화의 대열에 동참했습니다. 세 번째 물결은 2000년대 들어서면서 본격화 되었는데 이를 정보화 사회라고 부릅니다. 정보화 시대의 물결은 대단히 빠르게 흘러가고 있습니다. 정보를 많이 가진 사람이 부자가 되고, 정보가 보편화되면서 세계가 일일생활권이 되면서, 글로벌 시대가 열렸습니다. 다니엘이 말한 말세의 징조가 딱 맞아 떨어집니다.

> 다니엘아 마지막 때까지 이 말을 간수하고 이 글을 봉함하라 많은 사람이 빨리 왕래하며 지식이 더하리라(단 12:4).

지금 어린아이의 지식이 노인의 지식을 앞섭니다. 세상의 온갖 정보를 스마트폰 하나로 전부 검색할 수 있습니다. 설교를 듣다가도 목사가 한 말이 의심스러우면 금방 검색하여 진위를 확인합니다. 선생님 노릇하기가 힘든 세상이 되었습니다.

그런데 지혜가 부족하다고 난리입니다. 북한 문제는 점점 꼬이고, 일본과의 외교는 점점 경색되고, 여야는 늘 갈등합니다. 청와대와 정부가 지식이 없고 정보가 없어서 그런 것은 아니지요. 개인적으로도 고통,

죽음, 상처, 정욕, 질병, 탐욕, 이별, 사고, 이혼, 낙심, 분노, 상실, 부도덕, 고독, 사기, 공허함의 문제를 해결하지 못합니다. 사춘기에 대한 지식은 많은데 사춘기 자녀 다루기는 어렵고, 갱년기에 대한 지식은 많은데 갱년기 아내 마음은 종잡을 수 없습니다. 암에 대한 정보는 넘쳐나는데 암은 더 확산되고 있습니다. 건강에 대한 지식은 많은데 먹는 약의 숫자는 늘어만 갑니다. 세상에는 각급 학교가 많이 있습니다. 유치원, 초등학교, 중학교, 고등학교, 대학교, 대학원, 기술학교, 어머니학교, 아버지학교, 노인대학까지 있습니다.

농사도 전문가 시대입니다. 과학자, 사업가, CEO, 기술자, 의사, 수많은 전문직 지식인이 넘쳐납니다. 그러나 지혜(智慧, 知慧, wisdom)[11] 가 부족합니다. 지혜가 무엇입니까? 그러면 지식(知識, knowledge)[12]은 무엇일까요? 지혜는 지식과 같이 사실들을 충분히 아는 수준이 아니라 삶에서 무슨 일을 해야 할지를 아는 것을 말합니다. 지혜란 진리를 보고 아는 것뿐만 아니라 그 진리를 갖고 무엇을 해야 할지도 아는 것입니다. 지혜는 인생의 위대한 진리를 이해케 합니다. 삶과 죽음, 하나님과 인간, 시간과 영원, 선과 악을 둘러싸고 벌어지는 시련과 시험을 깨닫게 합니다. 지혜는 우주와 하나님의 깊은 것을 알게 합니다. 지혜를 얻지 못하면 시련과 시험에 맞서 싸우는 방법도 알지 못하고 이해할 수도 없습니다.

세상살이는 단순하지 않습니다. 하루하루 살면서 겪어야 하는 문제가 너무 많습니다. 작게는 한 개인의 문제로부터 크게는 국제적인 문제가 우리에게 영향을 미칩니다. 부부 관계, 자녀 교육 문제, 가정생활, 경

11. 사물의 이치를 빨리 깨닫고 사물을 정확하게 처리하는 정신적 능력

12. 어떤 대상에 대하여 배우거나 실천을 통하여 알게 된 명확한 인식이나 이해

제 문제 등을 비롯하여 인간관계, 국제 분쟁, 나아가서 하나님의 관계의 이르기까지 정말 헤아릴 수 없이 허다한 문제가 우리 앞에 놓이게 됩니다. 그때마다 문제 해결을 위해 결단해야 합니다. 그런데 한 번의 잘못된 판단으로 인생을 망칠 수도 있습니다. 지도자가 한번 잘못된 판단을 하면 나라가 망할 수도 있습니다. 반면에 한번의 바른 판단으로 인생이 반전되고, 나라가 크게 번영의 길로 들어서게도 됩니다. 그러므로 판단은 지혜가 중요합니다. 인간의 지혜는 불완전합니다. 지혜의 문제가 가장 많이 언급되는 성경이 잠언입니다. 잠언에 따르면 지혜는 하나님의 뜻을 성찰하고 그 뜻에 순종할 수 있게 하는 역할을 합니다.

> 지혜를 얻은 자와 명철을 얻은 자는 복이 있나니 이는 지혜를 얻는 것이 은을 얻는 것보다 낫고 그 이익이 정금보다 나음이니라 지혜는 진주보다 귀하니 네가 사모하는 모든 것으로도 이에 비교할 수 없도다 그의 오른손에는 장수가 있고 그의 왼손에는 부귀가 있나니 그 길은 즐거운 길이요 그의 지름길은 다 평강이니라 지혜는 그 얻은 자에게 생명 나무라 지혜를 가진 자는 복되도다(잠 3:13-18).

지혜를 얻은 자는 생명을 얻고 하나님께 은총을 얻습니다. 왜냐하면 지혜가 하나님의 뜻을 알고 그 뜻에 순종할 수 있게 할뿐 아니라 보다 구체적으로 성도에게 시험을 견디고 승리케 해 주기 때문입니다. 이러한 지혜를 구할 것을 야고보는 권면하고 있습니다.

1. 하나님께 구하라(5절)

하나님을 잘 섬기는 방법을 생각해 보겠습니다. 하나님을 어른스럽게 섬기는 사람이 있습니다. 이런 사람은 문제가 생길 때 스스로 다 알아서 해결하고 하나님을 찾을 일이 별로 없습니다. 일상사를 처리함에 있어서 인생의 연륜 속에 축적된 경험을 가지고 처리하기 때문에 하나님을 전혀 귀찮게 할 일이 없습니다. 주일에 교회 나와 십일조, 감사 헌금, 주일 헌금을 늙은 아버지 용돈 드리듯이 꼬박꼬박 거르지 않고 잘 드립니다. 큰 문제가 닥쳐도 오랜 세월 살다 보니 비슷한 일을 당하고, 듣고 보았기 때문에 친구들의 조언을 듣기도 하고, 인터넷 검색을 하기도 하고, 은행의 도움을 받기도 하면서 잘 헤쳐 나갑니다.

하나님을 편하게 해 드리려고 전혀 부르지 않습니다. 반면에 어린이 같이 하나님을 섬기는 사람이 있습니다, 문제가 생길 때마다 하나님을 찾아 미주알고주알[13] 아룁니다. 경제적인 문제 뿐 아니라 대인 관계에 얽힌 문제까지, 자신의 문제 뿐 아니라 가족들의 문제까지, 남들이 보기에 아주 작은 일부터 도저히 불가능해 보이는 큰 문제까지, 새로 경험하는 일 뿐 아니라 매일 반복되는 일상사까지 하나님께 구합니다.

이 두 종류의 사람 중에 당신은 어느 부류에 해당되십니까? 어른스러운 신앙인입니까? 아니면 어린아이 같은 신앙인입니까? 그러면 하나님은 어떤 신앙인을 좋아하실까요? 전자일까요? 후자일까요? 오늘 본문에 답이 있습니다.

13. (부사) 아주 사소한 일까지 속속들이

> 너희 중에 누구든지 지혜가 부족하거든 모든 사람에게 후히 주시고 꾸짖지 아니하시는 하나님께 구하라 그리하면 주시리라 (약 1:5).

우리 모두 하나님께 어린 아이와 같이 구해야 합니다. 오늘 본문은 하나님께 구할 수 있는 두 가지 이유를 말해 주고 있습니다. 먼저 하나님은 구하는 모든 자에게 후히 주시는 분이시기 때문입니다.

명절에 친정에 다니러 가면 분명히 부모님께 선물 한 상자 들고 가서 바리바리 싸들고 왔을 것입니다. 그렇게 싸 주는 것이 친정어머니 마음입니다. 하나님께서 그런 분이십니다. 우리가 구하지 않고 맡기지 않는 것을 섭섭하게 생각하십니다. 그의 과거가 어떠한 사람이든지 관계치 않으시고 모든 사람에게 넉넉하게 주시는 분이십니다. 아무 계산 없이 무조건 베푸십니다.

그 다음 하나님은 구하는 자를 꾸짖지 아니하십니다. 어떠한 상황에도 위로하시고 넘치도록 주시는 성품을 가지신 아버지이십니다. 기도의 태도에 대해 잘잘못을 따지지 않으시고 관용하시는 자비가 풍성하고 은혜로우신 분이십니다. 그렇기에 하나님께 무엇이든지 구할 수 있는 것입니다. 솔로몬이 왕이 되었지만 적통이 아닌데다가 기라성 같은 이복형이 9명이나 버티고 있는 상황이었습니다. 그가 하나님께 구했습니다.

> 나의 하나님 여호와여 주께서 종으로 종의 아버지 다윗을 대신

> 하여 왕이 되게 하셨사오나 종은 작은 아이라 출입할 줄을 알지 못하고 주께서 택하신 백성 가운데 있나이다 그들은 큰 백성이라 수효가 많아서 셀 수도 없고 기록할 수도 없사오니 누가 주의 이 많은 백성을 재판할 수 있사오리이까 듣는 마음을 종에게 주사 주의 백성을 재판하여 선악을 분별하게 하옵소서 솔로몬이 이것을 구하매 그 말씀이 주의 마음에 든지라 이에 하나님이 그에게 이르시되 네가 이것을 구하도다 자기를 위하여 장수하기를 구하지 아니하며 부도 구하지 아니하며 자기 원수의 생명을 멸하기도 구하지 아니하고 오직 송사를 듣고 분별하는 지혜를 구하였으니 내가 네 말대로 하여 네게 지혜롭고 총명한 마음을 주노니 네 앞에도 너와 같은 자가 없었거니와 네 뒤에도 너와 같은 자가 일어남이 없으리라 내가 또 네가 구하지 아니한 부귀와 영광도 네게 주노니 네 평생에 왕들 중에 너와 같은 자가 없을 것이라(왕상 3:7-13).

하나님께서 어린아이와 같은 심정으로 구하는 솔로몬에게 구하지 않은 것까지도 후하게 넘치도록 주셨습니다. 하나님은 아들을 낳지 못하고 첩에게 업신여김까지 받는 한나가 간절하게 구할 때 응답하셔서 아들을 주시되 사무엘 같은 위대한 인물을 주셨습니다(삼상 1:9-18). 히스기야가 병에 걸려 죽게 되었다고 사망 선고를 받고 하나님께 간절하게 구할 때 하나님께서 15년 생명을 연장해 주셨습니다(왕하 20:1-7).

이렇게 성경에 자신의 지혜와 능력으로 해결하지 못할 어려움을 당할 때 하나님께 간절히 구하여 응답받은 위인들을 나열한 것은 그들을 찬양하고 높이기 위한 위인으로 세운 것이 아닙니다. 우리들에게 '너도 네 힘으로 안 되는 일이 있느냐 하나님께 구하면 지혜를 주신다. 풍성한 지혜를 주신다. 능력을 주신다, 문제를 해결 받게 될 것이다. 구하라 간절하게 구하라.'고 예를 들어 주신 모델임을 기억하시기 바랍니다. 하나님의 본성이 주시기를 즐겨하십니다. 구원을 선물하시기 좋아하시고, 은사를 주시기 좋아하시고, 주시고도 공치사하지 않으시고 그렇게 좋아하시고 흐뭇해 하시는 분이십니다.

> 구하라 그리하면 너희에게 주실 것이요 찾으라 그리하면 찾아낼 것이요 문을 두드리라 그리하면 너희에게 열릴 것이니 구하는 이마다 받을 것이요 찾는 이는 찾아낼 것이요 두드리는 이에게는 열릴 것이니라(마 7:7-8).

사랑하는 형제, 자매 여러분! 삶 속에 부족한 것이 있습니까? 헤쳐 나갈 지혜가 부족하십니까? 구하시기를 바랍니다. 후히 주시고 꾸짖지 아니하시는 하나님의 성품을 기억하시고 구하시기 바랍니다.

2. 믿음으로 구하라(6a절)

기도의 가장 기본자세 혹은 기본 태도가 무엇일까요? 기도의 형식을 잘

4. 1. 대상: 하나님 아버지
2. 감사와 찬양
3. 회개
4. 간구
5. 예수님의 이름으로 마침

갖추는 것일까요? 기도의 5형식[14]이 있습니다.

기도의 형식, 물론 중요합니다. 기도의 경건한 자세도 중요합니다. 무릎 꿇고 두 손 모으고 경건한 태도로 기도할 때 집중이 잘 될 것입니다. 그러나 이런 외형적인 것뿐만 아니라 내면적으로 확신하고 기도드리는 믿음이 가장 중요합니다. 믿음 없는 기도는 기도라 할 수 없고 전혀 응답될 수도 없습니다. 왜냐하면 믿음 없이 기도하는 것을 하나님은 아시기 때문입니다. 하나님은 자비하셔서 그런 기도자에게 벌까지 내리지는 않으시겠지만 기뻐하시지 않는 것은 분명합니다.

> 믿음이 없이는 하나님을 기쁘시게 하지 못하나니 하나님께 나아가는 자는 반드시 그가 계신 것과 또한 그가 자기를 찾는 자들에게 상 주시는 이심을 믿어야 할지니라(히 11:6).

그러므로 기도할 때 응답하심을 믿고, 상 주심을 믿고, 하나님께 구해야 합니다.

> 오직 믿음으로 구하고(약 1:6a).

5. (부사) 여러 가지 가운데서 다른 것은 있을 수 없고 다만

'오직'[15]이라는 말의 뜻에 주목해야 합니다. 믿음은 여러 가지 있어야 할 것 중에 하나가 아닙니다. 믿음 없는 기도는 아무 소용없습니다. 기도 자체가 성립이 안 된다고 생각하는 것이 옳을 것입니다. 이런 면에서 야고보서는 행함만 강조하고 있다는 말은 틀린 말입니다. 분명히 '오

직 믿음'을 강조하고 있습니다. 믿음[16]이란 무엇입니까? 믿음은 '절대적 신뢰'라고 말할 수 있습니다. 믿음은 아는 것 이상이요, 실천하는 행위 이상이요, 무엇을 결단하는 의지 이상의 것이라고 설명할 수 있습니다.

믿음[17]을 영어로 Faith라고 합니다. 그러나 믿음은 설명하거나 논증할 수 있는 것은 아닙니다. 믿음을 설명하려면 더욱 어려운 말이 됩니다. 믿음은 체험되어지는 진리이므로 체험하면 쉽게 깨달을 수 있습니다. 그 다음 믿음의 대상이 무엇이냐가 중요합니다. 믿음의 대상을 제대로 정하지 못하면 저급한 신앙을 갖게 되는 것입니다. 우상을 대상으로 하는 경우가 가장 위험합니다. 자기 자신을 믿는 사람도 의외로 많습니다. '하나님을 믿느니 내 주먹을 믿어라.' 이런 말 하는 사람들을 더러 보았습니다. 재물을 믿는 사람, 힘 있는 사람을 믿는 사람도 많습니다. 칼과 창을 의지하는 사람도 많습니다. 북한의 김정은은 핵폭탄을 믿고 우리를 위협하고 있습니다. 이런 사람은 다 허무하게 무너진다고 성경은 말씀합니다.

> 귀인들을 의지하지 말며 도울 힘이 없는 인생도 의지하지 말지니 그의 호흡이 끊어지면 흙으로 돌아가서 그 날에 그의 생각이 소멸하리로다(시 146: 3-4).

우리는 믿음의 대상이 분명해야 합니다. 하나님과 그분이 보내신 구주 예수 그리스도를 믿어야 합니다. 그리고 하나님과 예수님께서 보내신 성령의 인도함을 받아야 합니다. 세상에 수많은 신이 있지만 모두

16. 하나님과 그가 하신 말씀을, 그리스도와 그의 구속의 역사를, 성령의 내재하시는 은혜를 완전하고 거리낌 없이 신뢰하는 것이다.

17. (어원) 묶는다, 하나가 되게 한다. (뜻) 믿는 자와 믿음의 대상이 하나가 되는 것

잡신입니다. 그 신을 믿는 자는 우상을 섬기는 것입니다. 우리는 삼위 일체 하나님, 성부 성자 성령을 믿고 경배해야 합니다. 그래야 구원 받을 수 있습니다.

> 믿음의 주요 또 온전하게 하시는 이인 예수를 바라보자 그는 그 앞에 있는 기쁨을 위하여 십자가를 참으사 부끄러움을 개의치 아니하시더니 하나님 보좌 우편에 앉으셨느니라(히 12:2).

오직 믿음으로 구할 때 죄 사함을 받고, 의롭게 되고, 하나님의 자녀가 되고 구원을 얻습니다. 뿐만 아니라 인생의 모든 난제를 해결함 받고 세상을 싸워 당당하게 이기에 되는 것입니다. 오늘 말씀을 듣는 순간 작은 믿음이 큰 믿음 되기를 바랍니다. 불완전한 믿음이 온전해지기 바랍니다. 뿌리 없는 믿음이 뿌리 깊은 믿음 되기를 바랍니다. 행함이 없는 믿음이 행함을 동반하는 실천적 믿음 되기를 바랍니다. 능력 없는 믿음이 보배로운 믿음 되기를 바랍니다.

> 예수께서 대답하여 이르시되 내가 진실로 너희에게 이르노니 만일 너희가 믿음이 있고 의심하지 아니하면 이 무화과나무에게 된 이런 일만 할 뿐 아니라 이 산더러 들려 바다에 던져지라 하여도 될 것이요 너희가 기도할 때에 무엇이든지 믿고 구하는 것은 다 받으리라 하시니라(마 21:21-22).

3. 의심하지 말고 구하라(6b-8절)

학문을 할 때의 자세는 일단 의심부터 해야 합니다. 철학은 회의(懷疑)로부터 시작됩니다. 전통적 권위를 긍정적으로 보지 않고 부정적으로 의심하여 보는 태도가 철학적 정신의 근본이 되기 때문입니다. 이것이 과연 그런가 하면서 의심하고, 연구하고, 따져 봐야 새로운 학설을 만들기도 하고 발명을 하기도 하는 것입니다. 그러나 믿음의 영역에서 의심하는 것은 금기입니다.

> 조금도 의심하지 말라 의심하는 자는 마치 바람에 밀려 요동하는 바다 물결 같으니 이런 사람은 무엇이든지 주께 얻기를 생각하지 말라 두 마음을 품어 모든 일에 정함이 없는 자로다 (약 1:6b-8).

조금도 의심[18]하지 말라고 말씀하면서 영적인 지혜를 얻기 위해서는 의심하면 안 된다고 말씀하고 있습니다. 의심은 신앙과 불신앙, 신뢰와 주저 사이에서 헤매는 마음 상태를 나타내는 말입니다. 이처럼 하나님을 전적으로 신뢰하지 않는 자의 기도는 응답받을 수 없습니다. 두 마음 품었기 때문에 고정되지 않고 이리 왔다 저리 갔다, 왔다 갔다 합니다. 다시 말하면 양다리 걸친 상태를 뜻합니다. 의심과 믿음의 두 마음이 오락가락합니다.

18. 의심(디아크리노): 사이 + 분리시키다

한편으로는 믿음으로 구하면서도 또 한편으로는 의심합니다. 입술로는 하나님을 의지한다고 말하면서도 한편으로는 세상적인 수단을 간구합니다. 하나님과 세상을 왔다 갔다 합니다. 전형적인 기회주의자가 됩니다. 이런 신앙인들을 세상 사람이 먼저 압니다. "저 사람 날라리야, 저 사람 나이롱 신자야."라고 말합니다. 물론 하나님도 그런 사람을 싫어하십니다. 세상에서도 하나님께로부터 버림을 받게 됩니다. 성경에 이런 사람들이 종종 나옵니다.

다윗의 모사로 있다가 압살롬이 반란을 일으킬 때, 다윗을 배반하고 압살롬 편에 선 아히도벨이라는 모사가 있습니다. 그가 압살롬에게 건의한 자기의 계략이 채택되지 않자 목을 매고 죽고 맙니다(삼하 17:23). 가룟 유다는 예수님의 열두 제자 중 똑똑하여 신뢰받고 재정을 담당한 제자인데 그만 스승을 배반하고 은 30냥에 예수를 팔아 버립니다. 뒤늦게 후회하고 목을 매달아 죽고 맙니다.

6절에서 이런 인생을 바람에 밀려 요동하는 바다 물결에 비유하고 있습니다. 본래 의심이란 정신분열 현상이라고 할 수 있습니다. 어떤 사실에 대하여 인정하려는 긍정적 태도와 부인하려는 유혹이 동시에 일어나는 정신적 현상을 의심이라 합니다. 바람에 흔들리는 갈대처럼, 물 위에 떠다니는 부평초처럼 뿌리가 없고, 심지가 약한 신앙의 사람을 가리킵니다. 사람은 모름지기 심지가 굳어야 합니다. 그래야 세파에 흔들리지 않고 사람들의 말에 흔들리지 않습니다. 그래서 심지가 견고한 사람이라야 평강을 누린다고 이사야 선지자가 말했습니다.

주께서 심지가 견고한 자를 평강하고 평강하도록 지키시리니 이는 그가 주를 신뢰함이니이다(사 26:3).

의심은 불안과 짝하여 배반과 변심을 낳습니다. 의심을 버리고 어린 아이가 부모를 철석같이 믿는 것처럼 하나님을 신뢰하고 구해야 합니다. 이사야 57장에 이와 같은 말씀이 나옵니다.

입술의 열매를 창조하는 자 여호와가 말하노라 먼 데 있는 자에게든지 가까운 데 있는 자에게든지 평강이 있을지어다 평강이 있을지어다 내가 그를 고치리라 하셨느니라 그러나 악인은 평온함을 얻지 못하고 그 물이 진흙과 더러운 것을 늘 솟구쳐 내는 요동하는 바다와 같으니라 내 하나님의 말씀에 악인에게는 평강이 없다 하셨느니라(사 57:19-21).

하나님을 입술의 열매를 창조하시는 분으로 묘사하고 있습니다. 하나님은 어디에서든지 믿고 의심치 않고 구하는 자에게 응답해 주십니다. 상태를 고치시고 질병을 고쳐 주십니다. 그러나 그것을 믿지 못하고 의심하는 악인은 요동하는 바다 물결같이 온갖 더러운 것을 다 드러내며 평온함을 얻지 못하게 된다는 말씀입니다.

7절에 의심을 가지고 기도하면서도 얻기를 바라는 것은 난센스라고 "이런 사람은 주께 얻기를 생각하지 말라."고 못을 박고 있습니다. 의심하면서도 기도가 이루어지기를 소망한다면 그 소망은 자기를 속이고 하나님을 만홀히 여기는 것입니다.

19. 두 마음(δίψυχος, 디프쉬코스): 두 개의 마음, 두 개의 영혼

20. 정함이 없는(ἀκαταστατος, 아카타스타토스): 불안정한, 변하기 쉬운

8절에는 불신앙의 두 가지의 특징을 말하고 있습니다. 하나는 두 마음[19]을 품는 것이고, 다른 하나는 정함이 없는 것[20]입니다. 하나님과 세상 사이를 오고가는 마음을 뜻합니다. 신앙생활에 일관성이 없는 삶을 사는 사람의 모습을 뜻합니다. 하나님께서 이런 사람에게 지혜를 주실 리 만무합니다. 우리는 하나님에 대하여 의심치 않는 일관된 마음을 가지고 변치 않는 믿음으로 구해야 합니다. 그러면 하나님께서 지혜를 주시고 평강으로 인도해 주실 것입니다.

> 믿음이 없어 하나님의 약속을 의심하지 않고 믿음으로 견고하여져서 하나님께 영광을 돌리며 약속하신 그것을 또한 능히 이루실 줄을 확신하였으니 그러므로 그것이 그에게 의로 여겨졌느니라(롬 4:20-22).

믿음의 조상 아브라함의 이야기입니다. 그는 하나님의 약속을 받고 25년 동안 의심치 않고 능히 이루실 줄 믿고 기다려 100세에 이삭을 얻었습니다. 하나님은 의심치 않고 구하는 자에게 응답하십니다. 의심하지 않는 것을 의롭게 보시기 때문입니다. 무슨 의심이 있습니까? 맡기시기 바랍니다. 구하시기 바랍니다. 응답받고 지혜자가 될 것입니다. 의롭다 인정받게 될 것입니다.

기도로 나아감

· 풍진 세상에서 하나님의 말씀 좇아 살아가기에 너무나 보잘 것 없는 저희들이오니, 지혜와 능력을 더하여 주옵소서.

· 믿는 자에게 능치 못함이 없다 하신 주님의 말씀을 믿고 기도하오니, 세상을 이기는 승리하는 성도가 되게 하옵소서.

· 지혜를 가로막는 의심의 영이 쌓일 때, 믿음을 더하여 주셔서 기도의 응답을 받는 지혜로운 성도가 되게 하옵소서.

자랑하고 싶으십니까?

[9]낮은 형제는 자기의 높음을 자랑하고
[10]부한 자는 자기의 낮아짐을 자랑할지니
이는 그가 풀의 꽃과 같이 지나감이라
[11]해가 돋고 뜨거운 바람이 불어 풀을 말리면
꽃이 떨어져 그 모양의 아름다움이 없어지나니
부한 자도 그 행하는 일에 이와 같이 쇠잔하리라

_야고보서 1장 9-11절

21. 자기와 관계있는 것 남에게 드러내 뽐냄

사람들의 공통된 심리는 조금만 남보다 나은 것이 있으면 자랑[21]하고 싶어 합니다. 얼굴이 잘난 사람은 미모 자랑, 몸매가 잘 빠진 사람은 몸매 자랑, 요즘은 식스팩이라고 해서 근육질 남자들이 인기인데, TV에 나와 보여 달라고 하면 망설임 없이 홀러덩 벗고 자랑합니다. 공부 많이 한 사람들은 지식을 자랑하고, 집안 배경이 되는 사람은 가문 자랑을 합니다. 돈 있는 사람은 돈 자랑을 합니다. 명품 백과 좋은 차와 고급 메이커 옷과 명품 아파트를 자랑합니다. 자기 자랑할 것이 없으면 조상 자랑, 출신 학교 자랑, 자식 자랑, 손주 자랑합니다. 할아버지, 할머니들이 모이면 손주 자랑을 해서 만 원씩 내고 하라고 합니다. 그래도 서로 합니다. 못 말릴 정도입니다.

베르나르 베르베르라는 『개미』라는 소설로 유명해진 세계적인 작가가 있습니다. 그의 『웃음』이라는 책에 이런 내용이 나옵니다.

> 2세 때는 똥오줌을 가리는 게 자랑거리
>
> 3세 때는 이가 나는 게 자랑거리
>
> 12세 때는 친구들이 있다는 게 자랑거리
>
> 18세 때는 자동차를 운전할 수 있다는 게 자랑거리
>
> 20세 때는 섹스를 할 수 있다는 게 자랑거리
>
> 35세 때는 돈이 많은 게 자랑거리
>
> 60세 때는 돈이 많은 게 자랑거리
>
> 65세 때는 섹스를 할 수 있다는 게 자랑거리
>
> 70세 때는 자동차를 운전할 수 있다는 게 자랑거리

75세 때는 친구들이 남아 있다는 게 자랑거리
80세 때는 이가 남아 있다는 게 자랑거리
85세 때는 똥오줌을 가릴 수 있다는 게 자랑거리

결국 인생이란 너나 할 것 없이 태어나서는 똥오줌을 가리는 것을 배워서 자랑스러워하다가 세상 살다가 돌아갈 때는 똥오줌 내 손으로 가리는 걸로 마감한다는 것. 어찌 보면 세상 살아간다는 것이 그리 자랑할 것도 없고 욕심에 절어 살 것도 없고 그냥 오늘 하루를 선물 받은 것처럼 최선을 다해 사랑하고 최선을 다해 행복을 누리고 감사하는 마음으로 살아가야 하지 않을까요?

본문은 자랑에 대하여 말씀을 하면서 자랑의 평탄 작업을 시도하고 있는 특별한 말씀입니다. 사실 알고 보면 예수님의 오신 목적도 세상을 평탄케 하러 오셨습니다. 예수님이 이 땅에 오실 것을 예언한 이사야 선지자가 이런 예언을 했습니다.

> 외치는 자의 소리여 이르되 너희는 광야에서 여호와의 길을 예비하라 사막에서 우리 하나님의 대로를 평탄하게 하라 골짜기마다 돋우어지며 산마다, 언덕마다 낮아지며 고르지 아니한 곳이 평탄하게 되며 험한 곳이 평지가 될 것이요 여호와의 영광이 나타나고 모든 육체가 그것을 함께 보리라 이는 여호와의 입이 말씀하셨느니라(사 40:3-5).

여기에서 "외치는 자"는 세례 요한을 뜻하는데 그가 먼저 와서 예수님의 오실 길을 예비할 것이라는 뜻입니다. 예수님이 오실 길을 곧게 닦으라는 뜻입니다. 또 예수님께서 오시면 이 땅에 모든 불평등과 불의를 없앨 뿐 아니라 교만한 자를 낮추시고 겸손한 자를 높이시겠다는 뜻이 담겨 있는 예언입니다. 이것을 저는 '예수님의 평탄 작업'이라고 부릅니다.

교회는 예수님의 평탄 작업을 맡아 수행하는 기관입니다. 초대 이스라엘 교회나 안디옥 교회에 부자와 가난한 자가 함께 했으며, 음식을 함께 나누고 심지어 재물을 공동으로 사용했던 증거가 사도행전에 나타나 있습니다.

> 믿는 사람이 다 함께 있어 모든 물건을 서로 통용하고 또 재산과 소유를 팔아 각 사람의 필요를 따라 나눠 주며 날마다 마음을 같이하여 성전에 모이기를 힘쓰고 집에서 떡을 떼며 기쁨과 순전한 마음으로 음식을 먹고(행 2:44-46).

초대 교회사에 보면 로마교회에서 귀족과 노예가 함께 신앙생활을 하면서 형제라고 불렀다고 전해 옵니다. 그때는 지금 같이 신분이 철폐된 사회가 아닙니다. 도저히 함께 할 수 없는 다른 신분의 사람들이 평등한 관계를 이룬 것이 교회입니다.

한국 초대 교회사에서도 그런 아름다운 얘기가 많이 있습니다. 조덕삼과 이자익의 이야기는 듣고 또 들어도 감동적인 이야기입니다. 떠돌이 이자익을 머슴 삼아 마부로 데리고 살던 조덕삼이라는 부자가 있었습니다. 그가 세운 금산교회에서 처음 장로 선거를 했는데 머슴 이자익이 장로로 뽑혔습니다. 그런데 조덕삼이 그를 시기해서 쫓아낸 것이 아니라 그를 장로님이라고 부르고 잘 섬겼습니다. 그리고 그를 평양신학교에 보내 신학 교육을 시켰습니다. 목사가 된 이자익을 자기 교회에 모셔와 담임으로 섬기면서 자신은 장로가 되어 교회를 잘 섬겼던 너무나 아름다운 이야기입니다. 교회는 바로 이런 곳이 되어야 합니다.

1. 영적인 부요를 자랑하라(9절)

원시인류는 강에서 물고기를 잡고 산에서 짐승을 잡고 살았습니다. 이런 생활을 '수렵'이라고 말합니다. 또 숲에서 나무 열매를 따고 뿌리를 채취해 먹고 살았습니다. 그러다가 점차 씨족사회를 이루고 부족사회로 발전하면서 한 곳에 정착해서 가축을 기르고 농사를 짓기 시작했습니다. 이때부터 부가 축적되면서 가난한 자와 부자가 생겼습니다. 부를 쌓은 부자들은 사람들을 거느리고 부리기 시작하게 되었고, 가난한 사람들은 물질에서 소외될 뿐 아니라 낮은 신분을 갖게 되었습니다. 이로 인하여 부자와 빈자, 높은 자와 낮은 자가 발생하게 되었습니다. 그래서 세상은 가진 자가 다스리고, 부자는 어깨를 활짝 펴고 높은 자리에 앉아 호령하는 계급사회가 되었습니다.

갖지 못해 가난해진 사람은 늘 머리를 숙이고 눈치를 보고 낮은 곳에 처하게 된 것입니다. 이 양자 간에는 알력이 생기고 폭발하면 반란이 일어나기도 했습니다. 우리나라 고려 때 관노였던 망이, 망소이가 공주 명학소에서 "왕후장상의 씨가 따로 있느냐."고 외치며 일으켰던 난(亂)이 대표적인 사건이라고 하겠습니다.

가난한 자들은 언제나 신분 상승 욕구를 가지고 있어서 좀 더 좋은 환경을 얻기 위해 힘쓰고 애씁니다. 부한 자들은 자신들이 누리고 있는 기득권을 지키기 위해 온갖 수단 방법을 가리지 않고 가난한 자들을 누릅니다. 그런데 야고보는 가난한 자, 부한 자를 이분법적으로 보지 않고 모두 자랑하라고 말씀하므로 듣는 이로 하여금 헷갈리게 만듭니다.

> 낮은 형제는 자기의 높음을 자랑하고(약 1:9).

세상에서 낮은 사람이 자기 자랑을 하는 것을 뭐라고 할까요? '꼴불견'이라고 말하지 않을까요? '돌았다'고 말하지 않을까요? 그렇습니다. 제정신으로 할 수 없는 일입니다. 무엇인가 깊은 뜻이 숨겨져 있는 말씀입니다. 본문에 '낮은'[22]이라는 뜻은 물질적으로 가난하고, 육체적으로 병들고, 환난 당한 자를 의미합니다. 다시 말해 사회적으로 비천한 처지에 있는 사람을 가리킵니다. 본문 앞에 있는 2절과 연관 지어 생각해 보면, 시험을 당해 재산 잃고 몸 상한 사람의 처지를 말합니다. 마치 욥과 같이 환난 당한 사람을 뜻합니다. 사실 이때가 영적인 상태를 알 수 있는 시점입니다.

욥의 경우 하루 사이에 재산 다 잃고 열 명의 자녀가 죽었습니다. 이

22. 낮은(ταπεινός, 타[…] 이노스): 겸손한 […]

소식을 들은 욥이 일어나 겉옷을 찢고 머리털을 밀고 땅에 엎드려 예배하며 이렇게 고백합니다.

> 이르되 내가 모태에서 알몸으로 나왔사온즉 또한 알몸이 그리로 돌아가올지라 주신 이도 여호와시요 거두신 이도 여호와시오니 여호와의 이름이 찬송을 받으실지니이다 하고 이 모든 일에 욥이 범죄하지 아니하고 하나님을 향하여 원망하지 아니하니라(욥 1:21-22).

말은 이렇게 했지만 인간적으로 얼마나 괴로웠겠습니까. 뒤이어 발바닥부터 정수리까지 종기가 나서 견딜 수가 없었습니다. 욥이 재 가운데 앉아 질그릇 조각으로 몸을 북북 긁고 있으니 아내가 이렇게 말합니다.

> 그의 아내가 그에게 이르되 당신이 그래도 자기의 온전함을 굳게 지키느냐 하나님을 욕하고 죽으라 그가 이르되 그대의 말이 한 어리석은 여자의 말 같도다 우리가 하나님께 복을 받았은즉 화도 받지 아니하겠느냐 하고 이 모든 일에 욥이 입술로 범죄하지 아니하니라(욥 2:9-10).

어떻게 이렇게 할 수 있겠습니까? 우리로서는 못하지요. 그러나 성령님이 임재하셔서 감동을 주시면 가능합니다. 영적으로 볼 때 육체적 낮아짐, 즉 가난하고 질병에 걸리고 환난을 당한 그때에 하나님께서 더욱 은총을 베풀어 주셔서 받은 은혜를 자랑하게 된다는 의미입니다. 또 종말에 누릴 하나님의 축복에 비교해 볼 때 현재의 고난은 비교할 수 없는 것임을 알게 되기 때문입니다.

> 생각하건대 현재의 고난은 장차 우리에게 나타날 영광과 비교할 수 없도다(롬 8:18).

성도의 인내가 여기에서 가능한 것입니다. 부잣집에 불이나 온 동네 사람이 불을 끄고 난리가 났는데, 거지 부자(父子)가 멀리서 불구경을 하다가 거지 아빠가 아들에게 "아들아, 너는 애비 잘 둔 줄 알아라." 했다는 우스갯소리를 아시지요.

성도는 보이는 세상이 전부가 아님을 알고 영원한 천국을 사모하며 사는 천국 시민입니다. 그러므로 세상에서 육체적으로 물질적으로 신분적으로 환난을 당하고 낮아질 때가 있고 가난해질 수 있지만 그럴수록 천국을 사모하며, 장차 받을 영광을 생각하며, 영적인 부요를 확인할 수 있어야 합니다. 하나님 앞에 설 때 부자, 고관대작, 이런 것은 아무런 조건이 될 수 없습니다. 어린아이와 같이 겸손한 믿음, 순수한 믿음이 필요할 뿐이라는 말씀입니다.

그러므로 세상에서 돈 없다고 서러워하지 마십시오. 병들었다고 낙심하지 마십시오. 비천하다고 포기하지 마시고, 하나님을 위하여, 그리스도를 위하여 낮아짐을 자랑하시기 바랍니다.

> 바울이 이르되 말이 적으나 많으나 당신뿐만 아니라 오늘 내 말을 듣는 모든 사람도 다 이렇게 결박된 것 외에는 나와 같이 되기를 하나님께 원하나이다 하니라(행 26:29).

아그립바 왕과 베스도 총독 앞에서 심문 받고 있는 죄인 바울의 당당한 태도를 보십시오. 그는 지금 낮은 자리, 가난한 자리에 서 있지만 영적인 부요를 자랑하고 있는 것입니다.

2. 육적인 부요를 자랑치 말라(10a절)

부의 덧없음을 대변하는 속담이 있습니다.

> 삼대 가는 부자 없다

삼대에 걸쳐서 계속 부자인 집안 없고, 많은 재산이 오랫동안 유지될 수 없음을 비유적으로 이르는 말입니다. 삼대는커녕 당대에 망하는 기업을 우리가 사는 동안에 무수히 보았습니다. 최근 1년 사이에 웅진, STX, 동양 같은 대기업이 무너졌습니다. 한때 재계 30대 그룹에 들었던 탄탄한 기업들이 유동성 위기를 넘기지 못하고 무너진 것입니다. 대우의 몰락은 더 말할 것도 없습니다. 1967년 창립된 회사로 1980년대부터 1990년 말까지 재계 서열 2-3위로 한때 삼성을 제치고 2위에 오르기까지 했던 대우가, 1998년 30년 만에 그룹을 해체 당하고 역사의 뒤안길로 사라졌습니다. "세계는 넓고 할 일은 많다."고 외치던 김우중 신화가 끝나고 말았습니다.

이런 예를 들자면 책 한 권으로도 부족할 것입니다. 여기에서 우리가 깨달아야 할 것은 '육적인 부요를 자랑하는 것은 부질없는 짓'이라는 것입니다.

부한 자는 자기의 낮아짐을 자랑할지니(약 1:10a).

여기에서 부한 자를 어떻게 해석하느냐에 따라 그 의미가 달라집니다. 먼저 '부한 자'를 전절의 '낮은 형제'와 대비되는 개념으로서 '부한 성도'로 보는 견해입니다. 이 견해를 취하면 본 구절은 육적으로 부한 자들은 믿음 때문에 낮아진 것, 곧 겸손할 수 있게 된 것을 자랑하라는 의미가 됩니다.

다음으로 '부한 자'를 믿음과 관계없는 세상의 불신 부자로 보는 견해입니다. 이 견해를 취하면 '세상의 부자들아 장차 심판 때에 낮아질 것을 자랑하라.'는 뜻으로 비꼬는 말이 됩니다. 후자는 문맥상 자연스럽지 않습니다. 그래서 대부분의 주석 학자들은 전자에 동의합니다. 그러므로 믿음을 가진 부한 자들은 세상의 물질을 있다가도 없고 없다가도 있는 것이니 있을 때 선한 일을 하고 재물이 없어질 때는 낙심하지 말고 오히려 낮아짐을 감사하라는 것입니다.

그렇습니다. 본래 성도는 그렇게 살고 교회는 그런 사람들이 모인 곳입니다. 낮은 형제는 영적인 부요를 자랑하고, 부한 형제는 선한 일에 힘써야 합니다. 그러다가 부를 잃어버려도 낙심하지 말고 오히려 낮아짐을 자랑하는 것이 신앙인의 태도입니다. 또한 그런 것을 가르치는 곳이 교회입니다. 기독교 신앙은 부자에게 낮아짐에 대한 새로운 깨달음을 줍니다.

본래 부유함의 커다란 위험은 부가 영원하고 자신들의 삶이 안전하다고 생각하는 것입니다. 더 나아가 교만해질 수 있습니다. 왜냐하면 세상에서 돈이면 안 되는 일이 없다고 생각하기 때문입니다. 그러나 돈으로 되는 일보다 안 되는 일, 할 수 없는 일이 훨씬 더 많다는 것을 일찍 깨닫는 사람이 지혜자입니다.

돈으로 사람을 살 수 있으나
그 사람의 마음은 살 수 없다
돈으로 호화로운 집을 살 수는 있어도
행복한 가정을 살 수는 없다
돈으로 최고로 좋은 침대는 살 수 있어도
최상의 달콤한 잠은 살 수 없다
돈으로 시계는 살 수 있어도
흐르는 시간을 살 수 없다
돈으로 얼마든지 책은 살 수 있어도
결코 삶의 지혜는 살 수 없다
돈으로 지위는 살 수 있어도

> 가슴에서 우러나오는 존경은 살 수 없다
> 돈으로 좋은 약은 살 수 있어도
> 평생 건강은 살 수 없다
> 돈으로 피는 살 수 있어도
> 영원한 생명은 살 수 없다
> 돈으로 성(性)을 살 수 있어도
> 진정한 사랑은 살 수 없다
> 돈으로 쾌락은 살 수 있으나
> 마음 속 깊은 곳의 기쁨은 살 수 없다
> 돈으로 화려한 옷은 살 수 있으나
> 내면에서 우러나오는 참된 아름다움은 살 수 없다

이런 말들을 예사로 여기지 말고 깊이 생각해 보면 진정한 행복은 재물이 아니라는 것을 알게 됩니다. 예수님은 부요하신 분이십니다. 하나님의 아들로서 만유의 주요, 만군의 주가 되시는 분이십니다. 그런 예수님께서 하늘 보좌를 버리시고 사람의 몸을 입으시고 이 땅에 오셔서 십자가의 극한 고통을 당하시고 죽으셨습니다. 왜 그랬을까요? 다 우리를 위함입니다.

> 우리 주 예수 그리스도의 은혜를 너희가 알거니와 부요하신 이로서 너희를 위하여 가난하게 되심은 그의 가난함으로 말미암아 너희를 부요하게 하려 하심이라(고후 8:9).

사랑하는 형제, 자매 여러분! 하나님의 은혜를 깨닫고 겸손하여 영적으로 자신을 낮추시기 바랍니다. 이러한 낮아짐은 영적인 깊이를 말해 줍니다. 이것이 바로 신앙인의 자랑이 되어야 합니다. 우리 모두 부요하게 살면서도, 육적인 부요를 자랑치 않고 낮아짐을 자랑하는 제자들이 되시기를 바랍니다.

3. 재물의 덧없음을 알고 하나님을 신뢰하라(10b-11절)

본문은 재물과 믿음의 관계를 말해 주고 있습니다. 그래서 재물과 믿음의 관계를 정리해 보고자 합니다. 재물은 사람이 살아가는데 참으로 유익하고 편안함을 줍니다.

> 부자의 재물은 그의 견고한 성이라 그가 높은 성벽 같이 여기느니라(잠 18:11).

재물이 많으면 마음이 든든합니다. 견고한 성에 앉은 군주와 같이 마음이 든든한 것이 사실입니다. 재물이 많으면 주변에 사람들이 모여듭니다.

> 재물은 많은 친구를 더하게 하나 가난한즉 친구가 끊어지느니라(잠 19:4).

탕자의 비유를 생각해 보십시오. 돈이 많을 때 수많은 친구들이 그의 곁에 모여들었습니다. 재물을 통하여 높은 자리에 앉게 되고 존영을 얻게 됩니다. 그러나 이러한 긍정적인 면보다는 부정적인 면, 즉 위험이 따릅니다. 재물이 많으면 교만해지기 쉽습니다.

> 네 큰 지혜와 네 무역으로 재물을 더하고 그 재물로 말미암아 네 마음이 교만하였도다(겔 28:5).

재물이 많으면 재물에 마음을 빼앗기고, 재물을 의지하고, 재물에 소망을 둡니다. 그러나 재물은 그렇게 의지하고 마음을 두고 소망할 만큼 힘 있는 것이 못 됩니다.

> 네가 어찌 허무한 것에 주목하겠느냐 정녕히 재물은 스스로 날개를 내어 하늘을 나는 독수리처럼 날아가리라(잠 23:5).

재물은 재난 당할 때 새벽안개가 사라짐 같이 없어지고, 의지하던 사람은 패망케 합니다. 또 재물을 과도히 의지하는 사람은 재물을 우상 삼는 어리석음을 범하기도 합니다. 심지어 불의하게 재물을 모으다가 죽음을 당하기도 합니다. 그래서 예수님은 재물 자체를 선하다 악하다 규정하지는 않지만 재물을 탐하고 의지하는 사람은 영적 상태가 둔감해져서 하나님 나라에 들어가기가 어렵다고 말씀하셨습니다.

> 예수께서 둘러보시고 제자들에게 이르시되 재물이 있는 자는 하나님의 나라에 들어가기가 심히 어렵도다 하시니(막 10:23).

그렇기에 재물을 의지하지 말고 하나님을 의지하라는 것입니다.

> 이는 그가 풀의 꽃과 같이 지나감이라 해가 돋고 뜨거운 바람이 불어 풀을 말리면 꽃이 떨어져 그 모양의 아름다움이 없어지나니 부한 자도 그 행하는 일에 이와 같이 쇠잔하리라(약 1:10b-11).

여기에서 '이는'은 '부한 자'를 가리킵니다. 부한 자는 재물을 많이 가진 사람이지요, 재물을 많이 가지고 있으면 재물의 속성에 휘둘리게 됩니다. 재물의 속성[23]이 무엇입니까? 하나같이 기분 나쁜 말들을 다섯 번이나 말을 바꿔 가면서 반복하고 있습니다. 이것은 재물의 허무함을 우리들에게 각성시키려는 의도를 가지고 하신 말씀입니다. 야고보는 유대 사람들이라면 누구나 잘 알 수 있는 유대 광야의 풍경을 가지고 설명한 것입니다. 메마른 광야에 소나기가 한번 지나가면 풀은 번식을 위해 얼른 꽃을 피웁니다.

그러나 하루 종일 뜨거운 태양이 작렬하면 풀은 마르고 꽃은 떨어집니다. 특별히 '뜨거운 바람이 분다'고 했는데 이것을 '시로코(sirocco)'라고 부르는 동남풍을 말합니다. 이 바람이 사막으로 불어 닥치면 난로 뚜껑을 열었을 때 내뿜는 열기와 같이 강한 열기로 초목을 말려 버리고 맙니다. 야고보는 이와 같이 재물을 의지하는 인생은 덧없이 사라지게

23. 본문에서 재물의 속성을 나타내는 말은 '지나간다', '마른다', '떨어진다', '없어진다', '쇠잔해진다'로 나타난다.

될 것을 가르치는 것입니다. 부유함을 의존하는 인생, 재물을 신뢰하는 인생은 언제 어떤 뜨거운 바람에 의해 사라져 버릴지 모르니 그것을 의지하지 말라는 것입니다.

인생이 이와 같이 불확실하고, 상하기 쉽고, 멸망하기 쉬운 것임을 알았다면 흔들리지 않고 변치 않는 것을 의지해야 하지 않겠습니까? 인간에게 영원한 것을 주실 수 있는 분은 예수 그리스도와 그의 아버지이신 하나님 한 분 밖에 없음을 믿으시기 바랍니다.

재물이 풍성한 것은 하나님이 주시는 복입니다. 재물이 많은 것은 결코 나쁜 것이 아닙니다. 다만 복을 주신 하나님보다 재물을 더 중요시해서 재물을 하나님으로 모시고 살기 때문에 문제가 되는 것입니다. 우리 그리스도인들은 재물을 주신 하나님께 감사하며 몸 된 교회를 위해 재물을 드리고, 선한 일을 행하며 선교에 힘써 그리스도의 사랑을 전해야 합니다. 이렇게 구제하고 봉사하고 선교에 힘쓰는 부자는 존경받아 마땅합니다. 농어촌 교회, 개척 교회를 돕고, 신학생을 키우고, 장학금을 드리고, 선교사를 돕고, 교회를 지어 봉헌하고, 가난한 이웃을 돕고, 북한 동포들을 돕는 일 등 하나님이 기뻐하시는 일에 힘써야 합니다.

최근에 이찬수 목사님이 시무하는 분당우리 교회에 나이 많으신 장로님 권사님 부부가 목사님을 찾아와서 41억 원을 교회에 바쳤습니다. 하나님 앞에 갈 날이 얼마 남지 않았는데 그동안 살았던 집이 개발되면서 보상 받은 전액을 좋은 일에 써 달라고 가지고 와서는 "다 쓰고 남은 것 드린 것 같아 죄송하다."고 하면서 바쳤습니다. 지금 그 교회에는 이 돈을 어떻게 좋은 일에 쓸까 연구하느라 비상이 걸렸습니다.

재물은 영원할 수 없습니다. 인생도 영원할 수 없습니다. 그런데 영원하지 못한 인생이 영원하지 못한 재물을 의지하면 지나가고, 떨어지고, 마르고, 없어지고, 쇠잔해진다는 사실을 꼭 기억하시기 바랍니다.

> 네가 이 세대에서 부한 자들을 명하여 마음을 높이지 말고 정함이 없는 재물에 소망을 두지 말고 오직 우리에게 모든 것을 후히 주사 누리게 하시는 하나님께 두며 선을 행하고 선한 사업을 많이 하고 나누어 주기를 좋아하며 너그러운 자가 되게 하라 (딤전 6:17-18).

재물은 덧없는 것입니다. 의지하지 말고 선용하시기 바랍니다. 덧없는 인생이 덧없는 재물을 의지하면 멸망합니다. 영원하신 하나님을 신뢰하고 그의 뜻대로 물질을 사용하시기 바랍니다.

기도로 나아감

- 세상은 보지 못하는 감추인 보화인 예수님을 발견한 자들답게 살아가게 하시고, 풍성한 보화를 세상에 자랑케 하옵소서.
- 세상의 자랑거리는 실상 보잘 것 없는 것임을 깨닫는 지혜를 주시고, 겸손의 영성을 더해 가는 성숙한 성도가 되게 하옵소서.
- 있다가 사라지는 신기루와 같은 재물에 의지하는 인생이 아니라 말씀의 반석 위에 집을 짓는 지혜로운 성도가 되게 하옵소서.

시험을 이기는 비결

[12] 시험을 참는 자는 복이 있나니
이는 시련을 견디어 낸 자가 주께서 자기를 사랑하는 자들에게
약속하신 생명의 면류관을 얻을 것이기 때문이라
[13] 사람이 시험을 받을 때에 내가 하나님께 시험을 받는다 하지 말지니
하나님은 악에게 시험을 받지도 아니하시고 친히 아무도 시험하지 아니하시느니라
[14] 오직 각 사람이 시험을 받는 것은 자기 욕심에 끌려 미혹됨이니
[15] 욕심이 잉태한즉 죄를 낳고 죄가 장성한즉 사망을 낳느니라

_야고보서 1장 12-15절

우리나라 역사 중에 가장 잊혀진 역사가 고려의 역사가 아닌가 생각합니다. 고려는 태조 왕건이 918년 창건한 이래 1392년 이성계에 의해 조선으로 개명할 때까지 474년간 한반도를 지배했습니다. 개경, 지금의 개성을 수도로 삼고 936년 한반도를 재통일하면서 후삼국 시대를 끝냈습니다.

그러다가 몽골 초원에서 일어난 칭기즈칸이 중국을 점령하고 원나라를 세웠는데 이들이 1231년 8월 고려를 침략하기 시작하면서 28년 동안 끊임없이 쳐들어와 전국을 초토화시켰습니다. 결국 21만 명이 포로로 끌려갔고, 100만 명이 사망하는 엄청난 참화를 겪었습니다. 그 후 80년간 원나라의 속국으로 있으면서 왕들은 원나라 황제의 딸을 아내로 맞이하고 원나라 황제의 부마가 되는 동시에 충성을 다짐하는 의미에서 충(忠)자가 들어가는 이름을 사용해야만 했습니다.

고려의 왕 34명이 있었는데 그중 25대 충렬왕(1274년 즉위), 26대 충선왕(1297년), 27대 충숙왕(1313년), 28대 충혜왕(1329년), 29대 충목왕(1344년), 30대 충정왕(1349-1354년) 등 6명의 왕이 바로 원나라 지배하에 있었던 것입니다. 그런데 놀라운 것은 고려를 지배했던 원나라는 세계 역사상 가장 큰 제국을 형성했다는 사실입니다. 고려를 비롯한 극동 지역에서 중국을 지나 우즈베키스탄과 터키 등 지중해 연안국, 남러시아와 동유럽 국가에 이르기까지 그들이 점령하고 지배한 땅은 너무나 광대합니다.

지난 천 년 동안 알렉산더나 나폴레옹 같은 영웅이 있었으나 그들이 점령한 지역은 몽골이 점령한 지역에 비하면 보잘 것이 없습니다. 우리가 잘 알다시피 몽골 제국을 세운 사람이 칭기즈칸입니다. 그는 자신의 이름도 쓸 줄 모르는 무식한 사람이었습니다. 전쟁광이요, 학살자요, 야만인으로 생각하는 사람도 있습니다. 그러나 이 말을 듣고 나면 그가 어떤 사람이었는지 다시 생각하게 될 것입니다.

칭기즈칸의 말

집안이 나쁘다고 탓하지 말라.
나는 아홉 살 때 아버지를 잃었고 고향에서 쫓겨났다.
가난하다고 말하지 말라.
나는 들쥐를 잡아먹으며 연명했고
목숨을 건 전쟁이 내 직업이었고 내 일이었다.
작은 나라에서 태어났다고 탓하지 말라.
그림자 말고는 친구도 없고
병사로만 10만 명, 백성은 어린애, 노인 합쳐서 200만도 되지 않았다.
배운 게 없어 힘이 없다고 탓하지 말라
나는 내 이름도 쓸 줄 몰랐으나
남의 말에 귀를 기울이며 현명해지는 법을 배웠다.
너무 막막하다고 그래서 포기해야겠다고 말하지 말라.
나는 목에 칼을 쓰고도 탈출했고
뺨에 화살을 맞고 죽었다 살아나기도 했다.
적은 밖에 있는 것이 아니라 내 안에 있었다.

나는 내게 거추장스러운 것은 깡그리 쓸어버렸다.

나 자신을 극복하는 순간 칭기즈칸이 되었다.

길이 막혀 한 발자국도 나가지 못하는 분이 있습니까? 문제는 막혀 있는 길이 아니라 내 마음이 막혀 있는 것입니다. 마음속의 장애물을 걷어내십시오. 전부 쓸어버리시기 바랍니다. 그 순간 칭기즈칸 같이 큰 일을 행하게 될 것입니다. 칭기즈칸은 굳은 자신의 신념만 가지고도 큰 일을 해냈습니다. 우리들에게는 신념 뿐 아니라 믿음의 주요 온전케 하시는 예수님이 계십니다. 예수님을 바라보시기 바랍니다.

괴로울 때 주님의 얼굴 보라

1. 괴로울 때 주님의 얼굴 보라
   평화의 주님 바라보아라
   세상에서 시달린 친구들아
   위로의 주님 바라보아라

(후렴)
   눈을 들어 주를 보라
   네 모든 염려 주께 맡겨라
   슬플 때에 주님의 얼굴 보라
   사랑의 주님 안식주시리

2. 힘이 없고 네 마음 연약할 때
   능력의 주님 바라보아라

주의 이름 부르는 모든 자는

힘 주시고 늘 지켜주시리

1. 약속을 바라보라(12절)

서양에 "로미오와 줄리엣"이 있다면 한국엔 "춘향전"이 있습니다. 남원에 부임한 사또의 아들 이몽룡이 광한루에 나갔다가 그네 뛰는 춘향의 자태에 반하여 사랑에 빠지게 되었습니다. 춘향은 기생 월매의 고명 딸이었지만 사랑은 신분을 뛰어넘어 미래를 기약하게 되었습니다. 그러다가 이몽룡이 한양으로 과거 공부하러 떠나게 되었습니다. 그 사이 새로 부임한 변 사또는 춘향에게 수청을 들라 명하였지만 사랑을 약속한 춘향은 변 사또의 수청을 거역한 죄로 옥에 갇히게 되었습니다. 그러던 어느 날 과거에 급제한 몽룡이 폐포파립[24]의 행색으로 월매의 술집에 나타납니다.

월매가 신세 한탄하며 구박합니다. 전후 사정을 살핀 몽룡은 남원 관아에 출현하여 "암행어사 출두여."를 외치니 변 사또는 죄인이 되고 춘향은 옥에서 나와 사랑을 이루게 된다는 해피엔딩 러브스토리입니다. 춘향이 고난 속에서 지조를 지키고 승리한 아름다운 사랑의 대명사가 된 것은 이몽룡과의 약속을 바라보았기 때문이요 이몽룡은 그 약속을 지켰기 때문입니다. 춘향전 속에는 약속이라는 코드가 숨겨져 있습니다.

4. 폐포파립(弊袍破笠): 해진 옷과 부서진 갓

> 시험을 참는 자는 복이 있나니 이는 시련을 견디어 낸 자가 주께서 자기를 사랑하는 자들에게 약속하신 생명의 면류관을 얻을 것이기 때문이라(약 1:12).

야고보는 "시험을 참는 자가 복이 있다."고 말씀하고 있습니다. 그런데 시험을 어떻게 참을 수 있느냐가 문제 아니겠습니까? 본문은 시험을 참는 방법에 대해 이렇게 말씀하고 있습니다. 믿음을 지키기 위해 시련을 겪을 때 하나님을 사랑하는 자에게 면류관을 상으로 주시겠다고 약속하신 하나님을 바라보라는 것입니다. 성경을 신약, 구약이라고 부르는 것은 한약, 양약으로 구분하는 것이 아니라 예수님 이전의 약속과 예수님께서 하신 새로운 약속이라는 뜻이 담겨 있습니다.

예수님께서는 하나님의 약속으로 이 땅에 오신 분이십니다. 성경은 31,173개의 절로 이루어져 있는데 성경학자 중에 성경 속에 32,500가지의 약속이 담겨 있다고 말한 사람이 있습니다. 그렇다면 한 절 속에 한 가지 이상의 약속이 담겨져 있다는 말이 됩니다.

루마니아의 리차드 범브란트 목사님이 복음 전하다가 공산당에게 체포되어 감옥에 갇혔습니다. 두려움이 엄습했습니다. 기도하면서 성경을 보았는데 "두려워하지 말라."는 말씀이 눈에 들어왔습니다. 그래서 '두려워하지 말라.'는 말씀에 줄을 그으며 읽기 시작했습니다. 성경 전체 속에 놀랍게도 365개의 '두려워하지 말라.'는 말씀을 발견했습니다. 그래서 그가 이런 결론을 내렸습니다.

> 하나님께서 매일매일 1년 365일 두려움에 휩싸이고 고난을 당하는 자녀에게 힘주시고 이기게 하시려고 365개의 '두려워하지 말라.'는 말씀을 주셨다.

세상의 믿던 것들은 요동치고 바뀌고 변합니다. 믿고 받은 어음이 부도나고, 믿고 만나 백년가약을 맺었는데 깨지고, 철석 같이 믿고 동업했다가 배신당합니다. 그런 일을 당한 사람은 세상에 믿을 놈 하나도 없다고 말합니다. 그렇습니다. 그 사람이 악해서가 아니고 사람은 본래 믿을 수가 없는 존재입니다. 그래서 사람은 믿으면 안 되고 믿어주고 사랑해야 할 대상으로 생각해야 상처를 받지 않습니다.

시험을 당해 시련을 혼자 감당할 수 없을 때 좋은 친구 되시는 예수님께 나오시기 바랍니다. 예수님은 당신을 구주로 고백한 베드로에게 이렇게 약속하셨습니다.

> 또 내가 네게 이르노니 너는 베드로라 내가 이 반석 위에 내 교회를 세우리니 음부의 권세가 이기지 못하리라(마 16:18).

로마제국은 베드로를 거꾸로 십자가에 매달아 처형했지만 예수님께서 약속하신대로 교회는 2,000년이 지난 지금까지도 온 세상에 두루 퍼져 음부의 권세를 이기고 승리하고 있습니다. 이 약속은 베드로의 후예로 믿음을 고백한 우리들에게도 유효합니다. 아브라함이 믿음의 조상이 된 것은 약속을 믿고 바라보았기 때문입니다. 그의 아내에게도 아브라함의 약속을 믿는 믿음이 전염되었습니다.

> 믿음으로 사라 자신도 나이가 많아 단산하였으나 잉태할 수 있는 힘을 얻었으니 이는 약속하신 이를 미쁘신 줄 알았음이라 이러므로 죽은 자와 같은 한 사람으로 말미암아 하늘의 허다한 별과 또 해변의 무수한 모래와 같이 많은 후손이 생육하였느니라(히 11:11-12).

한 사람이 시험을 당하면 가족이 함께 시련을 겪기 마련입니다. 시험을 당할 때 아브라함과 사라처럼 함께 손잡고 기도하여 하나님의 약속을 바라보시기 바랍니다. 아브라함과 사라가 이삭을 본 것처럼 여러분의 가정에도 문제가 해결될 것입니다.

2. 책임을 전가하지 말라(13절)

사람들이 시험을 당할 때 크게 두 가지로 갈라집니다. 한 부류의 사람들은 "내 탓입니다." 하면서 자신의 잘못을 인정하고 가슴을 치는 사람이 있습니다. 또한 "내가 죽일 놈이지." 하면서 처지를 비관하고 자기를 비하하면서 주저앉는 사람이 있습니다. 전자는 회복의 기회가 있지만 후자는 다시 일어설 기회가 없습니다. 또 다른 부류의 사람은 "네 탓이다."라고 다른 사람을 탓하면서 화살을 다른 사람에게 돌리는 사람이 있습니다. 이런 부류의 사람의 특징은 변명하고 핑계하고 원망합니다. 변명은 자기방어적 성격을 가지고 있습니다. 그러나 핑계는 다른 사람에게 책임을 전가[25]합니다. 이것이 지나치게 공격적인 형태로 나타나는 경우를 '원망'[26]이라고 말합니다. 정도 차이가 있을 뿐이지 이런 마음이 누구에게나 있습니다.

25. 전가(轉嫁): 죄와 책임을 남에게 넘기어 맡김

26. 원망(怨望): 탓하거나 불평을 가지고 미워함

하나님께서 선악을 알게 하는 나무의 열매를 먹지 말라고 했을 때 사탄의 유혹을 이기지 못한 아담이 선악과를 먹었습니다. 하나님께서 어찌하여 그 열매를 먹었느냐고 하시니 하나님께서 제게 주신 하와 때문이라고 했습니다. 이것은 하와에게 책임을 전가하는 것뿐 아니라 하나님께 책임을 전가하고 있습니다.

이번에는 하나님께서 하와에게 물으셨습니다. 그랬더니 하와가 뱀 때문이라고 뱀에게 책임을 전가했습니다. 인류의 조상, 우리의 할아버지 할머니의 이런 책임 전가 DNA가 우리에게 면면히 이어 내려오고 있는 것입니다.

아담과 하와의 큰 아들 가인이 동생 아벨을 시기하여 들에서 돌로 쳐 죽였습니다. 하나님께서 가인에게 물으셨습니다. "네 아우 아벨이 어디 있느냐." 가인이 대답하기를, "내가 알지 못합니다. 내가 아우를 지키는 자입니까?" 이렇게 거짓말을 하기에 이른 것을 볼 수 있습니다.

이 대답을 곱씹어 보면 자식을 지키는 것은 부모의 일이지 자신의 역할이 아니라는 것입니다. 사람을 지키는 것은 지으신 하나님의 역할이지 자신의 역할이 아니라는 것입니다. 이것 또한 책임을 회피하고 전가하는 태도라 할 수 있습니다. 사람은 누구나 시험을 당하지요. 그때의 태도가 중요합니다.

> 사람이 시험을 받을 때에 내가 하나님께 시험을 받는다 하지 말지니 하나님은 악에게 시험을 받지도 아니하시고 친히 아무도 시험하지 아니하시느니라(약 1:13).

시험을 받을 때 제일 나쁜 태도가 하나님께 핑계를 대고, 하나님께 책임을 전가하는 것입니다. 다음은 부모 탓하고, 동료 탓하고, 친구 탓하면서 다른 사람들에게 책임을 전가하는 것입니다. 그리고 환경에다 책임을 전가시키는 것입니다. 때가 안 맞았느니, 운이 안 따랐느니, 세상이 알아주지 않았다느니 하면서 환경과 여러 조건이 따라 주지 않았다고 핑계를 대는 것입니다.

동계올림픽 경기를 보면 충돌로 인하여 넘어져서 메달을 놓치는 안타까운 선수들이 여러 명이 나옵니다. 그중에 박승희라는 여자 선수가 쇼트트랙 500m 경기에서 1등으로 달리다가 뒤에서 오는 영국 선수에 의해 넘어져서 동메달을 받고 말았습니다. 그런데 박승희 선수는 오히려 금메달 받은 선수보다 더 세계적으로 각광을 받았습니다. 그 까닭은 그의 태도 때문이었습니다. 동메달에 연연치 않는 말과 웃음 짓는 모습이 많은 사람들의 마음에 감동을 주었기 때문입니다. 박승희 선수는 미안해하는 영국 선수를 오히려 위로해 주고 자신의 불운에 대해서는 일체 말하지 않았습니다.

사실 운동선수로서 금메달을 딴 것과 금메달을 안 딴 차이는 천지 차지로 대우가 달라집니다. 평생의 기회를 날려 버렸지만 그것에 시험 들지 않고 받아들이는 마음을 세계인들이 성원한 것입니다. 결국 마지막 1,000m에서 우승하여 금메달을 목에 걸었습니다.

야고보는 자신이 책임져야 할 일을 책임지기보다는 책임을 전가하려는 사람들에게 엄한 질책을 하고 있습니다. 시험의 주체는 하나님이 아니라 사탄이라고 분명하게 말씀하고 있습니다. 하나님께서는 성도를 올바로 인도하고 믿음을 연단하기 위해 시험하십니다. 인간이 유혹을 당하여 죄를 짓는 것은 전적으로 우리를 멸망케 하려는 사탄의 간계에 의한 것이며, 또한 인간이 스스로 갖고 있는 죄악 된 본성으로 발생하는 것입니다.

지난 번 하나님의 시험을 테스트라 하고, 마귀의 시험을 템테이션이라고 한다고 말씀드렸습니다. 그러면 어떻게 구분할 수 있을까요? 간단하게 설명하면 하나님의 시험은 고통에서 환희로 바뀌는 진행 양상을 가진데 반해, 사탄의 시험은 달콤한 유혹에서 슬픔과 괴로움으로 바뀐다는 사실입니다. 이것을 구별할 수 있는 분별의 은사를 구하시기 바랍니다.

인생길에 시험이 없을 수는 없습니다. 그러나 시험을 당할 때 핑계하면 안 됩니다. 원망하거나 책임 전가하면 안 됩니다. "내 탓입니다. 이 죄인을 용서해 주옵소서."라며 무릎 꿇는 태도가 필요합니다.

> 네가 선을 행하면 어찌 낯을 들지 못하겠느냐 선을 행하지 아니하면 죄가 문에 엎드려 있느니라 죄가 너를 원하나 너는 죄를

다스릴지니라(창 4:7).

하나님은 우리에게 죄를 다스릴 능력을 주셨습니다. 하나님과 동행하며 예수님의 은혜를 기억하며 성령의 능력으로 죄악을 물리쳐야 합니다. 아담과 가인과 같이 핑계하며 책임을 전가하면 시험에 빠지게 되고 맙니다.

3. 욕심을 버려라(14-15절)

사람은 모두 오장육부[27]를 가지고 있습니다. 그런데 "흥부가"에 보면 놀부라는 사람은 오장칠부로 되어 있습니다. 장기 하나가 더 있는데 그 장기의 이름이 바로 '욕심보'입니다. 욕심 많은 놀부는 동생 흥부가 제비의 부러진 다리를 고쳐 주고 제비가 물어다준 박씨를 심어 박을 켰더니 금은보화가 나오고 부자가 된 사연을 듣고는 제비 다리를 부러뜨린 다음 고쳐 주었다가 결국은 도깨비들이 나와 완전히 패가망신하고 맙니다. 욕심[28]이 지나치면 결국 망하게 된다는 이야기입니다.

사탄은 사람을 시험에 빠져 넘어지도록 유혹하는데, 마음에 욕심을 불어넣습니다. 이것은 역사적으로 증명된 의미심장한 말입니다. 인류의 조상 아담이 눈이 밝아 하나님과 같이 되려는 욕망을 충족시키기 위해 선악과를 따먹는 범죄를 저질렀습니다. 늘 전쟁터를 달리며 전쟁하던 다윗이 안락한 왕궁에 누워 있을 때 사탄이 그 마음에 욕망을 불어넣

27. 오장육부(五臟六腑) 오장: 간장, 심장, 폐장, 신장, 비장 육부: 대장, 소장, 위, 쓸개, 방광, 삼초(심 아래, 위 부근, 방광 위)분수에 넘치게 무엇을 탐내거나 누리고자 하는 마음

28. 분수에 넘치게 무엇 탐내거나 누리고자 하는 마음

었습니다. 그가 결국 밧세바를 불러 간음하는 범죄를 저지르고 말았습니다.

아무리 지위가 높고 학식이 많아도 마음에 일어나는 욕심의 불길을 잡지 못하면 시험에 빠질 수밖에 없습니다. 이와 같이 욕심을 뿌리치지 못하면 멸망에 빠지게 됩니다.

> 오직 각 사람이 시험을 받는 것은 자기 욕심에 끌려 미혹됨이니 욕심이 잉태한즉 죄를 낳고 죄가 장성한즉 사망을 낳느니라(약 1:14-15).

본문에 "끌려 미혹됨이니"라는 말의 원어의 뜻은 마치 미끼에 속은 물고기가 낚시 바늘에 걸리듯 죄의 유혹을 받은 사람이 마침내 죄에 사로잡히는 것을 뜻합니다. 욕심의 속성은 점점 욕심을 품은 것을 갈망합니다. 그래서 자기도 모르게 끌려가 버리고 맙니다. 이런 현상에 대하여 야고보는 15절에서 세 단계로 설명하고 있습니다.

> 욕심 → 죄 → 사망

욕심을 품게 되면 불법을 해서라도 그것을 얻기 위하여 죄를 짓게 되고 결국 사망에 이르게 된다는 말씀입니다. 이런 설명을 하지 않고 예수님이 하신 말씀 중에 이런 말씀이 있습니다.

나는 너희에게 이르노니 음욕을 품고 여자를 보는 자마다 마음에 이미 간음하였느니라(마 5:28).

"음욕을 품었다"는 말은 음욕을 계속 품고 반복하면 죄를 잉태하게 된다는 말입니다. 그 결과는 간음죄를 짓게 되고 영적 사망에 이르게 된다는 말씀입니다.[29] 바클레이 박사는 이렇게 말했습니다.

누구나 욕망에 사로잡힐 수 있고 억제할 수도 있습니다. 욕망을 떨쳐 버리길 원한다면 자신을 그리스도께 드리고 그의 마음을 품음으로써 악한 욕망으로부터 깨끗함을 받을 수 있습니다. 선한 일에 깊이 몰두함으로 나쁜 욕망을 가질 여지를 없애야 합니다. 사탄은 게으른 자를 표적으로 삼습니다.

훈련되지 않은 사람은 욕망으로 소일합니다. 만일 우리가 욕망에 사로잡히게 되면 행동으로 옮길 것이고 죄를 범하고 말 것입니다. 우리가 어떤 것에 대해 너무 오래 생각한다면, 즉 오랜 기간 자기 자신을 욕구 가운데 내버려 둔다면 마음속의 욕망이 결국 행동으로 옮겨질 것이고 죄를 저지르게 될 것입니다.

그런데 사람의 심리가 묘한 것은 죄를 짓는 것도 쾌감이 따른다는 사실입니다. 도둑질도 짜릿한 쾌감이 따르고, 불륜을 저지르는 사람들도 마찬가지입니다. 숨어 다니며 도박하는 맛도 그렇습니다. 어릴 때 서리해 먹는 콩, 무가 그렇게 맛있었던 기억이 남아 있는 분들이 있을 것입

29. 욕심을 이기는 비결
1. 욕심이 잉태하지 못하도록 생각을 떨쳐 버려야 한다.
2. 보고 듣고 맛보고 만질 수 있는 것이라면 피해야 한다.
3. 말씀에 집중하고 예수님을 바라보아야 한다.

니다. 지혜자는 이런 인간의 심리를 이렇게 묘사하고 있습니다.

> 도둑질한 물이 달고 몰래 먹는 떡이 맛이 있다 하는도다(잠 9:17).

그런데 그 결과는 너무 무섭습니다. 지옥에 떨어진다고 다음 절에 말씀하고 있습니다.

> 오직 그 어리석은 자는 죽은 자들이 거기 있는 것과 그의 객들이 스올 깊은 곳에 있는 것을 알지 못하느니라(잠 9:18).

발람 선지자는 나귀에게 책망을 받으면서도 욕심을 물리치지 못하고 끌려가서 불의한 선지자의 대명사가 되고 말았습니다. 성도가 욕심을 버리지 않으면 결국 멸망한다는 사실을 마음에 깊이 새겨야 합니다. 예수님은 말씀하셨습니다.

> 그들에게 이르시되 삼가 모든 탐심을 물리치라 사람의 생명이 그 소유의 넉넉한 데 있지 아니하니라 하시고(눅 12:15).

욕심을 없애기 원하십니까? 욕심을 십자가에 못 박으시기 바랍니다. 육신의 정욕, 안목의 정욕, 이생의 자랑 모두 우리가 십자가에 못 박아야 할 욕심입니다.

> 내가 이르노니 너희는 성령을 따라 행하라 그리하면 육체의 욕심을 이루지 아니하리라(갈 5:16).

시험을 이기는 비결은 욕심을 버리는 것입니다. 책임을 전가하지 않고 내 탓임을 고백하고 회개하는 것입니다. 약속을 바라보고 고난을 참는 것입니다. 성령을 따라 살아감으로 영적인 것을 갈망하고 세상의 욕심은 십자가에 못 박고 시험을 이기게 되시기를 바랍니다.

기도로 나아감

· 시험이 닥쳐올 때 주님이 주시는 평안을 기도하게 하시고, 인내로써 의의 면류관을 쓰게 하옵소서.

· 시험을 당할 때 남을 원망하느라 허송세월을 보내는 어리석음을 범치 않게 하시고, 주님의 지혜로 시험을 이기게 하옵소서.

· 사탄이 주는 시험은 욕심에서 비롯됨을 깨닫게 해 주셔서 감사합니다. 욕심을 버리고 시험에서 승리하게 하옵소서.

行 행함

속지 말라

[16] 내 사랑하는 형제들아 속지 말라
[17] 온갖 좋은 은사와 온전한 선물이 다 위로부터
빛들의 아버지께로부터 내려오나니
그는 변함도 없으시고 회전하는 그림자도 없으시니라
[18] 그가 그 피조물 중에 우리로 한 첫 열매가 되게 하시려고
자기의 뜻을 따라 진리의 말씀으로 우리를 낳으셨느니라

_야고보서 1장 16-18절

정채봉의 『처음의 마음으로 돌아가라』라는 책에 보면 "어떤 세탁소에서"라는 이야기가 있습니다. 세탁소에 갓 들어온 새 옷걸이한테 헌 옷걸이가 한마디 하기를, "너는 옷걸이라는 사실을 한시도 잊지 말길 바란다." 이렇게 말하니 새 옷걸이가 "왜 옷걸이라는 것을 그렇게 강조하시는지요." 그러자 헌 옷걸이가 "잠깐씩 입혀지는 옷이 자기의 신분인양 교만해지는 옷걸이들을 그동안 많이 보았기 때문이지."라고 대답했습니다.

큰 교회 다니는 분들 중에 이런 분들이 많이 있습니다. 그 교회의 이름과 크기가 자기의 수준인 줄 착각하는 사람들이 있습니다. 한경직, 옥한흠, 하용조, 이런 분들의 옷이 자기의 옷인 줄 착각하는 옷걸이는 자신에게 속고 있는 것입니다. 군대 생활을 할 때 장군 운전병이나 당번병을 하는 행운을 누리는 장병이 간혹 있습니다. 그런데 그중에 장교들에게 건방진 태도를 보이는 경우가 가끔 있습니다. 자신이 장군이 된 양 교만한 마음이 들어간 것입니다. 이런 경우도 어리석은 옷걸이와 같이 어리석은 사람이라 할 수 있습니다. 이런 사람의 행동을 '호가호위'[30] 라고 합니다.

30. 호가호위(狐假虎威): 여우가 호랑이의 힘을 빌려 거만하게 잘난체하며 경솔하게 행동한다는 뜻, 남의 권세를 빌려 위세를 부림을 비유적으로 이르는 말

숲 속에서 호랑이와 여우가 마주쳤습니다. 호랑이가 입맛을 다시며 여우에게 다가왔습니다. 여우는 꼼짝없이 죽게 되었습니다. 그때 여우가 기지를 발휘했습니다. "호랑이, 잠깐 기다리게. 나는 하늘에 있는 옥황상제로부터 백수의 왕으로 임명이 되었다네. 만일 나를 잡아먹으면 옥황상제에게 천벌을 받을 각오를 해야 할 거네. 내 말이 거짓이라고 생각하면 나를 따라와 봐. 나를 보면 어떤 놈이든 다 달아날 테니." 여우

의 말을 듣고 호랑이가 따라갑니다. 과연 그의 말대로 만나는 동물마다 모두 달아났습니다. 사실 짐승들은 여우 뒤에 있는 호랑이를 보고 도망간 것인데 호랑이는 그것을 깨닫지 못했던 것입니다. 이렇게 세상에서는 남에게 속는 경우도 많이 있습니다. 그런데 이 본문에서 '속지 말라.'는 말씀은 '자신에게 속지 말라.'는 뜻입니다.

> 내 사랑하는 형제들아 속지 말라(약 1:16).

어떤 경우에 자신에게 속는다고 말하고 있는 것일까요? 오늘 본문은 13-15절과 연관되어 있습니다.

> 사람이 시험을 받을 때에 내가 하나님께 시험을 받는다 하지 말지니 하나님은 악에게 시험을 받지도 아니하시고 친히 아무도 시험하지 아니하시느니라(약 1:13).

즉 시험을 받을 때 내가 하나님께 시험받는다 말하는 사람은 자신에게 속는 것이라는 말씀입니다. 무슨 뜻이냐 하면 하나님은 믿음의 연단을 위해 시험하시지, 유혹하셔서 멸망에 이르게 하시지 않는다는 것입니다. 그러므로 13절의 시험은 사탄으로부터 오는 유혹으로서 시험[31]을 뜻합니다.

그런 의미에서 13절을 이렇게 읽으면 이해가 더 빠를 것입니다. 이러한 사탄의 유혹은 욕심 때문에 당하는 것이라고 14절에서 이렇게 말

31. 페이라스모스(Test): 시련, 믿음의 연단 페이라조 (Temptation): 유혹, 욕심에 끌려 미혹

씀하십니다.

> 오직 각 사람이 시험을 받는 것은 자기 욕심에 끌려 미혹됨이니(약 1:14).

야고보는 자기 욕심 때문에 유혹에 빠지고는 왜 하나님께 유혹을 당했다고 말하느냐, 아니라는 것입니다. '하나님은 시험하지 않으신다.'는 이 말은 하나님은 믿음의 연단을 위해 시험을 주시지 유혹을 해서 넘어뜨리려고 시험하지 않는다는 것입니다. 그러므로 하나님께 시험 받아서 죽게 되었다, 망하게 되었다 그렇게 말하는 것은 스스로 속는 것이니 그렇게 말하지 말라는 것입니다. 하나님의 본성은 우리가 잘 되는 것을 원하십니다.

> 주께서 인생으로 고생하게 하시며 근심하게 하심은 본심이 아니시로다(애 3:33).

하나님은 우리가 망하는 것을 절대 원치 않으십니다.

> 여호와의 말씀이니라 너희를 향한 나의 생각을 내가 아나니 평안이요 재앙이 아니니라 너희에게 미래와 희망을 주는 것이니라(렘 29:11).

우리를 향한 하나님의 생각을 믿는다면 낙심하거나, 절망하거나, 포기하거나, 죽고 싶다고 말하거나, 살고 싶지 않다고 말하는 것 모두 자신을 속이는 것임을 깨달아야 합니다. 시련이 오면 자신을 돌아보아 회개하고, 온전히 기쁘게 여기고, 인내를 온전히 이루기 위하여 온전케 하시는 예수님을 바라보아야 합니다. 혹시라도 불평하거나 원망하지 마시기 바랍니다. 그러면 어느 사이에 시련이 끝나고 고요한 새벽이 오게 될 것입니다.

1. 복의 원천이신 하나님(17절)

세상 사람의 공통된 관심사는 복을 많이 받는 것입니다. 그래서 누구나 행복을 원하고 행운이 따라오기를 바랍니다. 인간의 삶의 목적이 무엇입니까? 묻는 질문에 아리스토텔레스는 '행복'이라고 말했습니다. 아리스토텔레스가 말한 행복은 '훌륭한 정신적 존재가 되는 것'을 뜻합니다. 고대 그리스인이 추구했던 '정의롭고 용기가 있는, 그러면서도 우정과 친절이 몸에 배어 있는 사람이 되는 것'을 행복이라고 하는 것입니다.

보통 사람들은 돈 많고, 건강하고, 공부 잘하고, 가문 좋고, 잘 생기고, 이런 외적 조건을 갖춘 상태를 행복하다고 생각합니다. 그러나 이런 것들은 전부 가변적이라는 사실입니다. 행복의 조건이 가변적인 것이라면 그 조건이 바뀔 때 불행해질 수 있다는 것은 당연한 사실입니다. 세상 사람들은 복에 대해 말할 때 받은 것이 얼마나 많으냐를 가지고 판가름 납니다. 다시 말하면 받는 것을 복이라고 생각합니다.

그런데 예수님께서는 '받는 것이 복'이라고 말씀하지 않고 '주는 것이 복'이라고 말씀하셨습니다.

> 범사에 여러분에게 모본을 보여 준 바와 같이 수고하여 약한 사람들을 돕고 또 주 예수께서 친히 말씀하신 바 주는 것이 받는 것보다 복이 있다 하심을 기억하여야 할지니라(행 20:35).

예수님께서 복의 개념을 바꾸어 놓으셨습니다. 어떻게 그럴 수 있을까요? 이것이 하나님의 마음이기 때문에 그렇습니다. 젖 먹는 어린 아이의 행복과 젖 먹이는 어머니의 행복 중 어느 것이 크다고 생각하십니까? 친정에 와서 손에 바리바리 들고 가는 딸의 행복과 모든 것을 다 싸 주고 뒤에서 흐뭇해 하면서 "어여 가라." 하는 어머니의 행복 중 어느 것이 크다고 생각하십니까?

바로 하나님께서는 이런 아버지이시기에 죄인인 우리를 위하여 독생자까지 내어 주실 수 있었던 것입니다. 이런 사랑을 깨달은 사람은 주는 것이 복이라는 것을 알게 됩니다. 그리스도인들은 그것을 깨닫고 실천하는 사람들이요, 교회는 그렇게 가르치고 훈련을 시키는 훈련소입니다.

> 온갖 좋은 은사와 온전한 선물이 다 위로부터 빛들의 아버지께로부터 내려오나니 그는 변함도 없으시고 회전하는 그림자도

> 없으시니라(약 1:17a).

본문 앞에 13절에 보면 사람들 중에 하나님이 우리를 시험에 빠뜨리신다고 원망하고 불평하는 사람들이 있었습니다. 그런 사람들에게 속지 말라고 하면서 하나님은 그런 분이 아니시고 온전하고 좋은 것을 주시는 분이라고 야고보는 말하고 있습니다.

유혹은 사탄이 주는 것입니다. 사탄은 사람을 유혹하기 위하여 마음에 욕심을 불어넣어 죄를 짓게 만들고 사망에 이르게 하지만 하나님은 온갖 좋은 은사와 온전한 선물을 주십니다. 좋은 은사란 믿는 자에게 주시는 하나님의 신령한 복을 뜻합니다.

> 찬송하리로다 하나님 곧 우리 주 예수 그리스도의 아버지께서 그리스도 안에서 하늘에 속한 모든 신령한 복을 우리에게 주시되(엡 1:3).

또 온전한 선물이란 중생케 하시는 구원의 은혜뿐만 아니라 구원 이후에 성화에 이르도록 계속 이끌어 주시는 하나님의 은혜를 뜻합니다. 그러므로 유혹은 인간의 마음속에 일어나는 욕심 때문에 받는 것이요 각양 좋은 것은 하나님께서 주심을 잊지 말라는 것입니다. 하나님께서는 자녀들을 사랑하시기에 유혹하지 않을뿐더러 좋은 것을 주시는 분이십니다. 이 사실을 믿고 다른 말에 속아 넘어가지 말라는 것입니다.

하나님께로부터 오는 것은 영원한 복입니다. 반면에 세상으로부터 오는 복은 일시적임을 알아야 합니다. 그 다음에는 하나님을 빛들의 아버지라고 표현하고 있습니다. 유대 사상의 빛은 해와 달과 별을 뜻합니다. 그러므로 빛들의 아버지란 창조주로서 우주를 주관하시는 하나님을 뜻합니다. 하나님은 창조주요 선하시고 완전하신 분이십니다. 그러므로 하나님은 복의 원천[32]이 되십니다.

32. 원천(源泉): 사물의 근원, 물의 근원

세상의 많은 사람이 물질에서 복을 구하고, 유한한 것, 변하는 것에서 복을 구합니다. 이것은 속는 것입니다. 모두 다 사라지기 때문입니다. 변치 않는 하나님, 영원하신 하나님이 우리의 복입니다. 그 하나님이 주시는 신령한 복은 사라지지 않고 영원합니다. 온갖 좋은 은사와 온전한 선물은 다 위에 계신 창조주 하나님께로부터 옵니다. 그러므로 하나님 아버지께 복을 구하시기 바랍니다.

야곱이 죽기 전에 예언을 합니다. 이 예언이 열두 아들의 장래를 결정하는 아주 중요한 예언이 되었습니다. 그중에 아버지를 비롯한 형제들과 조카들 온 집안을 살린 요셉에 대하여 이렇게 예언합니다.

> 네 아버지의 하나님께로 말미암나니 그가 너를 도우실 것이요 전능자로 말미암나니 그가 네게 복을 주실 것이라 위로 하늘의 복과 아래로 깊은 샘의 복과 젖먹이는 복과 태의 복이리로다(창 49:25).

전능하신 하나님께서 하늘의 복과 땅의 복을 전부 주시겠다는 약속입니다. 여기에서 '깊은 샘'은 '원천'을 뜻합니다. 복의 원천이 되시는 하나님은 유혹하지 않으십니다. 하나님은 온전하고 좋은 하늘의 복과 땅의 복을 주시는 아버지이십니다. 세상의 풍설에 속지 말고 복의 근원이 되시는 하나님께 복을 구하시기를 예수님의 이름으로 축원합니다.

2. 변함없으신 하나님(176절)

피조물의 특성은 변하는 것입니다. 고려의 유신 길재(吉再, 1353-1419년)가 고려가 망한 후에 수도였던 개성을 찾아가서 지은 유명한 시조가 전해 내려옵니다.

회고가
오백 년 도읍지를
필마로 돌아드니
산천은 의구하되
인걸은 간데 없네
어즈버 태평연월이
꿈이런가 하노라

멸망한 고려 왕조에 대한 회한의 정과 무상함을 노래한 유명한 시조입니다. 여기에서 산천은 '의구하다.'고 노래하고 있습니다. '의구(依舊)'란 옛날과 같다는 뜻입니다. 그러나 산천도 오랜 세월이 지나면 변합니다. 그런 경우를 '상전벽해'[33]라고 합니다.

어릴 때 뛰놀던 고향을 찾아가 보십시오. 정말 옛 자취를 찾아보기 힘듭니다. 기와집, 슬레이트 집은 다 사라지고 고층 아파트가 들어서서 다른 동네가 되어 있습니다. 세상은 변합니다. 사람의 마음도 변합니다. 소년은 노인이 되고, 유명인도 한 세대 가면 알아주는 사람이 없습니다. 모든 것이 흐르고, 떠나고, 변하고, 사라지기 때문입니다. 미녀가 변하는 것은 그리 오래가지 않습니다. 가끔 옛날 청춘 스타였던 여배우가 오랜만에 TV에 나오는 경우가 있습니다. '차라리 나오지 말지.' 마음 속에 그리고 있던 그때 그 환상이 깨지는 아픔을 겪는 기분입니다. 땅도 변하고 바다도 변합니다. 일본에 있었던 큰 지진으로 한반도 전체가 동쪽으로 몇 cm 움직였다는 관측 결과를 발표한 것을 보았습니다.

> 그러므로 땅이 변하든지 산이 흔들려 바다 가운데에 빠지든지 바닷물이 솟아나고 뛰놀든지 그것이 넘침으로 산이 흔들릴지라도 우리는 두려워하지 아니하리로다(셀라)(시 46:2-3).

세상의 모든 것이 변하고 흔들릴지라도 우리가 두려워하지 않는 것은 변함이 없으신 하나님을 믿기 때문입니다.

> 그는 변함[34]도 없으시고 회전하는 그림자[35]도 없으시니라(약 1:17b).

33. 상전벽해(桑田碧海): 뽕나무 밭이 변하여 푸른 바다가 된다는 뜻, 세상의 변화가 심함을 비유로 이른 말

34. 변함(παραλλαγή, 파랄라게): 태양, 달, 혹성, 별의 주기적인 움직임

35. 그림자(τροπή ἀποσκίασμα, 트로페 아포스키아스마): 천체의 움직임으로 인한 그림자, 즉 일식과 월식을 의미, 밤과 낮의 끊임없는 변화

이 말씀에 나오는 단어들은 고대 세계에서 천체적인 현상을 말할 때 쓰는 단어들입니다. 이 내용은 하나님의 변함없으심과 세상의 끊임없는 변화를 대비시키는 말씀입니다. 하나님은 결코 변함이 없으십니다. 이것을 하나님의 속성으로 불변성[36]이라고 합니다. 하나님의 불변성에 대하여 다윗은 이렇게 노래했습니다.

불변성(Immutability): 하나님의 속성 가운데 하나. 하나님은 완전하심으로 그의 본질, 의지, 약속에 있어서 어떤 변화도 없으시다. 불변은 하나님께만 가능하다. 하나님은 절대 완전하시기 때문이다.

> 천지는 없어지려니와 주는 영존하시겠고 그것들은 다 옷 같이 낡으리니 의복 같이 바꾸시면 바뀌려니와 주는 한결같으시고 주의 연대는 무궁하리이다(시 102:26-27).

하나님은 스스로도 변화하지 않으시지만, 외부의 어떤 현상에 의해서도 변화되지 않는 분이십니다. 그러므로 하나님은 기분이 나쁘시다고 사람을 시험에 빠뜨리고 유혹에 넘어가게 하시는 분이 아니시니, 속지 말라는 것입니다. “하나님이 나를 넘어지게 하셨다.” 그런 말을 하지 말라는 것입니다. 그것은 자신이 욕심에 끌려 미혹되고 죄를 짓는 것입니다. 하나님은 언제나 좋은 선물을 주시고 은혜를 베풀어 주시는 변함없으신 분임을 기억하시기 바랍니다.

세상의 모든 것은 변합니다. 여기에서 ‘변한다’[37]는 것은 여러 가지 뜻이 있습니다. 그러나 하나님은 영원하시고, 실수가 없으시며, 변덕이 없으시고, 착오가 없는, 완전하신 분이심을 믿으시기 바랍니다. ‘회전하는 그림자’라는 말 속에는 ‘빛과 어두움’, ‘낮과 밤’, ‘산과 골짜기’라는 뜻이 담겨 있습니다.

변한다: 끊어진다, 불완전하다, 실수한다, 변덕이 많다, 착각한다

그러나 하나님은 너무나 완전하셔서 변화나 회전하는 그림자조차 없으십니다. 그러므로 시험을 주셨다, 복을 주셨다, 화를 내셨다가 웃으셨다 그런 분이 아니십니다. 우리에게 기쁨을 주시고, 유익한 것들을 주시고, 굳게 세우시고, 온전하고 성숙하게 하시며, 사랑과 평안을 주시는 분이십니다. 그러므로 누가 하나님께 대하여 잘못 말할지라도 속지 마시기 바랍니다. 이렇게 변함이 없으신 하나님께서 예수님을 보내 주셔서 우리의 구원자가 되게 하셨습니다. 그분을 믿으시기 바랍니다.

> 예수 그리스도는 어제나 오늘이나 영원토록 동일하시니라 (히 13:8).

하나님은 변함이 없으신 분이십니다. 아브라함의 하나님, 이삭의 하나님, 야곱의 하나님, 우리의 하나님이 되십니다. 그분이 보내신 예수님도 변함이 없으십니다.

3. 우리를 낳으신 하나님(18절)

하나님께서 우리를 낳으셨다는 말은 우리가 하나님의 자녀가 되었다는 뜻입니다. 우리가 하나님의 자녀된 것을 성경에서는 거듭났다고 말합니다. 거듭난 것은 무엇을 뜻할까요? 사람은 처음 부모에게서 육으로 태어납니다. 두 번째는 영으로 태어납니다. 이에 대하여 요한복음에 이렇게 설명합니다.

> 이는 혈통으로나 육정으로나 사람의 뜻으로 나지 아니하고 오직 하나님께로부터 난 자들이니라(요 1:13).

하나님께로 난 자를 베드로 사도는 이렇게 설명합니다.

> 너희가 거듭난 것은 썩어질 씨로 된 것이 아니요 썩지 아니할 씨로 된 것이니 살아 있고 항상 있는 하나님의 말씀으로 되었느니라(벧전 1:23).

우리는 하나님의 말씀으로 다시 태어난 사람들입니다. 그러므로 하나님은 우리의 영적인 아버지이십니다. 아버지 되시는 하나님께서 자녀 된 우리를 유혹하시고 넘어뜨리지 않으십니다. 그러므로 하나님이 우리를 시험한다고 하는 말에 속지 말라는 것입니다. 이에 대하여 예수님은 이런 비유를 드셨습니다.

> 너희 중에 누가 아들이 떡을 달라 하는데 돌을 주며 생선을 달라 하는데 뱀을 줄 사람이 있겠느냐 너희가 악한 자라도 좋은 것으로 자식에게 줄 줄 알거든 하물며 하늘에 계신 너희 아버지께서 구하는 자에게 좋은 것으로 주시지 않겠느냐(마 7:9-11).

하나님 아버지는 좋은 것을 주시는 분이십니다. 세상 풍설에 속아 넘어가지 마시기 바랍니다. '하나님이 살아 계시면 나에게 이럴 수가 있냐.'라는 말은 자신에게 속고 있는 것입니다. 오늘 본문 18절에 보면 하나님께서 우리를 진리의 말씀으로 낳았다고 말씀하면서 왜 우리를 낳았느냐를 분명하게 밝히고 있습니다.

> 그가 그 피조물 중에 우리로 한 첫 열매[38]가 되게 하시려고 자기의 뜻을 따라 진리의 말씀으로 우리를 낳으셨느니라(약 1:18).

하나님께서 성도를 거듭나게 하신 목적이 피조물 중에 첫 열매가 되게 하시려고 우리를 낳으셨다고 분명히 밝히고 있습니다. 이에 대하여 출애굽기에 이렇게 기록되어 있습니다.

> 너는 네가 추수한 것과 네가 짜낸 즙을 바치기를 더디하지 말지며 네 처음 난 아들들을 내게 줄지며 네 소와 양도 그와 같이 하되 이레 동안 어미와 함께 있게 하다가 여드레 만에 내게 줄지니라(출 22:29-30).

> 네 토지에서 처음 거둔 열매의 가장 좋은 것을 가져다가 너의 하나님 여호와의 전에 드릴지니라 너는 염소 새끼를 그 어미의 젖으로 삶지 말지니라(출 23:19).

38. 첫 열매: 구약에서 첫 열매란 사람의 장자, 짐승의 초태생, 곡물의 첫 수확 등을 가리킨다. 첫 열매는 가장 거룩하고 귀한 것으로 여겼기에 하나님께 바쳤다.

분명하게 장자, 소와 양의 초 태생, 첫 열매를 하나님께 드릴 것을 말씀하고 있습니다. 신약에 와서는 죽은 자 가운데 처음 부활하신 예수님을 "잠자는 자들의 첫 열매(고전 15:20)"라고 했습니다. 또 하나님의 언약의 백성이 된 성도를 가리키는 말로도 사용되었습니다.

> 또 저의 집에 있는 교회에도 문안하라 내가 사랑하는 에배네도에게 문안하라 그는 아시아에서 그리스도께 처음 맺은 열매니라(롬 16:5).

이런 말씀을 종합해 볼 때 하나님께서 우리를 복음으로 낳으신 것은 피조물 가운데 으뜸이 되는 위치에 앉히시려는 목적을 가지고 택하신 것입니다.

이렇게 귀중하고, 보배롭고, 존귀하게, 사랑하고 택하여 구원해 놓고 시험에 빠뜨리고 쓰러뜨린다는 것은 말이 안 됩니다. 이단 사설에 속지 말라는 말씀입니다. 하나님께서 천지를 창조하실 때 인간에게 만물을 지배하고 다스리는 권세를 주셨습니다.

> 하나님이 이르시되 우리의 형상을 따라 우리의 모양대로 우리가 사람을 만들고 그들로 바다의 물고기와 하늘의 새와 가축과 온 땅과 땅에 기는 모든 것을 다스리게 하자 하시고 하나님이 그들에게 복을 주시며 하나님이 그들에게 이르시되 생육하고 번성하여 땅에 충만하라, 땅을 정복하라, 바다의 물고기

> 와 하늘의 새와 땅에 움직이는 모든 생물을 다스리라 하시니라 (창 1:26-28).

그런데 예수 그리스도 안에서 말씀으로 재창조되어 거듭난 성도의 지위는 이것과 비교될 수 없이 더 귀한 것입니다. 주님과 같은 영광의 형체로 변화되는 것은 물론, 주님의 보좌에 함께 앉아 천사들까지 심판하며 주님과 더불어 영원히 왕 노릇하게 될 것입니다.

> 다시 밤이 없겠고 등불과 햇빛이 쓸 데 없으니 이는 주 하나님이 그들에게 비치심이라 그들이 세세토록 왕 노릇 하리로다 (계 22:5).

이러한 사실은 고난 속에 처해 있는 성도에게 큰 소망이 됩니다. 위로와 용기와 희망을 얻게 되기 때문입니다. 그러므로 하나님께서 말씀으로 우리를 낳으셔서 첫 열매를 삼으셨다는 말씀 속에는 앞에서 말씀드린 여러 특권과 함께 사명을 담고 있습니다.

첫 열매는 완성이 아니라 또 다른 시작을 의미합니다. 또 다른 열매를 바라시는 하나님의 소원이 담겨 있기 때문입니다. 그것은 하나님의 우주 구원 계획에 내가 동참하는 것입니다. 하나님께서 우리에게 좋은 선물을 주셨고, 그 좋은 선물을 다른 사람에게 전하라고 우리를 첫 열매 삼으신 것을 명심하시기 바랍니다.

> 그리스도 안에서 일만 스승이 있으되 아버지는 많지 아니하니 그리스도 예수 안에서 내가 복음으로써 너희를 낳았음이라 그러므로 내가 너희에게 권하노니 너희는 나를 본받는 자가 되라 (고전 4:15-16).

하나님은 유혹을 받지도 않으실 뿐 아니라 유혹하지도 않으십니다. 또한 변치 않는 사랑으로 우리에게 좋은 것, 곧 새 생명까지 주셔서 거듭나게 하셨습니다. 따라서 자신의 욕심에 이끌려 유혹을 받으면서 하나님을 의심하고 원망하는 사람은 마귀에게 속고, 사람에게 속는 것입니다. 복의 원천이 되시고, 변함이 없으시고, 말씀으로 우리를 낳으셔서 첫 열매 되게 하신 하나님께 감사하며 또 하나의 열매를 맺기에 힘쓰는 자녀가 되기를 바랍니다.

기도로 나아감

· 우리를 파멸시키려는 유혹이 다가올 때 복의 원천이 되시는 하나님께 기도하며 시험을 이기고 승리하게 하옵소서.

· 세상의 모든 것이 변해도 결코 변치 아니하시는 하나님께서 어제나 오늘이나 영원토록 우리를 사랑하심을 깨닫게 하옵소서.

· 자녀에게 복을 주길 원하시는 하나님의 마음을 깨닫게 하시고, 헛된 유혹과 소문에 넘어가지 않도록 우리의 마음을 잡아 주옵소서.

라라라

[19]내 사랑하는 형제들아 너희가 알지니
사람마다 듣기는 속히 하고 말하기는 더디 하며 성내기도 더디 하라
[20]사람이 성내는 것이 하나님의 의를 이루지 못함이라
[21] 그러므로 모든 더러운 것과 넘치는 악을 내버리고 너희 영혼을 능히 구원할 바
마음에 심어진 말씀을 온유함으로 받으라
[22] 너희는 말씀을 행하는 자가 되고 듣기만 하여 자신을 속이는 자가 되지 말라
[23] 누구든지 말씀을 듣고 행하지 아니하면
그는 거울로 자기의 생긴 얼굴을 보는 사람과 같아서
[24] 제 자신을 보고 가서 그 모습이 어떠했는지를 곧 잊어버리거니와
[25] 자유롭게 하는 온전한 율법을 들여다보고 있는 자는
듣고 잊어버리는 자가 아니요 실천하는 자니
이 사람은 그 행하는 일에 복을 받으리라
[26] 누구든지 스스로 경건하다 생각하며
자기 혀를 재갈 물리지 아니하고
자기 마음을 속이면 이 사람의 경건은 헛것이라
[27] 하나님 아버지 앞에서 정결하고 더러움이 없는 경건은
곧 고아와 과부를 그 환난 중에 돌보고
또 자기를 지켜 세속에 물들지 아니하는 그것이니라

_야고보서 1장 19-27절

제목의 '라'는 국어에서 '명령의 뜻을 나타내는 종결어미'를 뜻합니다. 본문에 세 가지 명령이 나타나기 때문에 '라라라'라고 제목을 붙인 것입니다. 성경의 구성을 여러 가지 각도에서 볼 수 있지만, 명령과 약속에 초점을 맞추고 보면 이렇습니다.

성경의 구성		
내용	명령	약속
형태	~하라	그리하면~
반응	순종	믿음

성경 전체를 보면 수많은 명령이 있지만 중요한 명령을 정리해 보면 다음과 같습니다.

중요 명령 네 가지

1. 예수 믿고 구원 받아라
2. 성령 받아라(능력있는 삶을 살라)
3. 말씀대로 살아라
4. 복 받아라

'예수 믿고 구원 받아라.'의 대표적인 말씀이 사도행전 16장 31절입니다.

이르되 주 예수를 믿으라 그리하면 너와 네 집이 구원을 받으리라 하고(행 16:31).

'성령 받아라.'의 대표적인 말씀이 부활하신 예수님께서 제자들에게 나타나셔서 하신 말씀입니다.

예수께서 또 이르시되 너희에게 평강이 있을지어다 아버지께서 나를 보내신 것 같이 나도 너희를 보내노라 이 말씀을 하시고 그들을 향하사 숨을 내쉬며 이르시되 성령을 받으라(요 20:21-22).

'말씀대로 살아라.'는 명령은 예수님께서 친히 명령하신 대부분의 중요한 말씀이 담겨 있습니다.

내가 분부한 모든 것을 가르쳐 지키게 하라(마 28:20).
회개하라 천국이 가까이 왔느니라(마 4:17).
하나님을 시험하지 말라(마 4:7).
나를 따르라(요 12:26).

'복 받아라.'는 말씀은 창세기부터 요한계시록까지 가득 찼습니다.

내가 너로 큰 민족을 이루고 네게 복을 주어 네 이름을 창대하게 하리니 너는 복이 될지라(창 12:2).

성경을 이렇게 명령과 약속의 프리즘을 가지고 보면 32,500가지의 명령과 약속이 담겨 있다고 어느 주석학자가 말했습니다. 성경은 31,173개의 절로 이루어져 있는데 32,500가지의 약속이 있다고 하면 성경 전체가 명령과 약속이라고 말해도 과언이 아닐 것입니다.

그런데 보통 사람들이 명령에 주목할까요? 아니면 약속에 주목할까요? 당연하지요. 약속에 주목합니다. 그러나 명령에 주목하지 않고 약속에 주목하는 것은 나무를 심지 않고 열매를 따기를 바라는 어리석은 사람과 같은 것입니다. 나무를 심고, 물을 주고, 땀을 흘려야, 가을에 열매가 열리는 것입니다. 그래서 이런 말이 가능합니다.

> 명령 없는 약속 없다. 명령을 지키지 않는 약속의 성취는 없다.

명령을 지키는 것은 나무를 심고 가꾸는 것처럼 힘들고 어려운 일입니다. 그러나 때가 되면 이러한 대가를 지불해야만 열매를 따는 농부처럼 수확의 기쁨을 맛보는 일입니다.

> 눈물을 흘리며 씨를 뿌리는 자는 기쁨으로 거두리로다 울며 씨를 뿌리러 나가는 자는 반드시 기쁨으로 그 곡식 단을 가지고 돌아오리로다(시 126:5-6).

본문은 그리스도인의 시험에 대한 내용이 18절까지 끝나고, 말씀에 대한 실천에 관한 주제로 2장까지 이어지는 내용입니다. 세 번에 걸쳐 그리스도인들이 실행·실천해야 할 중요한 덕목에 대해 말씀드릴 것입니다. 1장 19절에서 2장 26절까지 33절 되는 분량 속에 18번이나 '행함'이라는 말이 반복되고, '하라.', '하지 말라.'는 말이 10번이나 반복되고 있습니다. 우리의 신앙생활이 말씀 안에 거하면서 성경 말씀이 하라 하면 하고, 말라 하면 멈추는 실행·실천하는 신앙인이 되라는 의미를 강하게 전하는 내용입니다.

1. 듣기는 속히 하라(19-21절)

하나님께서 사람을 만드실 때 가장 신경 쓴 부분이 '듣는 기관'입니다. 하나님께서 어떻게 하면 다른 사람의 말을 귀담아 들을 수 있도록 할 것인가, 이를 깊이 생각하셨습니다. 안테나를 지붕 위에 다는 것처럼 머리 위에 귀를 만들까, 얼굴 정면에다 귀를 만들까 생각하시다가, 양쪽으로 분리해서 스테레오 타입으로 만드셨습니다. 그래서 귀가 두 개가 된 것입니다. 또 입이 하나이고 귀가 두 개인 까닭은 듣기는 속히 하고 말하기는 더디 하라고 그렇게 하신 것입니다. 예부터 귀가 큰 사람을 보고 '관운(官運)이 있다.'고 말했습니다. 귀가 크면 남의 말을 잘 듣게 되니까 자연히 인심을 얻게 되고 덕이 있다고 사람들에게 칭찬과 존경을 받게 되기 때문이라고 생각합니다.

"웅변은 은이요 침묵은 금이다."라는 격언을 모르는 사람은 없습니다. 유대 격언에 "열변은 1세겔에 사고, 침묵은 2세겔에 사라."는 말이 있습니다. 이런 격언들은 모두 말을 잘하는 것보다 남의 말을 잘 듣는 것이 소중하다는 것을 일러주는 교훈입니다.

듣는 것이 왜 중요하냐 하면 상대방의 뜻과 그가 하는 말의 의미를 잘 이해하게 되면 오해가 없게 되고, 서로 대립하거나 변론으로 인해 다툼이 일어나지 않기 때문입니다. 인간관계에서 오는 많은 오해나 분쟁이 서로 충분히 듣지 않기 때문에 발생합니다. 그러므로 귀를 기울여 상대방의 말을 잘 듣는 것이 중요합니다.

> 그러나 너희 눈은 봄으로, 너희 귀는 들음으로 복이 있도다(마 13:16).

그런데 아무 말이나 다 듣는다고 복이 있는 것이 아닙니다. 태중에 있는 아기도 소리를 듣기 때문에 좋은 말, 좋은 음악을 들려주어야 한다고 태교에서 강조합니다. 사람이 숨이 넘어가기 직전까지 청각이 살아 있기 때문에 끝까지 찬송을 부르고 소망을 전해야 합니다. 야고보는 본문에서 듣기를 속히 하라고 강조하고 있습니다.

> 내 사랑하는 형제들아 너희가 알지니 사람마다 듣기는 속히 하고 말하기는 더디 하며 성내기도 더디 하라 사람이 성내는 것이 하나님의 의를 이루지 못함이라 그러므로 모든 더러운 것과 넘치는 악을 내버리고 너희 영혼을 능히 구원할 바 마음에 심어진 말씀을 온유함으로 받으라(약 1:19-21).

'듣기는 속히 하라.'고 하니 "아침마당"부터 TV를 보고 듣기 시작해서 동해 물과 백두산이 애국가가 나올 때까지 세상 소식을 너무 많이 듣고 빠꿈이가 되어 물건 값이 싸고 좋은 곳, 음식 값이 싸고 맛있는 집, 영화, 연극 공연을 즐길 곳은 알아도 너무 잘 알면서 성경 말씀은 모르면 아무 소용없습니다. 그러면 무엇을 들어야 할까요? 하나님의 음성, 예수님의 음성을 들어야 합니다.

> 진실로 진실로 너희에게 이르노니 죽은 자들이 하나님의 아들의 음성을 들을 때가 오나니 곧 이때라 듣는 자는 살아나리라(요 5:25).

요한계시록에 보면 성령의 음성을 들으라고 말씀하고 있습니다.

> 귀 있는 자는 성령이 교회들에게 하시는 말씀을 들을지어다 이기는 자는 둘째 사망의 해를 받지 아니하리라(계 2:11).

잠언에 보면 가난한 이웃의 소리를 듣는 지혜자가 되라고 말씀하고 있습니다.

> 귀를 막고 가난한 자가 부르짖는 소리를 듣지 아니하면 자기가 부르짖을 때에도 들을 자가 없으리라(잠 21:13).

이렇게 귀를 열어 듣는 사람은 구주되시는 예수님을 만나 영생을 얻게 됩니다. 지혜를 얻게 되고, 믿음이 자라게 되고, 성령을 받고, 영육이 살아나게 되므로 복 있는 사람이 됩니다. 본문에서 듣는 것을 방해하는 요소를 두 가지 명시하고 있습니다.

듣는 것을 방해하는 요소

1. 자기 말을 많이 하는 것
2. 조급하게 성을 내는 것

자기 말을 많이 하면 남의 말을 들을 기회가 없고 들리지도 않습니다. '말을 더디 하라.'의 '더디'[39]는 이런 뜻입니다. 그러므로 '말을 더디하라.'는 뜻은 말을 천천히 하라는 뜻이 아니라, 성급하게 자기주장과 고집을 내세우지 말고 참을성 있게 기다려 주라는 의미입니다. 우리 모두 순간의 성급함으로 내뱉은 말 때문에 후회한 적이 한두 번이 아닙니다. 그러므로 상대방의 말을 주의 깊게 듣는 훈련을 해야 합니다. '성내기를 더디 하라.'는 권면도 너무 경솔하게 성내지 말고 신중하게 처신하라는 의미입니다. 지혜자는 이렇게 권면합니다.

> 말이 많으면 허물을 면하기 어려우나 그 입술을 제어하는 자는 지혜가 있느니라(잠 10:19).

우리 모두 분노를 조절하기 위해 훈련받아야 합니다. 성을 내게 되면

39. 더디(βραδύς, 브라뒤스): 참을성 있게 기다림

다툼이 일어나고 그것이 편당이 되면 분열이 일어나게 되는 것입니다. 이 모든 것을 해결하는 훈련이 듣는 훈련을 하는 것입니다. 이것을 경청이라 합니다. 상담을 잘하는 비결은 경청입니다. 친구를 얻는 방법도 경청입니다.

분노는 하나님이 원하시는 삶의 방식에 어긋난 행위입니다. 예수님의 온유한 마음을 본받아 다른 사람의 말을 경청하는 사람이 더러운 것과 넘치는 악을 내버리고 하나님의 의를 이루는 사람입니다.

> 그러므로 믿음은 들음에서 나며 들음은 그리스도의 말씀으로 말미암았느니라(롬 10:17).

사랑하는 형제, 자매 여러분! 말씀을 들으십시오. 형제의 말을 귀담아 들으십시오. 그리하면 하나님의 의를 이루는 자녀가 될 것입니다. 경청을 훈련하여 사람을 얻고 공동체를 화목케 하는 온유한 성도가 되시기를 예수님의 이름으로 축원합니다.

2. 들은 말씀을 실천하라(22-25절)

옛적에는 성경을 소유하는 것은 꿈도 꾸지 못했습니다. 종이가 없어서 양피지에 글씨를 써서 책을 만들었습니다. 채륜이라는 중국 후한 시대 환관이 나무껍질, 헝겊, 풀 등을 재료로 종이를 만든 것이 역사에 최초로 기록된 종이입니다. 그때가 주전 100년 경입니다. 그러나 그것이 세계로 퍼져 보편적으로 쓰이기까지는 1,000년을 족히 걸렸을 것입니다. 또 종이가 보급되었다 해도 인쇄술은 훨씬 뒤에 발명되고 보급되었습니다. 구텐베르크가 1453년 유럽에 금속인쇄술을 발명해서 드디어 대량으로 책이 만들어지는 일이 시작되었습니다. 사실 이 인쇄술은 780년 앞서 한국에서 이미 사용되었던 것입니다. 그것이 『직지심경』입니다. 그 이전인 1400년 경 필사본 성경 한 권의 가격은 조그만 농장 하나와 맞먹는 가격이었습니다.

그러니 어떻게 평민이 성경을 소유하겠습니까? 그런데 그 시절에는 성자가 많이 나왔습니다. 요즈음 성경이 흔하고 설교가 범람하고 있는데 성자를 찾아보기 힘듭니다. 이유가 무엇일까요? 말씀을 듣기만 하고 실천하지 않기 때문입니다.

하나님의 말씀을 통해 새롭게 태어난 성도는 옛 생활과 연관된 모든 악한 행동들을 버리고 하나님의 말씀을 온유함으로 받아들여야 합니다. 그렇다면 말씀을 받아들인다는 것은 무엇을 의미할까요? 그것은 말씀을 행하는 데 있습니다. 하나님의 말씀에 지적으로 동의한다 할지라도 그 말씀이 행함으로 옮겨지지 않으면 그것은 하나님의 말씀을 받아들이는 것이 아니라 지식의 축적에 지나지 않습니다.

야고보는 말씀을 받아들이는 것은 곧 말씀을 행하는 것임을 역설하고 있습니다.

너희는 말씀을 행하는 자가 되고 듣기만 하여 자신을 속이는 자

> 가 되지 말라 누구든지 말씀을 듣고 행하지 아니하면 그는 거울로 자기의 생긴 얼굴을 보는 사람과 같아서 제 자신을 보고 가서 그 모습이 어떠했는지를 곧 잊어버리거니와 자유롭게 하는 온전한 율법을 들여다보고 있는 자는 듣고 잊어버리는 자가 아니요 실천하는 자니 이 사람은 그 행하는 일에 복을 받으리라(약 1:22-25).

여기서부터 야고보서의 본격적인 주제인 '행함'의 이야기가 시작됩니다. 말씀을 행하기 위해서는 먼저 들어야 합니다. 그런데 듣고도 행하지 않으면 아무 소용이 없다는 것입니다. 말씀을 듣는다고 자동적으로 하나님의 뜻을 알게 되는 것이 아닙니다. 그 말씀을 실천하여 삶의 자리에 적용시킬 때 하나님의 뜻을 깨닫게 되고 자신의 능력이 되는 것입니다. 모세가 시내 산에서 하나님의 계시를 받아 백성에게 전하자 이스라엘 백성이 이와 같이 반응합니다.

> 모세가 와서 여호와의 모든 말씀과 그의 모든 율례를 백성에게 전하매 그들이 한 소리로 응답하여 이르되 여호와께서 말씀하신 모든 것을 우리가 준행하리이다(출 24:3).

요즈음 너무 많은 말씀을 듣기 때문에 실행할 시간이 없습니다. 그래서 영적 비만에 걸려 세상에 나가 영적 전쟁을 수행할 능력을 상실한 한국 교회 성도의 모습이 되고 말았습니다. 야고보는 듣기만 하고 행하지 않는 사람을 '속이는 자'라고 질타하고 있습니다.

누구를 속입니까? 자신을 속입니다. 무슨 뜻일까요? 자기의 논리에 모순이 있는 것을 알면서도 합리화하고 정당화하기 위해 미사여구를 늘어 놓는 것을 뜻합니다.

그 결과 세상 사람이 "예수쟁이들 말만 잘한다."고 비난하기에 이른 것입니다. 들은 풍월이 있으니까 말은 잘하지만 행동이 뒤따르지 않는다는 가슴 아픈 이야기입니다. 행함이 없는 사람은 바람이 불고 창수가 나면 곧 무너집니다. 실전 경험이 없기 때문에 시험을 견디지 못한다는 뜻입니다. 행치 않으면 사람에게 인정받지 못할 뿐 아니라 하나님께서도 버리십니다.

> 그들이 들어가서 이를 차지하였거늘 주의 목소리를 순종하지 아니하며 주의 율법에서 행하지 아니하며 무릇 주께서 행하라 명령하신 일을 행하지 아니하였으므로 주께서 이 모든 재앙을 그들에게 내리셨나이다(렘 32:23).

그래서 야고보는 행함이 없는 믿음은 죽은 믿음이라고 한 것입니다. 말씀을 실행·실천하지 않으면 거울을 보고도 자기의 흠을 곧 잊어버린 채 달고 다니는 사람같이 부끄러운 삶을 살게 되는 것입니다. 여기에서 거울은 성경 말씀을 뜻합니다. 성경은 우리의 거울입니다. 비추어 보고 죄와 허물을 발견하면 즉시 고쳐야 합니다. 그리고 밖에 나설 때 또 거울을 보는 것처럼 매일 말씀을 듣고 실천해야 합니다. 그래야 성결을 유지할 수 있습니다.

25절에 '자유하게 하는 온전한 율법'이란 복음을 뜻합니다. 진정으로 복음을 들은 사람은 살아 있고 운동력이 있는 말씀이 가만 놔두지 않고 행함으로 이끌어 가서 변화를 일으키게 되는 것입니다.

주의 깊게 사물을 들여다보아야 그 형태와 특징을 알 수 있듯이 말씀을 듣고 읽고 깨달아 진리의 뜻을 발견한 즉시 실행·실천하면 깨끗해지고 변화가 일어나 능력 있는 삶을 살게 되는 것입니다. 그런 사람을 복 있는 자라고 하는 것입니다.

> 하나님 앞에서는 율법을 듣는 자가 의인이 아니요 오직 율법을 행하는 자라야 의롭다 하심을 얻으리니(롬 2:13).

듣기만 해서 귀가 다락같이 높아지고 귀만 천국 가는 사람이 아니라 듣고 실천하여 이웃에게 선을 행하고 선한 영향력을 끼치는 자가 되시기를 바랍니다.

3. 경건을 이루라(26-27절)

본문에 세 번째 명령은 경건에 힘쓰라는 말씀입니다. 경건[40]이 무엇일까요? 경건하게 살고자 하는 자는 핍박을 각오해야 할 뿐 아니라 눈에 보이는 일체의 가치를 초월해야 합니다. 말세에는 경건의 모양만 가지

40. 경건(εὐσέβεια, 유세베이아): 하나님께 자기의 전부를 드리려는 절대 귀의의 감정 또는 의지. 경건은 도덕이나 신앙고백 이상의 의미를 지니며 하나님을 기쁘시게 하려는 생활과 말씀에 충실하려는 심정까지를 포함한다.

고 흉내만 내는 자들이 많은 것이라고 바울은 예언했습니다.

> 경건의 모양은 있으나 경건의 능력은 부인하니 이같은 자들에게서 네가 돌아서라(딤후 3:5).

야고보는 본문에서 경건에 이르기를 힘쓰기 위해서 지켜야 할 세 가지를 제시하고 있습니다.

> 누구든지 스스로 경건하다 생각하며 자기 혀를 재갈 물리지 아니하고 자기 마음을 속이면 이 사람의 경건은 헛것이라 하나님 아버지 앞에서 정결하고 더러움이 없는 경건은 곧 고아와 과부를 그 환난 중에 돌보고 또 자기를 지켜 세속에 물들지 아니하는 그것이니라(약 1:26-27).

본문 말씀을 자세히 읽어 보면 참된 경건에 이르기 위한 세 가지를 찾을 수 있습니다.

경건에 이르기 위한 세 가지

1. 말을 삼가는 것
2. 약자를 돌보는 것
3. 세속에 물들지 않는 것

41. 재갈: 말을 조정하거나 제어하는 기능을 하도록 물리는 금속 입마개

먼저 경건한 사람은 혀에 재갈[41]을 물려야 한다고 야고보는 말하고 있습니다. 혀와 재갈을 연결해서 말한 이는 야고보가 유일합니다. 야고보는 혀를 거친 야생동물에 비유하면서 말을 타는 자가 말에게 재갈을 물려 통제하는 것과 같이 경건하고자 하는 자는 혀를 통제해야 한다고 비유로 표현한 것입니다. 우리의 혀는 잘 통제되고 조절되면 큰 유익을 가져오지만 제대로 길들여지지 않으면 엄청난 낭패를 가져옵니다.

> 네가 나를 거슬러 분노함과 네 오만함이 내 귀에 들렸으므로 내가 갈고리로 네 코를 꿰며 재갈을 네 입에 물려 너를 오던 길로 돌아가게 하리라 하셨나이다(사 37:29).

함부로 혀를 놀려 하나님을 조롱한 앗수르의 산헤립에 대한 멸망 예언입니다. 입에서 나오는 말을 통제하지 못하는 사람은 자기를 속이는 사람, 즉 자신의 말 때문에 멸망하는 어리석은 사람이 된다는 뜻입니다. 따라서 경건한 사람은 말을 삼가야 합니다. 그런데 오늘 본문 26-27절에 나오는 경건[42]이라는 단어는 성경에 셀 수 없이 많이 쓰는 '유세베이아'가 아니라 다섯 번 밖에 사용되지 않은 '드레스케이아'를 사용하고 있습니다.

42. 경건(θρησκεία, 드레스케이아): 종교적, 신앙심 깊은, 기도, 예배 참석, 종교 준수 의식

이 뜻에 따라 26절을 해석하면 '만일 누가 자신을 종교적이고 신앙심이 깊다고 생각하면서 말을 삼가지 않고 남을 비난하고 비방하고 다닌다면 그것을 자기를 속이는 행위로 그의 종교 행위는 헛된 것이 되고 만다.'는 뜻이 됩니다.

그 다음 약자를 돌보는 것과 경건은 깊은 관계가 있습니다. 27절에 약자의 대명사와 같은 고아와 과부가 언급되어 있습니다. 이것이 더 확장되면 고아와 과부 그리고 나그네가 됩니다. 요즈음은 영세민, 노숙자, 독거노인, 소년소녀 가장, 차상위 계층 등이라 할 수 있습니다. 이들은 모두 사회적 약자라 한마디로 정의할 수 있습니다. 우리의 주변에 약자를 두신 것은 믿음의 실천을 위해 두셨음을 알아야 합니다.

서울 송파구에서 주인 아주머니께 "죄송합니다. 마지막 집세와 공과금입니다."라는 편지를 남기고 자살한 세 모녀의 이야기가 우리의 마음을 아프게 했습니다. 우리가 마음을 활짝 펴고 사랑의 눈을 떠서 주변에 이렇게 어려운 이웃이 있는가를 살피고 구체적으로 도움을 주어야 합니다.

하나님께서 우리에게 원하시는 경건은 가난한 자를 향한 사람의 실천을 포함한다는 사실을 명심해야 합니다. 교회 공동체가 이런 경건을 실천할 뿐 아니라 성도 개개인도 여러분의 주변을 돌아보아 약자를 돌보는 경건을 실천하시길 바랍니다.

> 그의 거룩한 처소에 계신 하나님은 고아의 아버지시며 과부의 재판장이시라(시 68:5).

> 너는 과부나 고아를 해롭게 하지 말라(출 22:22).

> 가난한 사람을 학대하는 자는 그를 지으신 이를 멸시하는 자

> 요 궁핍한 사람을 불쌍히 여기는 자는 주를 공경하는 자니라(잠 14:31).

이웃 사랑을 통해 하나님 사랑을 증명하지 못한다면 그것은 거짓 경건에 불과합니다. 그리고 세속에 물들지 않는 것이 경건에 이르는 길입니다. 우리가 예수를 믿는다고 하지만 행동을 함에 있어서 세상의 가치관을 따라 사는 경우가 허다합니다.

그리스도인들은 세상에 살지만 세상에 속하면 안 됩니다. 우리의 가치관은 성경적이며 내세지향적이 되어야 합니다. 입으로는 구원, 천국, 영생을 말하지만 삶은 철저하게 이 땅에서 모든 것을 쌓고 즐기고 사는 세상 사람과 전혀 다른 바가 없다면 경건한 척 하면서 자신을 속이는 것입니다. 유행하는 세상 풍조에 휩쓸리고, 시대에 따라 변하는 유행을 따라 사는 것은 어릴 때 하는 일이지 장성한 사람이 할 일은 아닙니다. 진정 경건한 신앙인이라면 세상에 오염되지 않도록 조심해야 합니다. 내세지향적이 되어야 합니다.

> 모든 지킬 만한 것 중에 더욱 네 마음을 지키라 생명의 근원이 이에서 남이니라(잠 4:23).

말을 삼가고, 약자를 돌보고 세속에 물들지 않아 경건을 이루는 성도가 되시기 바랍니다. 듣기는 속히 하고, 들은 말씀을 실천하기에 힘쓰며, 구체적인 경건에 이르러 하나님을 명령을 지키게 되시기를 바랍니다.

기도로 나아감

· 말을 하기보다 경청하게 하시고, 나의 소원을 높이 아뢰기보다 주님의 음성을 듣는 성숙한 신앙인이 되게 하옵소서.

· 수많은 설교와 신앙 서적으로 머리만 채우면 영적 비만에 걸립니다. 들은 말씀을 실천함으로 하나님께 영광 돌리게 하옵소서.

· 사랑의 사각지대에 있는 자들에게 받은 은혜를 전하고 사랑의 손을 펴서 돌보아 참된 경건을 이루게 하옵소서.

차별하지 말라

[1]내 형제들아 영광의 주 곧 우리 주 예수 그리스도에 대한 믿음을
너희가 가졌으니 사람을 차별하여 대하지 말라
[2]만일 너희 회당에 금 가락지를 끼고 아름다운 옷을 입은 사람이 들어오고
또 남루한 옷을 입은 가난한 사람이 들어올 때에
[3]너희가 아름다운 옷을 입은 자를 눈여겨 보고 말하되 여기 좋은 자리에 앉으소서 하고
또 가난한 자에게 말하되 너는 거기 서 있든지 내 발등상 아래에 앉으라 하면
[4]너희끼리 서로 차별하며 악한 생각으로 판단하는 자가 되는 것이 아니냐
[5]내 사랑하는 형제들아 들을지어다 하나님이 세상에서 가난한 자를 택하사
믿음에 부요하게 하시고 또 자기를 사랑하는 자들에게
약속하신 나라를 상속으로 받게 하지 아니하셨느냐
[6]너희는 도리어 가난한 자를 업신여겼도다
부자는 너희를 억압하며 법정으로 끌고 가지 아니하느냐
[7]그들은 너희에게 대하여 일컫는 바 그 아름다운 이름을 비방하지 아니하느냐
[8]너희가 만일 성경에 기록된 대로 네 이웃 사랑하기를 네 몸과 같이 하라 하신
최고의 법을 지키면 잘하는 것이거니와
[9]만일 너희가 사람을 차별하여 대하면 죄를 짓는 것이니
율법이 너희를 범법자로 정죄하리라
[10]누구든지 온 율법을 지키다가 그 하나를 범하면 모두 범한 자가 되나니
[11]간음하지 말라 하신 이가 또한 살인하지 말라 하셨은즉
네가 비록 간음하지 아니하여도 살인하면 율법을 범한 자가 되느니라
[12]너희는 자유의 율법대로 심판 받을 자처럼 말도 하고 행하기도 하라
[13]긍휼을 행하지 아니하는 자에게는
긍휼 없는 심판이 있으리라 긍휼은 심판을 이기고 자랑하느니라

_야고보서 2장 1-13절

예부터 세상에는 수많은 차별이 존재했습니다. 원시 사회를 지나며 부족 국가가 되면서 지배 계급과 피지배 계급이 형성됩니다. 역사학자들은 그 증거를 고인돌에서 찾습니다. 큰 돌을 옮겨 무덤을 만들었다는 것은 지배 계급이 없이는 할 수 없는 일이기 때문입니다. 그러면서 왕족과 귀족과 평민 그리고 하층민 또는 노예와 같은 계급이 형성이 됩니다. 우리나라도 삼국시대, 고려 시대, 조선 시대에 걸쳐 뚜렷한 신분 사회를 이루고 살았습니다.

조선 시대 신분 제도

왕족–왕과 친족

양반–문반과 무반

중인–의원, 화원, 서리, 향리, 하급 장교, 역관

평민–농민, 상인, 수공업자

천민–백정(도살, 도축업), 망나니, 광대, 승려, 무당, 공·사노비

이러한 신분이 법적으로 철폐된 것이 1894년 갑오경장으로 불리는 개혁이 발표됨으로 노비와 천민이 해방되었습니다. 신분이 철폐되었다고는 하지만 오늘날에도 여전히 보이지 않는 신분이 존재합니다. 그것이 무엇일까요? 돈이지요. 돈 많은 부자는 어딜 가나 대접을 받고 높임 받지요, 그와 반대로 돈 없으면 무시당하고 때로는 멸시 받기도 합니다. 그래서 사람들이 기를 쓰고 돈을 벌려고 하는 것이 아니겠습니까?

목회자들의 세계에도 보이지 않는 신분이 있습니다. 아버지가 목사

고 장인이 목사면 성골이라고 부르고, 아버지가 장로나 장인이 장로쯤 되면 진골이라 부르고, 양쪽 집안이 믿는 정도면 육두품이라고 합니다. 아무도 믿지 않는 가운데 혼자 믿고 신학교를 왔으면 천민이라는 우스갯소리를 들었습니다.

세상 어디에나 신분 차별이 있다는 말입니다. 심지어 교회 그것도 목사들의 세계에서도 신분의 벽이 존재하는 것이 현실입니다. 우리나라가 2차 세계대전 후에 경제화와 민주화를 동시에 이룬 유일한 나라라고 말합니다. 그렇게 된 여러 가지 요인 중에서 중요하게 꼽는 것이 교육열입니다. 시골에서 농사 외에는 아무것도 모르는 부모들이 등이 휘도록 부지런히 일해서 자녀들을 공부시켰습니다. 그중에 공부 잘한다 싶은 자녀는 소 팔고 논 팔아서라도 대학에 보냈습니다. 그래서 우리 어릴 때 대학 건물을 우골탑이라고 불렀습니다.

가난한 사람들도 공부를 잘하면 사회적 지위가 올라갈 수 있는 사회적 환경이 조성되어 있었기 때문에 지방 곳곳에서 인재가 자라났습니다. 과거에는 개천에서 용이 날 수도 있고, 쓰레기통에서 장미가 필 수도 있었는데, 요즘은 사교육비의 폭등으로 너무 많은 교육비가 들어가기 때문에 웬만한 재력이 뒷받침되지 않고는 일류가 되기 어려운 환경이 된 것입니다.

이러한 환경을 타개하기 위해 새 정권이 들어설 때마다 교육개혁을 외치고 있지만 시원한 해결책을 내놓지 못하고 있습니다. 이렇게 세상에는 언제나 차별이 존재합니다. 그래서 세상 사람들은 대부분 유유상종[43]하며 살아갑니다.

43. 유유상종(類類相從): 같은 무리끼리 서로 내왕하며 사귐

부자는 부자끼리 어울립니다. 이런 어른들의 모습을 본 아이들이 학교에서 아파트 평수대로 논다는 것은 이미 누구나 다 아는 이야기입니다. 배운 사람은 배운 사람끼리 어울립니다. 그것이 대화가 통하고 편할 것입니다.

나이대가 비슷한 사람끼리 어울리고, 취미가 같은 사람끼리 어울립니다. 이것은 당연한 일입니다. 동호회도 많이 있습니다. 등산 동호회, 축구 동호회, 배드민턴 클럽, 야구 동호회, 탁구 동호회, 수영 클럽, 헬스클럽, 마라톤 모임, 색소폰 연주 모임, 클래식 기타 동호회 심지어 맛집 순례 모임, 라면 요리 모임 등 독특한 모임까지 헤아리기 어려운 많은 모임이 있습니다. 이런 것은 좋은 일이지요. 그러나 주의해야 할 것은 나와 다른 것을 차별하면 안 됩니다. 차별의 형태는 나와 다른 사람을 밀어내는 것입니다. 왜 그럴까요? 다른 것을 틀렸다고 생각하기 때문입니다. 또 나와 다른 것을 나보다 낮추어 보기 때문입니다.

연예인 팬클럽이 있습니다. 그런데 라이벌이 되는 연예인 클럽과 싸움을 하고 인터넷상에서 별별 욕을 다하고 저주를 퍼붓는 것을 볼 수 있습니다. 이렇게 세상은 편을 가르고, 차별하기를 좋아하는 속성이 있습니다.

1. 사람을 외모로 취하지 말라(1-4절)

동물의 세계를 보면 새 중에 구애를 할 때 수컷이 암컷에게 먹이를 잡아

다가 주면서 환심을 사는 종류들을 볼 수 있습니다. 또 보통 수컷은 암컷보다 꽁지깃이 크고 화려하여 구애를 할 때 암컷을 유인합니다.

그래서 대부분 수컷이 암컷보다 화려하고 아름답습니다. 이것은 전부 암컷에게 관심을 끌기 위함입니다. 사람도 이와 별반 다르지 않습니다. 다만 여자들이 더 화려함으로 자신을 드러내어 남자들의 관심을 끄는 점이 다를 뿐입니다. 이런 본능이 발달하다 보니 자연히 사람을 판단하고 결정을 할 때 외모를 먼저 보게 되는 것입니다.

전에 삼성 이병철 회장이 직원을 면접할 때 유명한 관상쟁이를 옆에 앉혔다는 이야기를 다 들어 보셨을 것입니다. 몇 년 전부터 기업 면접에 합격하기 위해 성형이 유행하고 있습니다. 최근에는 남자들도 성형하는 바람이 불고 있습니다. 연예인들의 성형은 이제 자랑이 되었습니다. 이젠 그런 것이 더 이상 흉이 되지 않습니다. 이런 일들이 모두 외모 지상주의에 빠진 세상을 말해 줍니다. 그 결과 미용성형을 할 수 있는 성형외과는 인기지만, 어렵고 고된 다른 외과의사는 점점 줄어들고 있는 실정이라고 합니다. 여자 고등학생들은 수능 치르고 수술하느라 그때가 되면 만원사례를 이룬다고 합니다. 세상 풍조가 이렇다 보니 그리스도인들까지도 사람을 외모로 판단하는 것이 당연하게 되었습니다. 그런데 이런 일은 비단 현대의 이야기만은 아닙니다. 2천 년 전, 야고보서가 기록될 당시에도 이와 같은 문제가 심각했음을 알 수 있습니다.

> 내 형제들아 영광의 주 곧 우리 주 예수 그리스도에 대한 믿음을 너희가 가졌으니 사람을 차별하여 대하지 말라 만일 너희 회

> 당에 금 가락지를 끼고 아름다운 옷을 입은 사람이 들어오고 또 남루한 옷을 입은 가난한 사람이 들어올 때에 너희가 아름다운 옷을 입은 자를 눈여겨 보고 말하되 여기 좋은 자리에 앉으소서 하고 또 가난한 자에게 말하되 너는 거기 서 있든지 내 발등상 아래에 앉으라 하면 너희끼리 서로 차별하며 악한 생각으로 판단하는 자가 되는 것이 아니냐(약 2:1-4).

야고보는 믿음을 가진 형제들에게 "사람을 차별하여 대하지 말라."고 강하게 말하고 있습니다. 그런데 이 문제가 세상을 살아갈 때 발생하는 문제가 아니라 교회 안에서 일어난 문제임을 알 수 있습니다. 그 근거가 되는 단어가 '너희 회당에'라는 말입니다. 회당은 유대인들의 예배 처소인 '시나고게'를 가리키는데 유대인 출신 그리스도인들이 회당에 모였거나, 그들이 모이는 교회를 회당이라 불렀으리라 생각할 수 있습니다.

교회에서 차별[44]이 벌어지고 있었습니다. 본문에 차별은 이런 뜻을 가진 말입니다. 사람을 대할 때 신분이나 사회적 지위나 인종 같은 외적인 기준으로 판단했다는 말입니다. 그 구체적인 예를 2-3절에 금가락지를 끼고 아름다운 옷을 입은 사람과 남루한 옷을 입은 사람들의 예를 들고 있습니다. 세상 사람의 관점에서는 그런 외적 기준이 중요합니다. 기념식이나 무슨 행사를 할 때 자리 배치는 대단히 중요하고 예민한 문제입니다. 지방 도시에서 행사할 때 경찰서장의 자리를 뒷전에 배치했다가 항의하고 난리가 벌어진 사건이 뉴스에 나온 적도 있습니다. 이것

44. 차별 (προσωπολημψία, 프로소플렘프시아): 사람을 외모로 취하다. 사람의 얼굴을 보고 받아들이다.

이 세상입니다.

그러나 하나님께서는 전혀 그렇지 않습니다. 하나님은 결코 사람을 외모로 판단하지 않으시기 때문입니다. 본문에 나타난 아름다운 옷을 입은 사람과 남루한 옷을 입은 두 부류의 사람들, 모두 교회에 처음 오는 사람들입니다. 그들을 안내한 것을 보아 알 수 있습니다. 그런데 잘 차려입은 사람을 맞이하는 태도를 보면 '눈여겨보았다'고 말하고 있는데 원어에 '호의를 가지고 보다', '존중하다'는 뜻입니다. 이와는 반대로 가난한 자에게는 "내 발등상 아래 앉으라."고 합니다. 이것은 전쟁에서 승리한 자들이 피정복자를 발아래 무릎 꿇리던 것에서 나오는 말로 지극히 멸시하는 태도를 말합니다.

4절에 이런 태도를 악한 생각이라고 단호히 말씀하고 있습니다. 성도가 사람을 차별하는 것은 심판자의 자리에 올라가는 것이고 그것은 하나님만의 권리를 침범하는 행위라고 엄히 꾸짖고 있습니다.

이것은 물질만능주의가 팽배한 오늘날 자본주의 체제하에 있는 교회 속에 일어날 수 있는, 아니 일어나고 있는 일이라고 보아야 합니다. 우리가 각자 자신의 생각과 행동을 돌이켜 보고 또 앞으로는 그런 일이 없도록 다짐해야 할 것입니다.

가난한 자를 차별 대우하는 것은 성도들 자신이 재판장의 자리에 올라서는 주제넘은 일일뿐더러 그리스도의 기준이 아니라 세속의 기준을 따르는 악한 동기에서 비롯된 것임을 깊이 명심하시기 바랍니다. 우리는 하나님의 눈과 예수님의 마음으로 사람을 대해야 합니다.

> 여호와께서 사무엘에게 이르시되 그의 용모와 키를 보지 말라 내가 이미 그를 버렸노라 내가 보는 것은 사람과 같지 아니하니 사람은 외모를 보거니와 나 여호와는 중심을 보느니라 하시더라(삼상 16:7).

하나님의 눈으로 예수님의 마음을 가지고 사람을 외모로 취하지 않겠노라 다짐하시기 바랍니다. 차별 없는 세상, 차별 없는 교회를 이루게 되시기를 바랍니다.

2. 사람을 차별하는 것은 죄(5-11절)

"사람 위에 사람 없고 사람 아래 사람 없다."는 말을 아시지요. 이 말의 뜻은 사람은 태어날 때부터 권리나 의무가 모두 평등하다는 말입니다. 약한 사람을 천시하면 안 된다는 뜻이 담겨 있는 말이기도 합니다.

민주주의 체제 하에서 사람은 모두 평등합니다. 평등사상은 인류가 피와 땀으로 쟁취한 근대 민주주의 결정체입니다. 누구에게나 똑같이 기회가 주어지고 본인의 능력에 따라 운명을 결정짓게 하며 힘 있고 많이 가진 자는 힘없고 가난한 자를 긍휼히 여기는 자유·평등·박애 정신은 인류가 지향하는 지고지순한 이상입니다.

제가 좋아하는 노래 중에 현제명 작사, 작곡의 "희망의 나라로"라는 가곡이 있습니다.

희망의 나라로

배를 저어가자 험한 바다 물결 건너 저 편 언덕에
산천 경계 좋고 바람 시원한 곳 희망의 나라로
돛을 달아라 부는 바람 맞아 물결 넘어 앞에 나가자
자유 평등 평화 행복 가득 찬 희망의 나라로

희망의 나라는 자유, 평등, 평화, 행복이 가득한 곳으로 희망이 넘치는 나라지요. 우리나라가 이런 나라가 되기를 원합니다. 그러기 위해서는 차별하는 것은 죄를 짓는 것임을 모두가 인식해야 합니다. 특별히 그리스도인들의 마음에 새겨야 합니다.

> 내 사랑하는 형제들아 들을지어다 하나님이 세상에서 가난한 자를 택하사 믿음에 부요하게 하시고 또 자기를 사랑하는 자들에게 약속하신 나라를 상속으로 받게 하지 아니하셨느냐 너희는 도리어 가난한 자를 업신여겼도다 부자는 너희를 억압하며 법정으로 끌고 가지 아니하느냐 그들은 너희에게 대하여 일컫는 바 그 아름다운 이름을 비방하지 아니하느냐 너희가 만일 성경에 기록된 대로 네 이웃 사랑하기를 네 몸과 같이 하라 하신 최고의 법을 지키면 잘하는 것이거니와 만일 너희가 사람을 차별하여 대하면 죄를 짓는 것이니 율법이 너희를 범법자로 정죄하리라 누구든지 온 율법을 지키다가 그 하나를 범하면 모두 범한 자가 되나니 간음하지 말라 하신 이가 또한 살인하지 말라

> 하셨은즉 네가 비록 간음하지 아니하여도 살인하면 율법을 범한 자가 되느니라(약 2:5-11).

전에는 다른 사람을 학대하거나, 억압하거나, 착취하거나, 위해를 가하는 것을 죄라고 생각했습니다. 그러나 지금은 인권이 신장되면서 모욕하는 행위, 말로 기분을 상하게 하는 것까지 법의 제재를 받게 되었습니다. 성경은 이미 2,000년 전에 차별은 죄를 짓는 것이라고 분명하게 말씀하고 있습니다. 그 이유에 대해 5절 이하에 이렇게 설명하고 있습니다.

가난한 자를 차별하는 것은 가난한 자를 택하여 믿음으로 부요케 하신 하나님의 태도와 정면으로 부딪치는 일이기 때문입니다. 믿음을 가진 것은 세상의 물질적 관점에서는 가난할지 몰라도 하나님의 관점에서는 부요케 된 것입니다. 믿음의 사람들은 하나님께서 자기를 사랑하는 자들에게 약속하신 나라를 상속으로 받게 하실 것이기 때문입니다.

그리스도인들은 세상의 관점에서는 아무리 가난한 자라도 영적으로 부요하여 동시에 하나님의 나라를 미래에 상속받게 되는 큰 복을 받은 자들입니다. 따라서 그리스도인들은 세상적인 관점이 아니라 영적인 관점으로 다른 사람을 판단해야 합니다. 또한 가난한 자를 차별하는 것이 죄를 짓는 것이 되는 중요한 이유는 8절에 나와 있는 대로 "네 이웃 사랑하기를 네 몸같이 하라."고 하신 최고의 법을 어기는 것이기 때문입니다.

성경에 나오는 수많은 율법 중에 최고의 법은 사랑의 법입니다. 그런데 가난하다고 사람을 차별하면 최고의 큰 심판을 받게 되는 것입니다. 유대인들의 이웃에 대한 개념은 대단히 편협했습니다. 그러나 예수님은 이웃에 대한 개념을 무제한 확장시키셨습니다.

우리의 이웃이 누구입니까? 일상적으로 만나는 모든 사람, 특히 우리의 도움이 필요한 사람, 심지어 원수까지도 포함됩니다. 자기의 삶에 유익이 되는 사람만이 아니라 인종, 민족, 사회적 신분, 경제적 신분을 넘어서 계층에 얽매이지 않는 제한 없는 사람입니다.

> 너희는 유대인이나 헬라인이나 종이나 자유인이나 남자나 여자나 다 그리스도 예수 안에서 하나이니라(갈 3:28).

예수님은 세리와 죄인의 친구가 되셨고, 사마리아 땅을 밟으셨고, 원수까지 사랑하셨습니다. 그런데 예수 믿고 죄 사함을 받아 구원 받은 우리들이 차별을 하는 것은 죄를 짓는 것이라고 9절에 분명히 말씀하고 있습니다.

왕이신 예수님을 따르는 그리스도인들은 마땅히 세상의 가치가 아니라 그리스도의 가치에 순종해야 합니다. 10절에 율법은 모두 한 몸과 같아서 하나를 범하면 전부를 범한 것이 된다고 말씀하고 있습니다. 왜 그럴까요?

간음하지 말라고 하신 분도 하나님이시오, 살인하지 말라고 하신 분도 하나님이시니 따라서 간음하지 않았더라도 살인하면 곧 율법 전체를 범한 것이 됩니다. 하나님의 뜻을 어겼기 때문입니다. 따라서 다른 계명을 다 지켜도 가난한 자를 사랑하지 못하고 멸시하는 행위는 하나님의 뜻을 어긴 범법자가 되는 것입니다.

> 땅에는 언제든지 가난한 자가 그치지 아니하겠으므로 내가 네게 명령하여 이르노니 너는 반드시 네 땅 안에 네 형제 중 곤란한 자와 궁핍한 자에게 네 손을 펼지니라(신 15:11).

가난한 자를 차별하는 것을 조심하시기 바랍니다. 지역을 차별하는 것, 학력을 차별하는 것을 조심하시기 바랍니다. 연약하고 병든 자를 차별하는 것을 조심하시기 바랍니다. "성령님, 차별하는 마음을 태워주십시오."라고 기도하시기 바랍니다. 누구든지 하나님의 형상을 받은 고귀한 사람임을 기억하시기 바랍니다. 특별히 교회 안에서 모두가 하나님이 택정하신 보배롭고 존귀한 분이심을 기억하며 사랑으로 섬기시기를 바랍니다.

3. 긍휼을 실천하라(12-13절)

전남 구례에 가면 운조루라는 집이 있습니다. 이 집은 조선 영조 52년 1776년에 당시 삼수부사를 지낸 류이주가 지은 아흔아홉 칸의 대규모의 주택입니다. 이 집은 중요 민속 문화재로 보존되고 있습니다. 운조루가 230년이 넘도록 보존될 수 있었던 것은 긍휼을 실천했던 류이주의 철학 때문입니다. 조선말 도적이 출몰하고 일제강점기와 한국전쟁을 거치면서 전라도 부자들은 피해가 심했습니다. 특히 지리산은 빨치산의 소굴로 이 일대의 부자와 양반들은 목숨과 재산을 온전히 지킬 수 없었습니다. 그런데 운조루는 그대로 남았습니다. 그 까닭은 쌀이 두 가마 반이 들어가는 뒤주를 만들어 누구나 쌀을 가져갈 수 있도록 구멍을 만들어 놓고 그곳에 타인능해(他人能解)[45]라고 적어 놓았습니다.

. 누구나 열 수 있다.

가난한 사람들이 언제나 쌀을 퍼갈 수 있도록 아무도 보지 않는 광을 밖에서 들어올 수 있도록 만들어 놓고 쌀이 비지 않도록 채워 놓았던 것입니다. 다른 부잣집은 불타고 사람들이 총에 맞거나 대창에 찔려 죽었지만 류 씨 집안사람은 죽은 사람도 없고, 집도 온전히 보존되었던 것입니다. 한국판 노블레스 오블리주(Noblesse Oblige)의 모델입니다.

> 긍휼히 여기는 자는 복이 있나니 그들이 긍휼히 여김을 받을 것임이요(마 5:7).

본문은 그리스도인의 모든 행동을 심판의 주제와 연결시키면서 긍휼을 베풀지 않는 자에게는 긍휼 없는 심판이 있을 것을 말씀하시므로, 긍휼이 심판의 중요한 기준이 됨을 말씀하셨습니다.

> 너희는 자유의 율법대로 심판 받을 자처럼 말도 하고 행하기도 하라 긍휼을 행하지 아니하는 자에게는 긍휼 없는 심판이 있으리라 긍휼은 심판을 이기고 자랑하느니(약 2:12-13).

그리스도인들은 말씀에 순종하여 행함으로써 우리의 경건이 참된 것임을 입증해야 합니다. 성도는 언제나 심판자 앞에 있는 것처럼 바르게 말하고, 바르게 행동하는 것이 중요합니다.

12절에 자유의 율법이라는 말은 자유하게 하는 그리스도의 복음이라는 뜻입니다. 우리는 더 이상 모세의 율법이 요구하는 의무에 매이지 않습니다. 이는 성도는 자유하게 되었으므로 율법을 지키지 않아도 괜찮다는 말이 아닙니다. 이제 자유를 얻었으니 자유인답게 새로운 의무가 주어졌는데 그것이 바로 긍휼을 베푸는 것입니다.

우리 그리스도인들은 하나님의 긍휼로 구원함을 받았으므로 또한 긍휼을 베풀어야 한다는 말씀입니다. 이것이 성숙한 그리스도인의 모습입니다. 억지로가 아니라 자발적인 것입니다. 우리가 긍휼을 베풀 때 비로써 복음 아래 속했다는 것을 증명할 수 있는 것입니다.

또한 긍휼[46]을 베푸는 행위가 일시적 행위로 그치는 것이 아니라 마치 습관처럼 생활화되어야 합니다. 13절에 긍휼을 행하지 않는 자에게 긍휼이 없는 심판이 있다고 말씀하십니다. 불쌍한 사람을 보고 "쯧쯧, 안됐다." 하고 혀를 차고 지나가는 것은 동정입니다. 긍휼은 그냥 지나가는 것을 멈추고 그에게 먹을 것, 입을 것을 주고 위로하는 것을 말합니다.

긍휼이야말로 이웃 사랑의 계명을 실천하는 것입니다. 하나님의 자녀들은 다른 사람들에게 긍휼을 베풀 의무가 있습니다. 긍휼은 하나님의 속성입니다. 크리소스톰은 이런 말을 했습니다.

46. 긍휼(ἔλεος, 엘레오스): 가난한 자, 힘없는 자, 고통 속에 있는 자는 불쌍히 여기는 마음과 행위

> 긍휼은 하나님의 영광의 옷을 입고, 하나님 보좌 곁에 서 있는 것이다. 그리고 우리가 만일 정죄 받을 위험이 있는 경우 그는 일어나 우리를 위해 하소연하며 그의 날개로 우리를 감싸며 보호할 것이다. -크리소스톰

긍휼을 의인화하면서 긍휼의 능력을 이야기한 것입니다. 사방을 둘러 보면 우리가 긍휼을 베풀 대상은 많이 있습니다. 어린아이, 노인, 고아와 과부, 가난한 자, 고난을 당하는 자, 이외에도 병중에 있는 자, 낙심한 자, 사업이 망한 자, 버림받은 노인, 고독에 몸부림치는 자 등 수없이 많습니다.

그런데 대부분의 그리스도인들이 자신의 문제에 집중하다가 주변에 나의 긍휼을 필요로 하는 사람들을 발견하지 못하고 무심하게 지나칩니다. 13절에 그런 사람들에게 긍휼 없는 심판이 있다고 말씀하고 있습니다. 혹독한 심판을 당한다는 말씀입니다. 그런가 하면 긍휼을 베푸는 자는 심판을 이기고 자랑하게 된다고 말씀하고 있습니다. 하나님께 상급 받고 기쁨으로 나아가게 된다는 말씀입니다.

셰익스피어의 『베니스 상인』에서 "긍휼은 하늘에서 오는 비처럼 이중의 복을 가지고 온다. 주는 자에게는 복을 주고, 받는 자에게도 복을 준다. 긍휼은 왕관 이상으로 존귀하다."고 말했습니다. 긍휼을 베푸는 삶은 차별 많은 세상에서 차별의 벽을 없애고 사랑의 세상을 만드는 아름다운 일입니다. 긍휼을 베푸는 자에게 하나님께서 기뻐하시고 상을 주십니다.

> 너희는 가서 내가 긍휼을 원하고 제사를 원하지 아니하노라 하신 뜻이 무엇인지 배우라 나는 의인을 부르러 온 것이 아니요 죄인을 부르러 왔노라 하시니라(마 9:13).

사랑하는 형제, 자매 여러분! 예수님은 죄인인 우리에게 긍휼을 베푸셔서 구원해 주셨습니다. 이 큰 사랑을 받은 우리는 그 누구도 차별하지 않고 사랑하는 사람, 가난한 자, 약한 자, 소외된 자에게 긍휼을 베푸는 하나님의 자녀가 되시기를 바랍니다.

기도로 나아감

· 외모로만 평가하는 인간의 한계에 갇히지 않게 하시고, 믿음의 눈으로 세상과 사람을 볼 수 있는 능력을 주옵소서.

· 하나님께서 선하게 만드신 자들을 차별하는 악을 행치 않게 도와주시고, 모든 이를 사랑으로 섬기는 그리스도인이 되게 하옵소서.

· 여러 가지 사회적 벽으로 서로 닫혀있는 자들과 같지 아니하고, 서로 사랑함으로 믿지 않는 자들이 하나님을 보게 하옵소서.

行 행함

불가분(不可分)

[14]내 형제들아 만일 사람이 믿음이 있노라 하고
행함이 없으면 무슨 유익이 있으리요 그 믿음이 능히 자기를 구원하겠느냐
[15]만일 형제나 자매가 헐벗고 일용할 양식이 없는데
[16]너희 중에 누구든지 그에게 이르되
평안히 가라, 덥게 하라, 배부르게 하라 하며
그 몸에 쓸 것을 주지 아니하면 무슨 유익이 있으리요
[17]이와 같이 행함이 없는 믿음은 그 자체가 죽은 것이라
[18]어떤 사람은 말하기를 너는 믿음이 있고 나는 행함이 있으니
행함이 없는 네 믿음을 내게 보이라 나는 행함으로 내 믿음을 네게 보이리라 하리라
[19]네가 하나님은 한 분이신 줄을 믿느냐 잘하는도다 귀신들도 믿고 떠느니라
[20]아아 허탄한 사람아 행함이 없는 믿음이 헛것인 줄을 알고자 하느냐
[21]우리 조상 아브라함이 그 아들 이삭을 제단에 바칠 때에
행함으로 의롭다 하심을 받은 것이 아니냐
[22]네가 보거니와 믿음이 그의 행함과 함께 일하고
행함으로 믿음이 온전하게 되었느니라
[23]이에 성경에 이른 바 아브라함이 하나님을 믿으니
이것을 의로 여기셨다는 말씀이 이루어졌고 그는 하나님의 벗이라 칭함을 받았나니
[24]이로 보건대 사람이 행함으로 의롭다 하심을 받고 믿음으로만은 아니니라
[25]또 이와 같이 기생 라합이 사자들을 접대하여
다른 길로 나가게 할 때에 행함으로 의롭다 하심을 받은 것이 아니냐

_야고보서 2장 14-25절

세상에는 불가분[47]의 관계에 있는 것이 많이 있습니다. 예를 들자면 끝이 없습니다. 몇 가지만 예를 들어 보겠습니다.

몸과 마음은 불가분의 관계에 있습니다. 몸과 마음은 분명 다른 것이지만 몸이 없는 마음이 없고, 마음이 없는 몸은 존재할 수 없습니다. 몸에서 마음을 분리시켜 보십시오. 무엇이 남을까요? 시체만 남게 될 것입니다. 이번에는 마음만 남기고 몸을 분리시켜 보겠습니다. 무엇이 될까요? 귀신이 되지 않겠습니까? 그러므로 몸과 마음을 분리시킬 수 없습니다.

또 정치와 경제는 불가분의 관계입니다. 정치를 아무리 잘한다고 해도 경제가 뒷받침되지 않으면 혁명이나 민란이 일어나고 민주사회라 할지라도 선거를 통해 지도자가 바뀌게 마련입니다. 그래서 정치와 경제는 불가분의 관계라고 말하는 것입니다.

또 돈과 권력은 불가분의 관계입니다. 인간은 끊임없이 욕망하는 동물입니다. 그래서 힘을 가지면 돈을 욕망하고, 돈을 가지면 힘을 욕망합니다. 권력과 돈, 그 둘 중에 하나만 가진 사람은 자기도 모르게 나머지 빈자리를 채우려고 합니다. 이 관성의 법칙으로 인해 수많은 권력자들이 부패하게 되고 멸망하게 됩니다. 미국의 정치학자 피터슨(Peterson)이 이런 말을 했습니다.

> 권력과 재산은 잠시 떨어뜨려 놓을 수는 있겠지만 결코 영원히 관계를 끊게 할 수는 없습니다. 왜냐하면 떨어지는 고통을 느끼자마자 돈이 권력을 매수하려 하거나, 권력이 돈을 가지려 들

47. 불가분(不可分, indivisibility): 나누려 해도 나눌 수 없는 상태. 떼어놓을 수 없는 관계

> 것이기 때문입니다. 결국 둘 중 어떤 식이 되던 자유 정부는 종말을 맞게 될 것입니다.

권력과 돈의 숙명적 관계는 역사 속에서 늘 반복되고 있습니다. 그리고 사람 사이에서도 불가분의 관계가 여럿 있습니다. 부부는 사랑해서 한 몸이 되기도 하지만 돌아서면 남남이 되기도 합니다. 그러나 부모와 자식 사이는 불가분의 관계입니다. 갈라진다고 갈라질 수 없는 것이 혈연입니다. 그래서 "피는 물보다 진하다."는 격언도 나온 것입니다. 가끔 입양아들이 부모를 찾아오는 사연이 뉴스에 나옵니다. 마치 연어가 모천으로 회귀하듯이 부모를 찾아오는 사연을 듣노라면 눈물이 핑 돕니다. 이처럼 부모와 자식 관계는 불가분의 관계입니다.

신앙적으로 볼 때 불가분의 관계가 있습니다. 개인 구원과 사회 구원은 불가분의 관계입니다. 교회가 먼저 힘쓸 일은 개인 구원입니다. 구원 받은 개인은 세상의 빛과 소금의 사명을 다하기 위해 힘써야 합니다. 이 두 가지가 조화를 이루지 못하면 교회는 더 이상 복음을 전할 수 없게 됩니다. 끊임없이 개인에게 복음 전하여 구원 받도록 함과 동시에 세상의 불의를 물리치고 법과 질서가 바르게 서도록 하는 일에 그리스도인들은 힘써야 합니다.

> 오직 정의를 물 같이, 공의를 마르지 않는 강 같이 흐르게 할지어다(암 5:24).

성경 전체의 가르침을 한마디로 말하면 '사랑'입니다. 그런데 이 사랑을 두 가지로 설명하신 분이 예수님이십니다. 따라서 하나님 사랑과 이웃 사랑은 떼려야 뗄 수 없는 사이입니다. 하나님을 사랑하노라 하면서 이웃을 사랑하지 않는 것은 거짓말 하는 것이요, 이웃을 사랑하노라 하면서 하나님을 사랑하지 않는 것은 헛것에 불과합니다. 하나님을 사랑하는 자는 반드시 하나님의 형상으로 지음 받은 형제를 사랑해야 합니다. 그렇기에 하나님 사랑과 이웃 사랑은 불가분의 관계입니다.

오늘 본문은 신앙의 균형과 조화에 대해 말씀하고 있는 중요한 내용이자 야고보서의 주제입니다. 이 주제는 마치 바울과 야고보의 갈등을 야기하고 마침내 대결 양상으로 번지고 있는 믿음과 행함의 관계를 논하고 있습니다. 세상 모든 것은 균형이 깨지면 불행해집니다. 경제의 양극화 현상이 세상을 병들게 합니다. 교회의 양극화 현상이 목회자들을 병들게 합니다.

조화라는 말도 같은 뜻입니다. 찬양대에서 하모니는 생명입니다. 자연에서도 조화가 제일이지요. 천지의 이치도 음양의 조화가 이루어져야 합니다. 조화로운 세상이 아름다운 세상입니다. 신앙도 마찬가지입니다. 믿음이 좋다는 사람들이 행함이 없다면 세상 사람들이 의구심을 갖게 되고 무엇을 본받아야 할지 알 수 없게 됩니다. 균형 잡힌 몸매를 가져야 미인이라 말합니다. 자연과 인공물이 조화를 이룬 도시를 아름다운 도시라 말합니다. 신앙도 균형과 조화가 맞아야 합니다. 그것이 바로 믿음과 행함입니다.

본문 말씀을 상고할 때 자신을 돌아보아 나의 믿음이 바로 선 믿음인가? 확인하시기 바랍니다. 과연 나의 믿음은 행함을 동반하는 균형 잡힌 믿음인가? 조화로운 믿음인가? 생각하며 건강한 믿음으로 다시 서게 되시기를 바랍니다.

1. 죽은 믿음(14-18절)

사도 바울은 믿음으로 의롭다 함을 받는다고 주장했습니다.

> 이제는 율법 외에 하나님의 한 의가 나타났으니 율법과 선지자들에게 증거를 받은 것이라 곧 예수 그리스도를 믿음으로 말미암아 모든 믿는 자에게 미치는 하나님의 의니 차별이 없느니라(롬 3:21-22).

> 사람이 의롭게 되는 것은 율법의 행위로 말미암음이 아니요 오직 예수 그리스도를 믿음으로 말미암는 줄 알므로 우리도 그리스도 예수를 믿나니 이는 우리가 율법의 행위로써가 아니고 그리스도를 믿음으로써 의롭다 함을 얻으려 함이라 율법의 행위로써는 의롭다 함을 얻을 육체가 없느니라(갈 2:16).

이 믿음으로 의롭다 함을 받는다는 주장의 출발은 로마서 1장 17절입니다.

> 복음에는 하나님의 의가 나타나서 믿음으로 믿음에 이르게 하나니 기록된 바 오직 의인은 믿음으로 말미암아 살리라 함과 같으니라(롬 1:17).

이 말씀은 구약에 근거를 두고 있습니다.

> 보라 그의 마음은 교만하며 그 속에서 정직하지 못하나 의인은 그의 믿음으로 말미암아 살리라(합 2:4).

그런데 중세기 가톨릭은 믿음을 강조하기보다 행함을 강조했습니다. 그때 신부요, 수도사요, 신학 교수였던 루터가 성경을 깊이 연구하던 중 행함으로 구원 받는 것이 아니고 믿음으로 구원 받는다는 로마서 1장 17절 말씀이 '레마'의 말씀이 되어 가슴에 비수와 같이 꽂히면서 종교개혁이 일어나게 된 것입니다. 개신교의 특징은 '믿음으로 구원 받는다.'는 이신칭의(以信稱義)[48] 교리를 제일로 치는 것입니다. 그런데 본문은 믿음으로써 구원 받는다는 이신칭의 교리를 흔드는 내용이 계속 나옵니다.

48. 믿음으로써 의롭다 함을 받는다. '이신득의'라고도 한다.

> 내 형제들아 만일 사람이 믿음이 있노라 하고 행함이 없으면 무슨 유익이 있으리요 그 믿음이 능히 자기를 구원하겠느냐 만일 형제나 자매가 헐벗고 일용할 양식이 없는데 너희 중에 누구든지 그에게 이르되 평안히 가라, 덥게 하라, 배부르게 하라 하며

> 그 몸에 쓸 것을 주지 아니하면 무슨 유익이 있으리요 이와 같이 행함이 없는 믿음은 그 자체가 죽은 것이라 어떤 사람은 말하기를 너는 믿음이 있고 나는 행함이 있으니 행함이 없는 네 믿음을 내게 보이라 나는 행함으로 내 믿음을 네게 보이리라 하리라(약 2:14-18).

17절에 야고보는 행함이 없는 믿음은 죽은 믿음이라고 하고 사망을 선고합니다. 그러면서 행함이 없는 믿음이 죽은 믿음인 이유를 세 가지 말씀하고 있습니다.

행함이 없는 믿음이 죽은 믿음인 까닭

1. 유익이 없기 때문에(14절)
2. 말만 앞세우기 때문에(15-16절)
3. 믿음을 증명하지 못하기 때문에(18절)

믿음은 행함으로만 증명된다는 것이 야고보의 주장입니다. 신앙고백에는 세 가지 종류가 있습니다.

신앙고백의 세 가지 종류

1. 지식적 고백–머리로 아는 것
2. 의식적 고백–입으로 말하는 것
3. 신앙적 고백–마음으로 고백하는 것

지식으로 알고 입으로 고백할지라도 마음으로 믿고 행함으로 열매 맺지 못하면 가짜라는 것입니다. 그런 사람은 형제가 궁핍한 것을 보고도 말로만 배부르게 먹으라고 하고 먹을 것을 주지 않는 사람과 같다는 것입니다. 18절에 말씀은 언뜻 보면 믿음과 행위가 대립되는 인상을 받을 수가 있습니다. 그러나 야고보가 하고자 하는 말씀은 믿음과 행함은 동전의 양면과 같이 떼려야 뗄 수 없는 사이라는 것입니다.

믿음의 특징은 보이지 않는 것입니다. 보이지 않는 믿음은 행함을 통해 입증될 수밖에 없습니다. 그러므로 구원의 도구로서 행함을 말하는 것이 아니라 믿음의 증거로서 행함을 주장하는 것입니다. 불이 있으면 빛이 있기 마련입니다. 불이 켜졌는데도 그냥 어둠이 있다면 그것은 믿을 수가 없는 것입니다. 불이 켜지면 빛은 자동적으로 따라오는 것입니다. 마찬가지로 예수 그리스도를 믿는 믿음이 있다면 그것은 행동으로 나타나게 되어 있습니다. 빛이 없다면 불이 없다고 할 수 있는 것과 같이 행함이 없으면 믿음이 없다고 할 수밖에 없습니다. 고로 행함이 없이는 믿음을 증명할 수 없습니다. 따라서 행함이 없는 믿음은 죽은 믿음이요 심판을 받게 됩니다.

> 이에 임금이 대답하여 이르시되 내가 진실로 너희에게 이르노니 이 지극히 작은 자 하나에게 하지 아니한 것이 곧 내게 하지 아니한 것이니라 하시리니 그들은 영벌에, 의인들은 영생에 들어가리라 하시니라(마 25:45-46).

이 말씀 속에서 영벌과 영생, 의인과 악인을 구분한 것은 행했느냐 행하지 않았느냐의 행동 여부였다는 것입니다. 행함의 여부로 천국과 지옥이 갈라짐을 알 수 있습니다. 물론 구원에 이르는 것은 예수를 구주로 믿음으로만 가능한 것이 사실입니다. 하지만 그 믿음을 보여 주는 것, 즉 믿음의 생활은 행위의 열매가 뒤따라야 하는 것을 말해 주는 것입니다.

사랑하는 형제, 자매 여러분! 오직 예수! 그분만이 당신을 구원하실 수 있는 유일한 분으로 믿으십니까? 그렇다면 그 믿음이 죽은 믿음이 되지 않도록 행함으로 믿음을 보일 때입니다.

2. 헛된 믿음(19-20, 26절)

야고보는 '디아트리베'[49] 방식으로 이야기를 전개하고 있습니다. 그런데 야고보는 행함이 없는 믿음을 가진 가상의 대화자에게 독설을 퍼붓고 사뭇 공격적 언사로 공격하고 있습니다.

49. 디아트리베(diatribae): 고대의 철학자들이 가상의 대화 상대를 정하고 그와 직접 대화를 통하여 청중에게 하고 싶은 말을 전하는 방식이다. 소크라테스의 대화 방식이 대표적이다. 현대에 와서는 장광설 또는 독설적 논쟁이라고 말한다.

> 네가 하나님은 한 분이신 줄을 믿느냐 잘하는도다 귀신들도 믿고 떠느니라 아아 허탄한 사람아 행함이 없는 믿음이 헛것인 줄을 알고자 하느냐(약 2:19-20).

> 영혼 없는 몸이 죽은 것 같이 행함이 없는 믿음은 죽은 것이니

라(약 2:26).

가상적 대화자인 행함이 없는 믿음을 가진 사람에게 "네가 하나님은 한 분이신 줄을 믿느냐 잘 하는도다." 칭찬하는 듯한 말을 합니다. 하나님이 한 분이신 줄 믿느냐는 말은 참 신은 하나님 한 분 뿐이라는 유일신 사상을 뜻합니다. 이것은 성경의 기본 진리입니다.

> 이스라엘아 들으라 우리 하나님 여호와는 오직 유일한 여호와이시니 너는 마음을 다하고 뜻을 다하고 힘을 다하여 네 하나님 여호와를 사랑하라(신 6:4-5).

이 말씀은 '쉐마'라고 이름이 붙은 말씀으로, 이스라엘 사람은 누구나 암송해야 할 만큼 중요한 말씀입니다. 이것은 새 이스라엘 된 그리스도인에게도 동일한 말씀입니다. 예수님은 이것을 강조하셨습니다.

> 예수께서 대답하시되 첫째는 이것이니 이스라엘아 들으라 주 곧 우리 하나님은 유일한 주시라(막 12:29).

따라서 기독교 신앙에서 하나님이 한 분이심을 믿고 고백하는 것은 기본입니다. 그러나 이것은 기본이지 다는 아닙니다. 야고보는 귀신들도 하나님을 알고 떠든다고 말하고 있습니다. 성경에 보면 귀신들이 하나님을 더 먼저 알고 벌벌 떱니다.

> 마침 그들의 회당에 더러운 귀신 들린 사람이 있어 소리 질러 이르되 나사렛 예수여 우리가 당신과 무슨 상관이 있나이까 우리를 멸하러 왔나이까 나는 당신이 누구인 줄 아노니 하나님의 거룩한 자니이다(막 1:23-24).

> 큰 소리로 부르짖어 이르되 지극히 높으신 하나님의 아들 예수여 나와 당신이 무슨 상관이 있나이까 원하건대 하나님 앞에 맹세하고 나를 괴롭히지 마옵소서 하니(막 5:7).

> 또 예수께서 건너편 가다라 지방에 가시매 귀신 들린 자 둘이 무덤 사이에서 나와 예수를 만나니 그들은 몹시 사나워 아무도 그 길로 지나갈 수 없을 지경이더라 이에 그들이 소리 질러 이르되 하나님의 아들이여 우리가 당신과 무슨 상관이 있나이까 때가 이르기 전에 우리를 괴롭게 하려고 여기 오셨나이까 하더니(마 8:28-29).

귀신이 하나님을 믿는 것은 지식에 불과합니다. 그와 같이 입으로 말하는 신앙고백이나 하나님에 대한 지식은 참된 신앙이라 할 수 없습니다. 참된 신앙이란 하나님과 그리스도를 믿는 신앙고백에 하나님께 대한 철저한 신뢰와 동시에 철저한 순종으로서 행위가 뒤따르는 것입니다. 20절에서 말로만 믿는다고 하고 행함이 없는 자들을 향하여 "아아 허탄한 사람[50]아!"라고 혀를 차며 불쌍하게 바라보고 있습니다. 헛된 지

50. 허탄한 사람(ἄνθρωπε κενε, 안드로페 케네): 속이 비어 있는 어리석은 사람

식에 만족하면서 그 지식과 믿음을 자랑하는 사람을 가리키며 어리석은 자라고 말하면서 네 믿음은 헛것[51]이라고 지적하고 있습니다.

이렇게 행함이 없는 믿음은 공허한 것입니다. 그러면서 결론적으로 행함이 없는 믿음을 영혼이 없는 몸에 비유했습니다. 영이 떠난 몸이나 호흡이 중단된 몸은 죽은 몸입니다. 그와 같이 행함이 없는 믿음은 죽은 믿음입니다.

몸에서 영혼을 빼면 시체가 되고 몸 없는 영혼은 귀신이 된다.

다시 말하면 몸과 영혼은 분리될 수 없습니다. 이와 같이 행함이 없는 믿음은 헛된 것입니다. 얼마 전 예수전도단 출판사를 책임진 대표가 3년간 7억 7천만 원을 횡령한 혐의를 받고 물러났습니다. 국내 콘도 회원권과 하와이 콘도 이용권을 갖고 8억 원짜리 아파트를 소유하고, 2억 원의 공금을 유용한 것이 드러났습니다. 선교 단체의 간사들이 한 달에 100만 원 미만의 후원금으로 살아가는 것을 생각해 볼 때 얼마나 어처구니없는 일인지 놀라서 입이 다물어지지 않습니다.

이렇게 행함이 없는 믿음의 사람들은 헛된 믿음을 가진 까닭입니다. 우리말에 "빛 좋은 개살구"라는 말이 있듯이 보기에는 그럴 듯하지만 실상은 아무 것도 아니라는 말입니다. '헛것'이란 '죽은 것'이라는 의미가 있습니다. 흐르는 물살에 죽은 메기는 떠내려가도 살아 있는 송사리는 거슬러 올라가듯, 행함이 없는 믿음은 덩치가 아무리 커보여도 실상 아무런 힘도, 능력도, 영향력도 발휘할 수 없다는 말씀입니다.

51. 헛것(ἀργή, 아르게): 이자 없는 돈과 곡물 수확이 없는 땅과 같이 아무런 유익이 없는 것

무릇 내게 붙어 있어 열매를 맺지 아니하는 가지는 아버지께서 그것을 제거해 버리시고 무릇 열매를 맺는 가지는 더 열매를 맺게 하려 하여 그것을 깨끗하게 하시느니라(요 15:2).

행함이 없는 믿음은 헛된 믿음이요 죽은 믿음입니다.

3. 행동하는 믿음(21-25절)

미국의 농무장관이 교황에게 사과를 한 일이 있습니다. 자초지종은 이렇습니다. 교황이 산아제한에 반대한다고 의사를 밝히자 그 농무장관이 기자들에게 농담으로 "교황은 게임은 직접 하지 않으면서 게임의 규칙만 말한다."고 말한 것이 가톨릭의 항의를 받았기 때문입니다. 교황이 결혼도 하지 않고 애를 낳지도 않으면서 산아제한에 반대한다고 하니까 애도 낳지 않은 사람이 무슨 자격으로 그런 소릴 하느냐는 투의 농담을 한 것입니다. 교황의 말을 농담조로 받았던 것이 문제가 되었지만 세상에는 게임에 직접 참가하지 않으면서 이러쿵저러쿵 뒤에서 말을 많이 하는 사람이 많이 있습니다. 어떤 일을 직접 하지 않으면서 입술로만 말하는 것은 좋은 태도라 할 수 없습니다.

특별히 요즘 한국 교회의 가장 큰 문제점이 바로 그러한 태도입니다. 설교를 잘하는 목회자도 많고, 끊임없이 TV를 켜면 좋은 설교도 들을 수 있습니다. 그래서 교인들의 지적인 수준은 다락 같이 높아졌습니다.

그런데 전하는 목사나 듣는 신자들이나 행동하지 않습니다. 이제 우리 모두 말하기보다 행동으로 우리의 신앙을 보여야 할 때입니다. 예수님은 말로만 떠들고 행동하지 않는 종교 지도자들인 바리새인을 향하여 책망하셨습니다.

> 화 있을진저 외식하는 서기관들과 바리새인들이여 회칠한 무덤 같으니 겉으로는 아름답게 보이나 그 안에는 죽은 사람의 뼈와 모든 더러운 것이 가득하도다(마 23:27).

성공한 사람들의 공통된 특징은 남들이 어렵게 생각하는 일을 몸으로 부딪쳐 난관을 돌파했다는 점입니다. 말과 행동이 하나 될 때 인생의 길이 형통할 뿐 아니라 신앙의 길이 열리게 됩니다. 패배자는 언제나 말만 하고 꿈만 꾸다가 맙니다. 우리의 믿음은 행동하는 믿음이 되어야 합니다.

> 우리 조상 아브라함이 그 아들 이삭을 제단에 바칠 때에 행함으로 의롭다 하심을 받은 것이 아니냐 네가 보거니와 믿음이 그의 행함과 함께 일하고 행함으로 믿음이 온전하게 되었느니라 이에 성경에 이른 바 아브라함이 하나님을 믿으니 이것을 의로 여기셨다는 말씀이 이루어졌고 그는 하나님의 벗이라 칭함을 받았나니 이로 보건대 사람이 행함으로 의롭다 하심을 받고 믿음으로만은 아니니라 또 이와 같이 기생 라합이 사자들을 접대하

여 다른 길로 나가게 할 때에 행함으로 의롭다 하심을 받은 것이 아니냐(약 2:21-25).

앞에서 행함이 없는 믿음은 가치 없는 믿음이라고 주장한 야고보는 참된 믿음에는 반드시 행함이 뒤따른다는 사실을 교훈하기 위하여 아브라함과 라합을 예로 들고 있습니다. 아브라함이 이삭을 제단에 바친 것은 하나님에 대한 절대적인 신뢰와 믿음을 행동으로 보인 것이었음을 주장하고 있습니다. 그러므로 아브라함이 의롭게 된 것은 행함으로 된 것이라고 주장합니다. 이 주장은 믿음으로 구원 받는다는 바울의 주장과 충돌하는 듯이 보입니다. 그러나 이것은 결코 다른 것이 아닙니다. 바울은 구원의 근거로서 행위에 대조되는 믿음을 강조하고 있는 반면, 야고보는 믿음을 전제한 상태에서 믿음의 증거로서 행위를 강조하고 있는 것입니다.

22절에서 야고보는 믿음과 행함이 별개의 것이라고 주장하는 자들을 향해 믿음과 행함을 서로 뗄 수 없는 불가분의 관계임을 설명하고 있습니다. 아브라함이 하나님에 대한 믿음이 없었다면 아들 이삭을 바치지 못했을 것입니다. 결국 아브라함의 행위는 믿음에서 나온 것임을 알 수 있습니다. 나아가 아브라함의 믿음은 행함을 통해 온전한 것으로 인정받게 되었습니다. 따라서 믿음과 행위는 필연의 관계가 있습니다. 이런 아브라함에 대하여 하나님께서 '벗'이라고 불러 주셨습니다. 믿음과 행함이 일치하는 사람을 하나님은 벗 삼아 주십니다. 믿음과 행위는 결코 분리될 수 없습니다. 그러므로 24절을 이렇게 말할 수 있습니다.

> 사람이 사랑을 통하여 행하는 살아 있는 믿음으로 의로워지는 것이지, 어떤 교리에 대한 지적 동의에 불과한 죽은 믿음으로는 아니니라.

진실된 믿음에는 반드시 행함이 수반되고 있음을 강조한 것입니다. 라합의 예도 이와 똑같은 것을 강조한 것입니다. 단지 라합은 신분이 비천한 여인, 특히 이방 여인입니다. 이 예를 통하여 누구든지, 즉 위대한 인물이든 천한 기생이든 믿음을 가질 수 있고 믿음으로 행동할 수 있음을 보여 주고자 한 것입니다. 모든 그리스도인은 행동하는 신앙인이 되어야 합니다.

마가복음 5장에 보면, 열두 해 혈루증 앓는 여인이 나옵니다. 종합병원, 전문병원 뿐 아니라 민간요법 등 안 해 본 일이 없지만 전혀 낫지 않았습니다. 그가 예수님에 대한 소문을 듣고 간절한 마음이 생겼습니다. 그래서 자기 동네에 예수님이 오셨을 때 그 옷이라도 만지면 낫겠다는 믿음을 가지고 수많은 군중에 섞여서 예수님의 옷자락을 만졌습니다. 어떻게 되었을까요?

> 예수께서 그 능력이 자기에게서 나간 줄을 곧 스스로 아시고 무리 가운데서 돌이켜 말씀하시되 누가 내 옷에 손을 대었느냐 하시니(막 5:30).

> 예수께서 이르시되 딸아 네 믿음이 너를 구원하였으니 평안히

가라 네 병에서 놓여 건강할지어다(막 5:34).

수많은 믿음의 승리자들은 믿음을 가지고 행동할 때 기적을 이루었습니다. 1976년 미국의 변호사 밀러드 풀러 부부는 집이 없는 사람들에게 집을 지어 줄 것을 다짐하고 사랑의 집짓기 운동을 시작했습니다. 이 운동은 초교파 민간 기독교 운동 단체인 해비타트가 되었고 세계에서 수십만 채의 집을 지어 주었습니다. 우리 교회도 경기 북부 지역을 맡아서 열심히 해비타트 운동을 하고 있습니다. 1844년 런던의 한 가게 점원으로 일하던 청년이 산업화의 물결 속에서 힘들게 노동해서 번 돈으로 허랑방탕하게 살아가는 근로 청소년들에게 관심을 갖고 그들의 육체적, 정신적, 영적 상태를 고쳐 주기 위해 몇 사람을 모아 기도하기 시작한 것이 세계적인 YMCA 운동이 되었습니다.

오직 그 말씀이 네게 매우 가까워서 네 입에 있으며 네 마음에 있은즉 네가 이를 행할 수 있느니라(신 30:14).

하나님의 말씀은 살아 있고 운동력이 있어 믿음을 줄 뿐 아니라 행할 수 있는 능력을 줍니다. 여러분의 믿음을 행함으로 보이는 행동하는 신앙인이 되시기 바랍니다. 믿음과 행함을 떼려야 뗄 수 없는 사이입니다. 믿는다 하면서 행함이 없어 죽은 믿음, 헛된 믿음이 아니라 행동하는 믿음으로 구원과 상급과 칭찬 받고 하나님께 영광 돌리게 되시기를 바랍니다.

기도로 나아감

- 지식으로만 알고, 입술로만 말하는 죽은 믿음이 아니라 사랑을 행함으로 그리스도를 전하는 살아 있는 믿음이 되게 하옵소서.
- 속이 텅텅 비어 빈소리만 요란한 헛된 믿음이 아니라 하나님의 뜻을 따라 살아서 행함의 열매 맺는 참 믿음이 되게 하옵소서.
- 행동으로 자신의 산 믿음을 증명한 믿음의 조상들처럼, 행동하는 믿음으로 천국의 상을 취하는 자들이 되게 하옵소서.

내 입에 파수꾼을 세우소서

[1]내 형제들아 너희는 선생된 우리가 더 큰 심판을 받을 줄 알고 선생이 많이 되지 말라
[2]우리가 다 실수가 많으니 만일 말에 실수가 없는 자라면
곧 온전한 사람이라 능히 온 몸도 굴레 씌우리라
[3]우리가 말들의 입에 재갈 물리는 것은
우리에게 순종하게 하려고 그 온 몸을 제어하는 것이라
[4]또 배를 보라 그렇게 크고 광풍에 밀려가는 것들을
지극히 작은 키로써 사공의 뜻대로 운행하나니
[5]이와 같이 혀도 작은 지체로되 큰 것을 자랑하도다 보라
얼마나 작은 불이 얼마나 많은 나무를 태우는가
[6]혀는 곧 불이요 불의의 세계라 혀는 우리 지체 중에서 온 몸을 더럽히고
삶의 수레바퀴를 불사르나니 그 사르는 것이 지옥 불에서 나느니라
[7]여러 종류의 짐승과 새와 벌레와 바다의 생물은
다 사람이 길들일 수 있고 길들여 왔거니와
[8]혀는 능히 길들일 사람이 없나니
쉬지 아니하는 악이요 죽이는 독이 가득한 것이라
[9]이것으로 우리가 주 아버지를 찬송하고
또 이것으로 하나님의 형상대로 지음을 받은 사람을 저주하나니
[10]한 입에서 찬송과 저주가 나오는도다 내 형제들아 이것이 마땅하지 아니하니라
[11]샘이 한 구멍으로 어찌 단 물과 쓴 물을 내겠느냐
[12]내 형제들아 어찌 무화과나무가 감람 열매를,
포도나무가 무화과를 맺겠느냐 이와 같이 짠 물이 단 물을 내지 못하느니라

_야고보서 3장 1-12절

초등학교 5학년 때 담임선생님의 성함이 '오근진' 선생님이셨습니다. 학교 뒤뜰에서 저를 포함한 친구 세 명이 모여서 선생님의 흉을 보았습니다. 무슨 내용인지 생각은 나지 않지만 이런 말을 했던 것이 기억납니다.

"오근진 선생님 오그지 같애!"

그런데 느낌이 이상해 뒤를 돌아보니 오근진 선생님이 서 계셨습니다. 우리 세 명은 기겁을 해서 교실로 들어갔습니다. 지금도 그때를 생각하면 가슴이 두근거립니다. 철이 들면서 말조심하겠다고 고등학교 때부터 벽에 붙여 놓고 일기장에 써가면서 다짐했습니다.

> 三思一言 三慮一言
>
> 세 번 생각하고, 한 번 말하겠다.

그 다짐을 한지 45년이 지났건만 아직도 급하고, 경박하고, 공격적이고, 직설적인 말을 고치지 못하고 있습니다.

"주여 내 입에 파수꾼을 세우소서! 주여 내 입술의 문을 지키소서!"

요즘 중학교 학생들 중에 학내 커플이 더러 있는데, 등굣길에 손잡고 가는 학생들이 눈에 띕니다. 이런 아이들일수록 학교에 일찍 오는 경우가 많아서 교실에서 불미스러운 일이 일어날까 염려되어서 선생님들이 교실 순찰을 돌고 있다는 이야기를 들었습니다.

아이들이 어려서부터 잘 먹고 신체 발육이 빨라서 사춘기가 초등학교 4-5학년 때부터 시작되는 경우가 많아졌습니다. 열 살 때 사춘기가 왔다고 결혼시킬 수는 없지 않겠습니까? 사회 적응을 위해 대학 교육도 받아야 하고 자신을 책임질 수 있는 성인이 되기까지 결혼을 미루지 않으면 몸도 마음도 무너져 인생을 망치게 되기 때문입니다.

신앙도 이와 같습니다. 예수 믿으면 구원 받고 성도가 됩니다. 성도는 예수 그리스도의 복음을 믿음으로 법적으로 의롭다 함을 얻은 사람, 즉 하나님의 크신 은총을 받은 사람을 지칭합니다. 그럼에도 실제로는 여전히 죄를 지닌 죄인으로서 예수 그리스도의 장성한 분량이 충만한 데까지 이르기 위해 끊임없이 성화에 힘써야 한다는 사실입니다. 그리스도인의 신앙 윤리는 바로 이와 같은 성도로서의 자기 정체에 대한 분명한 인식과 함께 더욱 성화되기 위하여 노력하는 행위에서 비롯되는 것입니다.

그렇지 않고 복음을 믿고 구원 받았다는 사실 하나만을 의지하고 성화에 대한 노력 없이 형식적인 신앙생활에 안주하게 될 때 그리스도인의 신앙 윤리는 설 자리를 잃게 되고 개인적으로나 교회 공동체로서나 세상의 소금과 빛이 되라 하신 사명을 감당할 수 없게 되는 것입니다.

따라서 우리 성도는 자신의 미성숙한 신앙 인격에 대한 분명한 인식과 함께 자기 죄에서 비롯된 이기심이나 세속적 가치관에서 벗어나 말과 행실에 있어서 모든 사람 앞에 본을 보이고 하나님께 영광을 돌릴 수 있도록 성화를 위해 최선을 다해야 할 것입니다. 이런 태도야말로 실로 하나님의 백성 된 성도에게 마땅히 있어야 할 구속 받은 자의 올바른 삶이라 하겠습니다.

그런데 성화를 위한 노력 중에서 가장 중요하고 힘들고 어려운 일이 말을 조절하고 혀를 다스리는 일이라는 것을 야고보가 우리에게 가르쳐 주고 있습니다. 세상에서 말 잘하기 위한 스피치 훈련도 있고, 아나운서가 되기 위한 학원도 있습니다. 그러나 사람의 마음을 움직이고 생명을 북돋는 말을 가르치는 곳은 없습니다. 교회는 생명의 말을 가르치는 곳입니다. 오직 하나님의 말씀만이 영혼을 살리고 인격을 갖추게 합니다. 우리 그리스도인들은 하나님의 말씀을 받고 전하는 자들입니다. 그러므로 말의 능력을 알고 바르게 사용해야 합니다.

옛날 시집살이는 정말 매웠습니다. "고추 당초 맵다 한들 시집살이만 하겠느냐."는 말까지 나왔을 정도니까요. 청양고추보다 더 매운 시집살이를 하던 며느리가 스트레스를 견딜 수가 없어서 장독대에 빈 항아리를 열어 머리를 처박고서 시어머니를 저주했습니다. 얼마나 시원하던지 스트레스가 쌓이면 또 가서 항아리에 머리를 처박고 실컷 욕을 한 뒤 후련해지면 얼른 뚜껑을 닫았습니다. 그러던 어느 날 독 뚜껑을 여는데 개구리 한 마리가 항아리 속으로 폴짝 뛰어 들어갔습니다. 그런데 잠시 후에 개구리가 뻣뻣해지더니 죽고 말았습니다. 독 안에 생명을 즉사시킬 만큼 독이 가득 차 있었던 것입니다. 우리가 무심코 내뱉은 독설이 사람을 죽일 수도 있다는 것을 깊이 명심하시기 바랍니다.

몇 년 전, EBS에서 말의 힘에 대해 실험을 했습니다. 밥을 해서 유리병 2개에 넣고 밀봉했습니다. 한쪽에는 '사랑해요, 감사해요.'라고 써서 놓고 지나가면서 직원들이 "사랑해요, 감사해요."를 말했습니다. 한쪽에는 '밉다, 죽어라.'를 써놓고 욕을 하며 지나갔습니다. 얼마 지나서 보니 "사랑해요."라는 말을 들은 밥은 하얀 곰팡이가 예쁘게 피었는데, 욕을 먹은 밥은 새카맣게 흉측한 곰팡이가 피었습니다. 말에 위력이 미생물까지 영향을 미친다는 것이 증명되었습니다. 야고보는 성도가 가장 먼저 실천해야 할 문제로 윤리 도덕을 언급한 것은 말의 영향력이 중요함을 알고 있었기 때문입니다.

1. 말을 절제해야 합니다(1-3절)

구기 종목 선수들이 훈련할 때 보면 짧은 거리를 왔다갔다 왕복달리기를 반복하는 것을 볼 수 있습니다. 어떤 능력을 기르는가를 생각해 보니까 전력 질주하다가도 방향을 바꾸기 위해서는 급히 멈출 수 있는 능력을 기르는 훈련이었습니다. 자동차 경주를 보아도 전력 질주를 하다가 코너링을 할 때 얼마나 브레이크를 잘 다루면서 안전하게 속도를 유지하는가 하는 것이 승리의 관건이라고 할 수 있습니다. 우리의 말도 마찬가지입니다. 어떤 말을 해야 하고 어떤 말은 삼가야 하는지, 또 언제 말하고 언제 침묵해야 하는지를 아는 것이 중요합니다.

> 내 형제들아 너희는 선생된 우리가 더 큰 심판을 받을 줄 알고 선생이 많이 되지 말라 우리가 다 실수가 많으니 만일 말에 실수가 없는 자라면 곧 온전한 사람이라 능히 온 몸도 굴레 씌우리라 우리가 말들의 입에 재갈 물리는 것은 우리에게 순종하게 하려고 그 온 몸을 제어하는 것이라(약 3:1-3).

선생이라 함은 '가르치는 자'를 뜻합니다. 세상을 살 때 임금과 스승과 아비는 하나라고 할 만큼 중요한 존재입니다. 선생을 잘 만나면 인생길이 환하게 열리고, 멀리 돌아가지 않고 지름길로 가게 되는 복을 받습니다. 그런데 야고보는 선생이 되지 말라고 합니다. 그 뜻은 자신의 판단을 기준 삼아 다른 성도의 행동을 성급하게 판단하며 그릇된 길로 인도하는 잘못된 선생이 되지 말라는 것입니다. 선생의 직무가 막중한데 그 임무를 성실하게 감당하면 상급이 크지만 잘못했을 때 벌도 중한 것입니다.

> 알지 못하고 맞을 일을 행한 종은 적게 맞으리라 무릇 많이 받은 자에게는 많이 요구할 것이요 많이 맡은 자에게는 많이 달라 할 것이니라(눅 12:48).

목사, 교수, 선생, 지식인 등 가르치는 직업에 종사하는 사람들은 말 조심해야 합니다. 그리고 나이가 많이 들수록 말을 삼가하지 않는 어르신들이 많은데 절제해야 합니다. 사람은 누구나 예외 없이 말에 실수가 많습니다. 실수라 함은 말한 것만큼 살지 못한다는 뜻입니다. 그런 점에서 말을 잘한다고 선생이요 어른이 아니라, 말한 것을 지키고 살아가는 사람이 선생이요 어른입니다. "말에 실수가 없는 사람이 온전한 사람이요 온 몸도 굴레 씌우리라."는 말씀의 뜻은 자신의 말을 절제할 줄 아는 사람은 다른 모든 행동까지도 복종시킬 수 있다는 의미입니다.

3절에 말을 재갈에 비유하고 있는데 재갈은 말이나 소를 제어하기 위해 입에 물린 도구를 의미합니다. 재갈을 물리고 고삐를 당겨 말의 모든 행동을 제어할 수 있는 것과 같이 사람의 혀를 절제할 수 있다면 하나님께 순종하고 다른 사람들을 옳은 길로 인도하는 좋은 선생이 될 수 있다는 뜻입니다.

말에 관한 아주 귀한 작자 미상의 옛 시조가 생각납니다.

말하기 좋다 하여

말하기 좋다 하여
남의 말 말 것이
남의 말 내 하면
남도 내 말 할 것을
말로써 말 많으니
말을 말까 하노라

말싸움을 그치게 하는 방법은 말을 하지 않는 것입니다. 말이 많은 사람은 상대방에게 말할 기회를 주지 않습니다. 한마디 하면 두 번 들으라고 입은 하나요 귀는 두 개를 주셨다는 것을 기억하는 사람이 지혜자입니다. 자신의 말만 하면 상대방이 듣는 것 같아도 마음을 닫기 때문에 사람을 잃게 됩니다.

좋은 말은 많은 말을 하는 것이 아닙니다. 말이 많은 것은 헐벗은 자기 모습을 덮으려는 것입니다. 속이 비어있음을 덮으려고 입을 벌려 막는 것입니다. 말이 없어도 속이 꽉 찬 사람은 속에서 진심이 우러나오게 마련입니다. 읽지 않고 많이 배우지 않은 사람이 말이 많은 법입니다. 괴테는 이런 말을 했습니다.

반 밖에 배우지 않은 사람은 말이 많고 항상 그릇됨이 많다.

말이란 사람의 됨됨이를 알게 하고 신앙의 깊이를 측정하게 합니다. 그러므로 성도는 말에 실수가 없도록 절제하기에 힘써야 합니다. 그러기 위해서는 몇 가지 요령이 있습니다. 먼저 말을 적게 하는 것이 좋습니다. 그 다음 생각한 후에 말을 하는 훈련을 해야 합니다. 그리고 말을 부드럽게 하는 습관을 길러야 합니다.

유순한 대답은 분노를 쉬게 하여도 과격한 말은 노를 격동하느니라(잠 15:1).

이런 요령을 기억하여 실천할 수 있도록 정리한 방법이 있습니다.

말을 절제하는 방법

1. 꼭 해야 할 말인가?
2. 지금 해야 할 말인가?
3. 너와 나에게 유익한 말인가?

이 세 가지를 생각한 후에 말을 하라.

우리말에 "가만히 있으면 중간은 간다."는 말이 있지요. 얼굴에 미소를 띠고 고개를 끄덕거리면서 남의 말을 경청할 수 있다면 굳이 말을 많이 할 필요가 없습니다.

> 말을 아끼는 자는 지식이 있고 성품이 냉철한 자는 명철하니라(잠 17:27).

말을 절제하는 사람이 온전한 사람이요, 말을 절제하는 사람이 선생님이요, 말을 절제하는 사람이 참된 성도입니다.

> 말이 많으면 허물을 면하기 어려우나 그 입술을 제어하는 자는 지혜가 있느니라(잠 10:19).

2. 말의 영향력을 알아야 합니다(4-6절)

유사 이래 전쟁터에서 총과 칼에 죽은 사람보다 말의 비수에 찔려 죽은 사람이 더 많습니다. 한마디의 좋은 말은 사람에게 큰 영향을 줄 수 있습니다. 말은 사람을 살리기도 하고 죽이기도 하는 능력을 가지고 있습니다.

폴란드에 음악학교에 입학한 소년이 있었습니다. 소년의 꿈은 유명한 피아니스트가 되는 것이었습니다. 열심히 피아노를 쳤습니다. 그런데 지도하던 선생님으로부터 비관적인 말을 들었습니다. "네 손가락은 피아노 연주를 하기엔 너무 짧고 굵다. 유연성이 부족하다. 다른 악기를 배우는 것이 좋겠다." 소년은 낙심했습니다.

얼마 후 그 소년이 만찬회에서 피아노를 치게 되었습니다. 그런데 한 신사가 소년의 등을 두드리며 "너는 피아노에 탁월한 소질을 갖고 있다. 열심히 노력해라."라고 말했습니다. 소년은 그 신사의 격려에 크게 고무되었습니다. 그 신사의 이름은 당대 최고의 연주자였던 안톤 루빈스타인이었습니다. 소년은 그 후 하루에 일곱 시간씩 열심히 연습했습니다. 그리고 세계를 깜짝 놀라게 한 피아니스트가 되었습니다. 이 소년이 바로 피아노의 천재로 불리는 잔 파데레우스키(Jgnacy Jan Paderewcki, 1860-1941년)입니다. 그는 훗날 폴란드의 수상까지 되었습니다. 한마디의 격려가 위대한 연주가를 만들어 낸 것입니다.

우리 그리스도인들은 말과 표현에 있어 가치를 부여할 줄 알아야 합니다. 말은 건설하는 힘과 함께 파괴하는 힘을 가지고 있습니다. 말을 할 때 어떤 힘을 택할지는 전적으로 자신의 몫입니다. 생명을 전하고 사람을 일으키려면 꿈과 목표와 계획을 효과적으로 전달하는 법을 배워야 합니다. 곤고한 인생을 격려하고 지혜를 주며 희망과 용기와 믿음과 생명의 말로 축복하는 습관을 가져야 합니다. 매 순간 긍정적으로 말을 하고 축복의 언어를 사용하다 보면 어느새 우리의 삶 또한 긍정적이고 복된 삶으로 변화되어 있을 것입니다.

말의 영향력에 대해 야고보는 이렇게 말씀했습니다.

> 또 배를 보라 그렇게 크고 광풍에 밀려가는 것들을 지극히 작은 키로써 사공의 뜻대로 운행하나니 이와 같이 혀도 작은 지체로되 큰 것을 자랑하도다 보라 얼마나 작은 불이 얼마나 많은 나무를 태우는가 혀는 곧 불이요 불의의 세계라 혀는 우리 지체 중에서 온 몸을 더럽히고 삶의 수레바퀴를 불사르나니 그 사르는 것이 지옥 불에서 나느니라(약 3:4-6).

말하는 기관인 혀의 작음을 배의 키, 말의 재갈, 작은 불로 비유하면서 재갈이 큰 말을 제어하고, 배의 키가 방향을 바꾸고 운전하며, 작은 불이 큰 불을 일으키는 것을 통해 말의 영향력을 설파하고 있습니다. 배에 키가 없다고 생각해 보십시오. 광풍을 헤쳐 나가지 못하고 암초를 피하지 못해 파선하고 말 것입니다.

이와 같이 허탄한 말은 자신의 인격을 파괴하고 남도 파탄에 이르게 합니다. 그와 반대로 절제된 언어와 격려의 언어는 인격을 고상하게 만들 뿐 아니라 다른 사람의 생명을 키우기도 합니다. 작은 불이 큰 산을 전부 태우듯이 일상에서 무심코 내뱉은 한마디 말이 가슴에 30년 박힌 대못이 되기도 합니다. 교회에서 지도자들의 한마디 실수가 교인에게 상처를 주고 교회 전체를 분쟁의 소용돌이로 몰아가기도 합니다.

> 미련한 자의 입술은 다툼을 일으키고 그의 입은 매를 자청하느니라 미련한 자의 입은 그의 멸망이 되고 그의 입술은 그의 영혼의 그물이 되느니라(잠 18:6-7).

그러므로 우리들은 언어생활을 조심 또 조심해야 합니다. 혀는 작은 지체지만 삶의 수레바퀴를 불사른다고 경고합니다. 혀의 잘못된 사용으로 전 생애를 망칠 수 있다는 말씀입니다. 말에는 무한한 영향력이 있고, 미래를 창조하는 씨앗이 담겨 있습니다. 꿈이 미래를 창조하는 재료인 것처럼 말도 행동을 창조하는 씨앗이 됩니다.

비전은 사람의 생각 속에 담겨 있지만 그 생각을 말로 표현하는 순간 에너지 파동을 일으키고 굉장한 위력이 나타납니다. 사람의 하는 말을 가장 먼저 듣는 것은 자신의 귀입니다. 그러므로 타인에게 축복의 말, 희망의 말, 긍정적인 말을 할 때 자신이 먼저 복을 받고, 희망을 얻고, 긍정적인 사고를 갖게 되는 효과를 얻습니다. 그러므로 자신도 살고 남도 살리는 거룩한 영향력을 발휘하게 되는 것입니다.

50년 전만 해도 우리나라가 다 망하게 되었고 도저히 일어설 수 없었습니다. 그 시절 부모의 말도 험했습니다. 모진 세상 스트레스를 전부 자식에게 욕으로 퍼부었는데 보통 '망할 놈', '되질 놈', '싸가지 없는 놈', '썩을 놈', '우라질 놈', '빌어먹을 놈' 이런 욕을 어려서부터 옴팡 뒤집어 쓴 자녀들은 도저히 일어설 수 없었습니다. 그런데 일어섰습니다. 그래서 세상에 어째 이런 일이 다 있을까 하고 조사의 조사를 거듭한 결과 원인을 발견했습니다. 그때 그 시절, 영양 부실로 누런 코를 흘리는 아이들이 많았습니다. 들이마시면 기차 터널 속으로 기차 들어가듯이 들어갔다 또 나왔다 했습니다. 그때 어머니들이 치마를 걷어서 코에다 대고 "흥해라 흥해." 그 말이 씨가 되어서 흥했다는 말이 있습니다.

말에는 엄청난 힘이 있습니다. 이 말의 영향력을 알고 선용할 때 인생 역전의 주인공이 될 수 있다는 사실입니다.

> 무릇 더러운 말은 너희 입 밖에도 내지 말고 오직 덕을 세우는 데 소용되는 대로 선한 말을 하여 듣는 자들에게 은혜를 끼치게 하라(엡 4:29).

말의 능력을 믿으십니까? 그러면 선한 말을 하시기 바랍니다. 긍정적인 말을 하시기 바랍니다. 축복의 말을 하시기 바랍니다. 이런 언어생활이 습관화되면 나로 인하여 가정이 복을 받고, 자녀가 복을 받고, 형제와 이웃이 복을 받고, 교회가 거룩하게 되는 놀라운 영향력을 끼치게 될 것입니다.

3. 말을 올바로 사용해야 합니다(7-12절)

한국 사회의 말의 오염은 물의 오염과 공기의 오염보다 더 심각합니다. 중국발 미세 먼지가 공포의 대상으로 떠오르고 있습니다. 그러나 인터넷상의 언어의 오염과 청소년들이 욕 없이는 대화를 하지 못하는 실상을 알고 나면 말의 오염이 얼마나 심각한지를 알게 될 것입니다.

우리 속담에 "입은 삐뚤어졌어도 말은 바로 하라."고 했습니다. 말을 올바로 사용하는 습관을 들여야 합니다. 모든 다툼과 분쟁이 말 때문에 일어납니다. 표현의 자유가 있다고 말을 함부로 사용하면 다툼이 끊이지 않습니다. 따라서 엄격한 자기 절제와 다른 사람의 마음을 다치게 하지 않도록 지킬 선을 정해야 합니다. 총에 맞아 죽은 사람보다 말에 상처 받고 죽은 사람이 더 많다는 말을 꼭 명심해야 합니다. 그런데 문제는 혀를 길들이기 어렵다는 데 있습니다.

> 여러 종류의 짐승과 새와 벌레와 바다의 생물은 다 사람이 길들일 수 있고 길들여 왔거니와 혀는 능히 길들일 사람이 없나니 쉬지 아니하는 악이요 죽이는 독이 가득한 것이라 이것으로 우리가 주 아버지를 찬송하고 또 이것으로 하나님의 형상대로 지음을 받은 사람을 저주하나니 한 입에서 찬송과 저주가 나오는도다 내 형제들아 이것이 마땅하지 아니하니라 샘이 한 구멍으로 어찌 단 물과 쓴 물을 내겠느냐 내 형제들아 어찌 무화과나무가 감람 열매를, 포도나무가 무화과를 맺겠느냐 이와 같이 짠 물이 단 물을 내지 못하느니라(약 3:7-12).

사람의 능력은 참 대단합니다. 바다의 돌고래를 훈련시켜 쇼를 하지 않나, 사나운 호랑이, 사자, 곰과 같은 맹수를 길들여 쇼를 합니다. 집채만 한 코끼리를 온순하게 길들여 일을 시키고, 하늘을 나는 매를 길들여 사냥에 이용하기도 합니다. 그런데 정작 세 치의 혀는 길들이는 데 실패했습니다. 혀에는 악마적 힘이 있음을 의미합니다. 그럼에도 성령의 능력으로 혀를 길들이면 하나님을 찬양케 됩니다.

길들여지지 않은 혀에서는 쉬지 않고 악이 튀어나옵니다. 사나운 맹수가 우리에 갇혀 으르렁거리는 모습을 비유한 말입니다. 또 길들여지지 않은 혀는 독이 가득합니다. 뱀과 전갈과 같이 독으로 상대를 해치는 짐승을 비유한 말입니다.

그런데 참으로 묘한 것은 길들여지지 않은 혀는 이중적입니다. 어느 때에는 하나님을 찬양하고 어느 때에는 사람을 저주합니다. 야고보는 신앙인이 한 입으로 찬송과 저주의 말을 하는 것은 도무지 어울리지 않는 것으로 그런 사람은 참된 신앙인이 아니라고 지적합니다.

그 이유를 자연현상으로 비유해서 설명하고 있습니다. 어느 샘물이 아침에는 단물을 내고 오후에는 쓴물을 내느냐. 어느 나무가 무화과나무에서 감람 열매를 맺고, 포도나무가 무화과를 맺느냐, 그런 경우는 없다고 말씀하면서, 너희는 어찌하여 한 입에서 찬송과 저주를 발하느냐 크게 잘못된 것이라고 지적하고 고칠 것을 말씀하고 있습니다.

우리 그리스도인들은 말을 올바르게 사용하기 위해 훈련해야 합니다. 오늘 본문은 그것을 길들인다고 표현하고 있습니다. 좋은 말을 훈련해야 합니다. 좋은 말이란 긍정적인 말을 뜻합니다. 세상에는 부정적인 말이 범람합니다. '안 된다, 못한다, 할 수 없다, 되는 일이 없다, 꼴보기 싫다, 차라리 죽는 게 낫다.'는 말을 '할 수 있다, 하면 된다. 꼭 된다, 노력하면 됩니다, 하나님이 도우십니다, 아름답습니다, 생명 주심을 감사합니다.'라는 생명의 언어, 긍정의 언어로 말을 바꾸는 훈련을 해야 합니다. 또 저주의 언어를 축복의 언어로 바꾸어야 합니다. 저주의 말은 흉기가 되기도 하지만 축복의 말은 의사에 손에 들린 칼과 같이 사람을 살리는 이기(利器)가 됩니다. 이제부터 독한 말을 조심하고 부드러운 말을 하겠노라 다짐하시기 바랍니다. 말로 남을 꺾고 이기려는 것만큼 어리석은 것은 없습니다. 원수를 만드는 결과가 되기 때문입니다.

> 물고기가 항상 입으로 낚이듯 사람도 입으로 낚인다(탈무드).

예수님이 이런 말씀을 하셨습니다.

> 잘 들어라. 심판 날이 오면 자기가 지껄인 터무니없는 말을 낱낱이 해명해야 될 것이다(마 12:36[공동번역]).

말에 책임지는 자세가 중요합니다. 그 사람의 성숙도는 나이와 지위와 재산의 정도와 비례하는 것이 아니라 말을 얼마나 올바로 사용하는가에 달려 있습니다. 말은 인격의 반영입니다. 직선적인 언어가 인기를 끄는 시대인지라 돌직구를 날리고 익히지 않은 막말을 방송에서조차 마구 쏟아 놓는 세상이지만, 말은 가려서 하고, 익혀서 하고, 걸러서 해야 합니다.

세 번 생각하고 한 번 말하는 훈련과 듣기는 속히 하고 말하기는 더디하는 훈련에 힘써야 합니다. 모든 말에 대해 심판 날에 엄하게 묻겠다는 주님의 말씀을 귀담아 들어야 합니다. 남에 대해 말하는 것을 조심해야 합니다. 남에 대해 말하는 것은 꿀떡 같이 달지만 그 결과는 발 없는 말이 천 리를 가서 상대방에게 전해지고 그 대가를 혹독하게 치르게 됩니다. 말을 올바로 사용하는 훈련을 통해 혀를 길들이고, 긍정의 언어, 축복의 언어를 행하게 되면 인격자로 대우받고 하나님께 영광 돌리게 됩니다. 하나님이 우리를 지으신 목적은 찬송과 영광을 받으시기 위함입니다. 죄로 인해 악하게 된 혀를 창조의 목적대로 하나님께 영광 돌리는 입술이 되어야 합니다. 이런 사람이 새로운 피조물입니다.

> 이 백성은 내가 나를 위하여 지었나니 나를 찬송하게 하려 함이니라(사 43:21).

성내고 독을 발하는 사람은 하나님의 의를 이루지 못합니다. 혀를 재갈 먹이지 않으면 경건에서 멀어집니다. 소금을 고르게 쳐서 맛을 냄같이 말을 해야 합니다. 말로 인해 다툼과 분쟁이 끊이지 않는 세상에서 혀를 길들여 긍정의 언어와 축복의 언어로 사람을 살리고 하나님께 영광 돌리게 되시기를 바랍니다.

기도로 나아감

· 한번 말하기 전에 세 번 생각하는 지혜와 인격의 성숙함을 주시고, 때에 맞는 말로 사람을 위로하는 성도가 되게 하소서.

· 사람을 살리고 영혼을 깨우는 긍정의 말을 하게 하시고, 헐뜯고 비방하는 부정의 언어를 성령의 불꽃으로 정화시켜 주소서.

· 나의 말로 알게 모르게 상처를 준 죄를 회개하오니, 항상 입에 재갈을 물리시고 축복의 언어로 사람을 살리는 성도가 되게 하소서.

척 보면 압니다

[13]너희 중에 지혜와 총명이 있는 자가 누구냐
그는 선행으로 말미암아 지혜의 온유함으로 그 행함을 보일지니라
[14]그러나 너희 마음 속에 독한 시기와 다툼이 있으면
자랑하지 말라 진리를 거슬러 거짓말하지 말라
[15]이러한 지혜는 위로부터 내려온 것이 아니요
땅 위의 것이요 정욕의 것이요 귀신의 것이니
[16]시기와 다툼이 있는 곳에는 혼란과 모든 악한 일이 있음이라
[17]오직 위로부터 난 지혜는
첫째 성결하고 다음에 화평하고 관용하고 양순하며
긍휼과 선한 열매가 가득하고 편견과 거짓이 없나니
[18]화평하게 하는 자들은 화평으로 심어 의의 열매를 거두느니라

_야고보서 3장 13-18절

위나라 무후가 오자[52]에게 물었습니다. "양군이 서로 대치하고 있는데 적장에 대해 전혀 모를 경우, 이를 외형으로 알아내는 좋은 방법은 없겠소?"

오자가 대답하기를, "신분이 낮더라도 용기가 있는 자에게 몇 명의 정예 병사를 딸려 보내 탐색전을 전개해 보면 알 수 있습니다. 이때 적이 공격해 오면 싸우지 말고 도망치도록 일러두어야 합니다. 그러면서 적의 태도를 살펴보아야 합니다. 쫓아오는 적이 질서 정연하게 움직이고, 추격하면서도 일부러 힘에 부치는 듯한 시늉을 하며 싸움에 깊이 말려들지 않으려 하고 또한 우리 병사가 적을 유인하려고 해도 모르는 척하며 결코 미끼에 걸려들지 않으면 그 대장은 반드시 지혜로운 장수임에 틀림없습니다. 그럴 때는 섣불리 상대하여 싸우지 않는 것이 안전합니다. 이와 반대로 적병이 왁자지껄 떠들며 깃발을 난잡하게 흔들고, 우리 정찰대의 뒤를 무작정 추격하고, 눈앞의 전리품을 보고 앞을 다투어 뛰어들려고 한다면 이들을 지휘하는 자는 어리석은 장수임에 틀림없습니다. 이럴 때는 적의 병력이 아무리 많아도 쉽사리 무찌를 수 있습니다."라고 말했습니다. 이 전술을 사자성어로 '경예상적(輕銳嘗敵)'[53]이라고 합니다.

세상에서 척 보면 알 수 있는 일이 많이 있습니다. 봄에 기운이 올라오면 꽃이 핍니다. 꽃이 지면 열매를 맺습니다. 자식을 보면 그 부모를 알 수 있기 때문에 옛적에는 부모끼리 마음이 맞으면 당사자는 얼굴도 보지 않고 혼사를 결정했습니다. 졸병을 보면 장수를 알 수 있고, 국민을 보면 나라를 알 수 있습니다. 말을 시켜 보면 어떤 사람인지 알 수 있

52. 오자(吳子): 중국 전 시대 위나라 병법 로 이름을 '오기'라 다. 저서로는 『오 병법』(실전에서 전 76전승의 기록 남김)이 있다.

53. 가벼운 정예부대로 을 탐색해 본다.

고, 행동하는 것을 보면 사람됨을 알 수 있고, 술을 마셔 보면 어떤 사람인지 속에 있는 것이 나오게 됩니다. 특히 놀음을 해 보면 사람의 성품과 기질이 다 드러납니다.

공자는 척 보면 안다고 했습니다. 공자는 온백설자(溫伯雪子)이라는 사람이 도가 높다는 소문을 듣고 평소에 그를 한번 만나 보고 싶어 했습니다. 어느 날 맞은편에서 온백설자가 오는 것을 본 자로(子路)가 "저기 맞은편에서 걸어오는 분이 온백설자입니다." 공자는 그 말을 못 들은 듯 일산(日傘)만 기울이고 그냥 지나쳤습니다. 자로 생각에는 공자께서 수레에서 내려 온백설자의 손을 잡고 반가이 인사를 나누리라 생각했는데 뜻밖이었습니다. 자로가 물었습니다.

"어찌하여 스승께서는 그렇게 간절히 만나길 원하시던 온백설자를 보시고도 그냥 지나치셨습니까?"

공자가 대답하기를, "군자는 눈만 마주쳐도 그 속에 도가 있느니라". 그래서 '목격도존(目擊道存)'[54]이라는 말이 나온 것입니다. 예부터 사람을 알아보는 능력을 '지인지감(知人之鑑)'[55]이라 하여 제일로 쳤습니다. 사람은 누구나 그런 능력을 갖기를 원합니다. 그런데 선천적으로 사람을 알아보는 능력이 있는 사람이 있습니다. 이런 사람을 '생득지지(生得知之)'[56]라 합니다. 그에 비해 배워서 알고, 경험에 의해서 알게 되는 경우를 '학이지지(學而知之)'[57]라 합니다. 그 다음 고생을 겪으면서 알게 되는 것을 '곤이지지(困而知之)'[58]라 합니다. 성인은 나면서부터 알고, 현자는 배워서 알고, 보통 사람은 애를 써서 안다고 공자께서 말했습니다.

54. 군자는 척 보면 안다.

55. 사람을 알아보는 능력, 안목

56. 태어나면서부터 지닌 능력

57. 배움을 통해 알게 되는 것

58. 고생을 통해 알게 되는 것

식당을 오래 한 분들은 남녀가 밥 먹는 모습만 보고도 부부인지 불륜 관계인지 척 보면 안다고 말합니다. 남자가 이것저것 챙겨 주면 불륜 관계이고, 서로 묵묵하게 밥 먹으면 부부랍니다. 이런 것은 오랜 경험을 통해 배우게 된 경우라 하겠습니다.

오늘 본문은 지혜에 관해 이야기하고 있습니다. 야고보는 거짓 지혜가 있고 참 지혜가 있다고 설명하고 있습니다. 거짓 지혜는 '땅의 지혜'라고 설명하고 있습니다. 반면 참 지혜는 위로부터 온 '하늘의 지혜'라고 말씀하고 있습니다.

세상에는 늘 참과 거짓이 싸웁니다. 진짜인지 가짜인지 모를 정도로 짝퉁이 판을 칩니다. 정통인지 이단인지 구별하기가 쉽지 않습니다. 이런 세상을 살면서 '지인지감'을 가지고 참과 거짓을 척 보고 알 수 있다면 얼마나 좋겠습니까? 우리가 그런 점쟁이는 아닐지라도 이 지혜가 땅의 지혜인지 하늘에서 난 지혜인지를 야고보서에서 분명하게 가르쳐 주고 있습니다.

1. 선을 행하는 자가 지혜자입니다(13절)

믿음이 있다고 하는 신자들 중에 삶이 세상 사람과 다를 바 없는 사람들 때문에 야고보서를 쓰게 되었습니다. 야고보는 행함이 없는 믿음은 죽은 믿음이라고 말하고, 행함이 없는 믿음은 헛된 것이라고 말하면서, 가난한 형제를 차별하지 말고 긍휼을 베풀라고 강조했습니다. 이것이 네 이웃 사랑하기를 네 몸과 같이 하라 하신 최고의 법을 지키는 것이라고 말씀했습니다. 그러면서 오늘 본문에서는 자신이 지혜자라고 말하면서 행함이 없는 사람들에 대해 진정한 지혜는 그런 것이 아니라는 것을 깨우치고 있는 내용입니다.

> 너희 중에 지혜와 총명이 있는 자가 누구냐 그는 선행으로 말미암아 지혜의 온유함으로 그 행함을 보일지니라(약 3:13).

야고보는 선생을 자처하면서 자신의 지혜를 자랑하고 독선을 일삼는 무리를 향하여 단도직입적으로 묻고 있습니다. "너희 중에 지혜와 총명이 있는 자가 누구냐." 이것은 도전적이며 공격적 태도입니다. 만약 너희가 지혜롭다고 주장하려면 너희들의 지혜를 입증하라는 것입니다. 그 이유는 참된 지혜는 반드시 올바른 행위를 동반하기 때문입니다. 지혜와 총명은 지도자들이 갖추어야 할 덕목입니다. 다니엘서에 보면 다니엘을 왕에게 추천할 때 이와 같이 말합니다.

> 왕이 벨드사살이라 이름하는 이 다니엘은 마음이 민첩하고 지식과 총명이 있어 능히 꿈을 해석하며 은밀한 말을 밝히며 의문을 풀 수 있었나이다 이제 다니엘을 부르소서 그리하시면 그가 그 해석을 알려 드리리이다 하니라(단 5:12).

이 지혜는 모든 성도가 추구해야 할 덕목이기도 합니다.

> 너희 중에 누구든지 지혜가 부족하거든 모든 사람에게 후히 주시고 꾸짖지 아니하시는 하나님께 구하라 그리하면 주시리라 (약 1:5).

그러므로 오늘 본문의 자칭 선생이라고 하는 사람들 뿐 아니라 모든 성도에게 하시는 하나님의 말씀으로 받아들여야 합니다. 그런데 야고보는 지혜를 참된 지혜냐 거짓 지혜냐 판단하는 근거로 선행을 꼽고 있습니다. 특히 선행을 온유함으로 행해야 한다고 말씀하고 있습니다.

본문에서 '행함을 보이라.'고 할 때 '보이다.'[59]라는 말의 뜻은 이러합니다. 자신이 지혜가 있다고 주장하는 사람은 선행을 통해 자신이 가진 지혜가 참된 지혜인지를 입증해야 한다는 뜻입니다. 참된 믿음이 긍휼을 동반하고 행함을 동반해야 하는 것처럼, 참된 지혜도 선한 행위를 동반해야 하는 것입니다.

여기에서 헬라 사상과 구약 사상을 비교해 볼 필요가 있습니다. 헬라의 철학은 지혜와 지식을 높이 평가하는 경향이 있습니다. 따라서 도덕적 삶의 행위를 경홀히 여기기도 했는데 이런 경향이 영지주의[60] 이단을 만들었습니다.

그리스도는 잠시 인간의 몸을 빌어 잠시 그 안에 거했을 뿐, 그리스도가 십자가에 죽으시기 전 떠나셨기 때문에 죽지 않았다는 '수난불가설'을 주장했던 도케티스트(Docetiests)들도 영지주의에서 나왔습니다. 참된 지혜는 하나님을 경외함으로 시작되고, 옳고 그른 것이 무엇인지 분별할 수 있게 합니다. 그래서 선한 길로 행하고 의를 행하게 합니다.

59. 보이다(δείκνυμι, 데이크뉘미): 입증하다

60. 영지주의(靈智主義, Gnosticism): 2세기 이후 나타난 기독교의 이단적 종교사상이다. 지식을 통해 구원을 받을 수 있다고 주장한다. 영은 귀하고 육은 악하다고 이원론적으로 주장하면서, 영혼이 구원 받은 사람은 육신이 행하는 일이 문제가 되지 않는다고 가르치므로 방종하는 사람들이 나타나게 되었다.

> 지혜가 너를 선한 자의 길로 행하게 하며 또 의인의 길을 지키게 하리니(잠 2:20).

지혜와 연관된 두 번째 요소는 선을 행하는데 온유함으로 행한다는 것입니다. 온유[61]는 예수님 탄생 이전과 이후의 뜻이 달라진 단어입니다. 예수님은 온유한 자는 복이 있다고 말씀하시고 자신의 성품을 온유하고 겸손하니 내게 배우라고 제자들에게 말씀하셨습니다. 온유한 자는 세상을 혼자의 힘으로 살아갈 수 없음을 철저히 깨닫고 하나님만 의지하는 사람을 뜻합니다. 이렇게 야고보가 자신이 지혜 있다고 생각하는 사람들에게 선행과 온유를 강조한 것은 당시 교회 내에서 분열과 다툼이 있었기 때문입니다.

61. 온유(πραΰτης, 프라우테스)
예수님 이전(헬라 세계): 비굴함. 노예 근성의 뜻으로 사용됨.
예수님 이후(기독교 세계): 마음의 평정. 친절함

이에 야고보는 스스로 선생이 되어 지혜와 총명이 있다 하면서도 오히려 실생활에 있어서 이기적으로 세속적인 욕망으로 인해 성도 간에 분쟁과 다툼을 일으키는 자의 어리석음과 죄악을 지적함과 아울러 참된 지혜는 반드시 선행과 온유함으로 나타나야 함을 강조한 것입니다.

> 너희가 이방인 중에서 행실을 선하게 가져 너희를 악행한다고 비방하는 자들로 하여금 너희 선한 일을 보고 오시는 날에 하나님께 영광을 돌리게 하려 함이라(벧전 2:12).

우리는 이방인에게 선을 행하고 온유한 모습으로 복음을 전하여 하나님께 영광을 돌려야 합니다. 뿐만 아니라 교회 안에서 믿음의 형제들

사이에서도 서로 선행을 격려하며 하나님을 의지하는 온유한 사람이 되어야 합니다.

사랑하는 형제, 자매 여러분! 우리 모두 지혜를 자랑하는 사람이 지혜자가 아니라, 선을 행하는 자가 지혜자라는 것을 알았습니다. 이제부터 온유함으로 선을 행하는 참된 지혜자가 되시기를 바랍니다.

2. 다투지 않는 자가 지혜자입니다(14-16절)

세상에서 많이 배운 사람일수록 자기의 잘못을 인정하지 않고 자기 합리화를 하는 경우가 많습니다. 배우지 못한 사람들은 솔직하고 투박해서 한두 마디 해 보면 마음의 생각이 다 들어납니다. 어린아이의 거짓말하는 것을 부모가 다 아는 것은 순수하기 때문이거든요. 마치 꿩이 숨는 것과 같습니다. 꿩이라는 놈은 포수가 총을 '꽝' 하고 쏘면 놀라서 눈밭에 떨어집니다. 그리고는 머리를 눈 속에 처박고 '나 숨었다. 나 잡아 봐라.' 합니다. 그러면 포수가 얼른 손으로 잡아 버립니다. 많이 배울수록 말을 잘하게 되고 말을 돌립니다. 자기 마음속에 있는 야심을 포장하고 합리화해서 사람들을 홀립니다. 대표적인 사람들이 정치인과 종교인이라고 생각합니다. 그렇게 꾸며서 말하는 것을 '교언영색(巧言令色)'[62]이라고 합니다. 그리고 자기 합리화의 깊은 단계에 가면 자기실현의 욕구를 채우기 위해 사람들을 이용하거나 착취합니다. 매슬로우는 인간 욕구의 5단계설을 주장했습니다.

62. 남에게 잘 보이려고 그럴듯하게 꾸며대는 말과 알랑거리는 태도

자기실현의 욕구

1단계: 생리적 욕구(의식주, 수면욕, 성욕)

2단계: 안전의 욕구(사고나 장래의 불안으로 보호받고 싶은 욕구)

3단계: 소속의 욕구(자신이 소속할 집단을 찾는 욕구)

4단계: 존중의 욕구(세상에서 인정받고 존경받고 싶은 욕구)

5단계: 자기실현의 욕구(자신의 능력을 발휘, 자기완성을 꾀하는 욕구)

그런데 자기실현의 욕구는 다른 욕구와 달리 한계가 없다는 특징이 있습니다. 기독교를 이타적 종교라고 합니다. 이것은 자기를 위해 살던 단계에서 다른 사람을 위해 사는 단계로 바뀌게 되어야 함을 의미합니다. 바로 우리 믿음의 대상이신 예수님께서 온 인류를 위해, 저와 여러분을 위해 십자가를 지셨기 때문에 그것을 본받아 타자적 존재가 되는 것이 신앙의 완성입니다. 그렇지 않고 자기를 위해 남을 이용하고 시기하고 다투는 것은 참된 신앙이 아니고, 참된 지혜가 아닙니다.

> 그러나 너희 마음속에 독한 시기와 다툼이 있으면 자랑하지 말라 진리를 거슬러 거짓말하지 말라 이러한 지혜는 위로부터 내려온 것이 아니요 땅 위의 것이요 정욕의 것이요 귀신의 것이니 시기와 다툼이 있는 곳에는 혼란과 모든 악한 일이 있음이라(약 3:14-16).

초대 교회에 지혜를 자랑하는 사람들 중에 시기하고 다툼을 일으키는 사람들이 있었습니다. 그런 사람의 지혜는 하늘의 지혜가 아니라 땅 위의 지혜로 정욕적인 것이요, 귀신의 것이니, 진리를 거슬러 거짓말하지 말라고 하면서 시기와 다툼이 있는 곳에는 혼란과 모든 악한 일이 일어나는 것을 보아 그런 지혜는 거짓된 지혜라는 것입니다.

본문에 '다툼'[63]에 사용된 헬라어 단어는 많이 쓰이는 단어가 아닙니다. 성경에 사용되기 이전에는 아리스토텔레스의 글에서 찾아볼 수 있는데, 탐욕적인 정치가들의 편협한 당파적 경쟁심을 서술할 때 '에리데이아'를 사용했습니다. 이기적 경쟁심은 자기나 자기편의 특권과 이익만을 추구하는 태도를 가리킵니다. 결과적으로 경쟁적 당파심이 공동체의 다툼과 분열을 가져오는 것은 당연합니다. 스스로 지혜 있다고 주장하는 사람들에게 시기심과 경쟁심이 있다면 그들의 지혜는 참된 지혜가 될 수 없습니다. 참된 지혜는 시기와 경쟁 의식과는 상관없기 때문입니다. 그러나 거짓 지혜를 가진 사람들은 다른 사람을 이기려 들고 결국 교회를 분열시킵니다. 참된 지혜는 언제나 온유하고 공동체를 화목하게 만듭니다. 야고보는 시기와 다툼을 일으키는 지혜는 위로부터 온 것이 아니라고 말하면서 하나님이 주신 것이 아니라 마귀가 준 것이요 육신적인 것이요 땅 위의 것이라고 말씀하고 있습니다.

63. 다툼(ερıθεία, 에리데이아): 이기적 야망, 경쟁심

이 세상에서 가장 어려운 일 중의 하나는 격분하지 않고 논쟁하는 일이며, 상처 입히지 않고 논쟁하는 일입니다. 다른 사람에게 괴로움을 주지 않고 동시에 자기 자신의 신념을 충분히 이해시킨다는 것은 간단한 일이 아닙니다. 그러나 이것이야말로 그리스도인의 지혜로서, 교사

요, 지도자들이 지녀야 할 필수 조건입니다. 제 경험으로도 당회, 제직회, 공동의회나 노회, 총회 같은 곳에서 회의할 때 격분하지 않고 남의 말을 듣거나 자기의 주장을 펴는 것이 참 어렵다는 것을 깨달았습니다.

> 오래 참으면 관원도 설득할 수 있나니 부드러운 혀는 뼈를 꺾느니라(잠 25:15).

자신의 지혜가 하나님께로부터 온 것인지 살펴보십시오. 시기와 다툼으로 인해 교회가 혼란해지고 악한 상황이 되는 것은 거짓된 지혜입니다. 이런 사람이 열심을 낼수록 목사의 근심은 깊어가고 교회는 병들게 되어 있습니다.

> 내가 유오디아를 권하고 순두게를 권하노니 주 안에서 같은 마음을 품으라(빌 4:2).

유오디아와 순두게가 시기와 다툼으로 파당을 짓는 바람에 빌립보 교회가 골치를 앓았던 것을 알 수 있습니다. 이런 사람들이 아무리 천사의 말을 해도 그것은 하늘의 지혜가 아닙니다.

> 나는 마음이 온유하고 겸손하니 나의 멍에를 메고 내게 배우라 그리하면 너희 마음이 쉼을 얻으리니(마 11:29).

사랑하는 형제, 자매 여러분! 시기와 다툼, 이기적 야망이나 경쟁심을 다 십자가에 못 박고 온유와 겸손으로 섬기는 지혜자들이 되시기를 바랍니다.

3. 화평케 하는 자가 지혜자입니다(17-18절)

거짓 지혜의 특성은 땅 위의 것이요, 정욕의 것이요, 귀신의 것이라고 지적한 야고보는 위로부터 난 지혜의 특성을 서술하고 있습니다. 위로부터 온 지혜는 땅에 속한 지혜와는 근본적으로 다릅니다. 본문에서 위로부터 온 지혜 여덟 가지를 나열하고 있습니다.

> 오직 위로부터 난 지혜는 첫째 성결하고 다음에 화평하고 관용하고 양순하며 긍휼과 선한 열매가 가득하고 편견과 거짓이 없나니 화평하게 하는 자들은 화평으로 심어 의의 열매를 거두느니라(약 3:17-18).

위로부터 온 지혜, 즉 참된 지혜 여덟 가지는 성결, 화평, 관용, 양순, 긍휼, 선한 열매, 편견이 없고, 거짓이 없는 것입니다. 앞에 여섯 가지는 가득할수록 좋은 것이고 뒤에 두 가지는 없을수록 좋은 것입니다. 여기에서 말씀하고 있는 것들은 갈라디아서에서 말한 성령의 아홉 가지 열매[64]와 비슷합니다.

64. 성령의 아홉 가지 열매(갈 5:22-23): 사랑, 희락, 화평, 오래 참음, 자비, 양선, 충성, 온유, 절제

그러면 참된 지혜 여덟 가지를 간단하게 설명해 보겠습니다. 첫째, 성결은 법적으로나 도덕적으로 흠이 없는 상태를 뜻합니다. 둘째, 화평은 평화와 동일한 말로 인간과 인간, 인간과 하나님과의 올바른 관계를 말합니다. 참된 지혜는 언제나 인간을 서로 화목시키며 하나님께 더욱 가까이 가게 하는 지혜입니다. 본문의 정황상 화평이 여덟 가지 중에 가장 중요합니다. 앞에 16절에 보면 이 편지를 받는 공동체가 시기와 다툼으로 인해 평화가 깨져 있었기 때문입니다. 그래서 18절에 화평을 강조하며 "화평케 하는 자들은 의의 열매를 거둔다."고 부연 설명하고 있음을 볼 수 있습니다. 야고보서 4장 1절에는 "너희 중에 싸움과 다툼이 어디로부터 나느냐."고 묻고 있는 것으로 보아 평화가 깨진 상황임을 엿볼 수 있습니다. 화평은 지혜와 밀접한 관련이 있습니다.

> 그 길은(지혜의 길) 즐거운 길이요 그 지름길은 다 평강이니라 (잠 3:17, 인용 성경 구절에 있는 괄호는 저자의 첨가임).

지혜는 평화를 불러옵니다. 셋째, 관용[65]은 '에피에이케스'라는 헬라어인데 설명하기 쉽지 않습니다. 바클레이는 "엄격한 정의감을 가지고 사람을 비난할 수 있음에도 어떻게 용서해 줄 것인가를 생각하는 것"이라고 설명합니다. 즉 관용의 사람이란 법률을 문구대로 엄격하게 적용하는 것이 도리어 실제에 있어서는 잘못되는 경우를 알고 있는 사람입니다. 다시 말해 정의를 연민으로 누그러뜨릴 수 있는 방법을 아는 사람이라는 뜻입니다. 이 세상에는 규칙이나 법령보다 위대한 것이 있다

65. 관용(επιεικής, 에피에이케스) 엄격한 정의감을 가지고 사람을 비난할 수 있음에도 어떻게 용서해 줄 것인가를 생각하는 것

는 것을 항상 기억하고 있는 사람이 관용하는 사람입니다.

뉴욕의 순회재판소에서 재판이 열리고 있었습니다. 판사 앞에 남루한 할아버지가 섰습니다. “할아버지! 빵집에서 빵을 훔친 것이 사실입니까?” “네.” 하고 할아버지가 모기만한 소리로 대답을 합니다. “왜 훔치셨습니까?” “배가 고파서요. 사흘을 굶었거든요.” 이 이야기를 들은 판사가 “할아버지는 빵을 훔친 사실을 인정했습니다. 그 죄로 50달러의 벌금을 선고합니다.” 이 할아버지가 “제가 50달러가 어디 있습니까?” 하고 주저앉았습니다. 그때 판사가 자기 모자를 들고 말했습니다. “이 할아버지가 사흘이나 배를 곯고 굶을 때 잘 먹은 죄로 제가 10달러 벌금을 내겠습니다. 방청객들 중에 저와 같이 잘못을 인정하시는 분은 벌금을 내시기 바랍니다.”

사람들이 주머니에서 돈을 꺼내 모자에 넣었습니다. 그 돈 중에서 벌금 50달러를 제하고 나머지 돈을 그 할아버지 손에 쥐어 주면서 “다시는 훔치면 안 됩니다.” 하고 등을 두드리고 보냈습니다. 감동한 사람들이 일어나 박수를 쳤습니다. 후에 이 판사가 뉴욕 시장이 되었고, 그의 업적을 기려 뉴욕에 공항의 이름을 ‘라과디아’라고 붙였습니다. 바로 이런 것을 ‘관용’이라고 합니다. 매튜 아놀드는 관용을 ‘도리를 잘 분별하는 마음’이라 했습니다.

넷째, 양순은 언제라도 하나님께 기쁨으로 복종할 수 있는 마음을 뜻합니다. 다섯째, 긍휼은 인간이 부당하게 고통을 당할 때만이 아니라 자기 자신의 잘못으로 고통을 당하는 사람에게도 베푸는 동정을 뜻합니다. 여섯째, 선한 열매는 의로운 사람의 삶에서 발견되는 선행을 뜻합니다. 일곱째, 편견이 없는 것은 분열되지 않는 것을 의미합니다. 여덟째, 거짓이 없는 것은 겉과 속이 동일한 것을 뜻합니다. 이렇게 하늘로부터 온 지혜를 받은 사람들은 절대 시기하고 다투지 않습니다. 다시 말해 공동체를 화평케 하는 사람입니다.

여기에서 묻겠습니다. 당신은 과연 가정과 교회와 일터에서 평화의 사도입니까? 아니면 트러블메이커입니까? 프란체스코의 기도를 묵상해 봅시다.

평화의 기도

주여! 나를 평화의 도구로 써 주소서
미움이 있는 곳에 사랑을
상처가 있는 곳에 용서를
분열이 있는 곳에 일치를
오류가 있는 곳에 진리를
의혹이 있는 곳에 믿음을
절망이 있는 곳에 희망을
어둠이 있는 곳에 광명을
슬픔이 있는 곳에 기쁨을 가져오는 자 되게 하소서
위로받기보다는 위로하고
이해받기보다는 이해하며
사랑받기보다는 사랑하게 하여 주소서
왜냐하면 우리는 나를 잊음으로써 나를 찾고

> 용서함으로써 용서 받으며
>
> 죽음으로써 깨어나 영생에 들어가기 때문입니다

18절에 '의의 열매'란 화평의 열매를 비롯한 하늘로부터 온 지혜를 말합니다. 우리가 맺을 열매는 땅의 지혜가 주는 정욕적이고 마귀적인 것이 아니라 하늘의 지혜입니다. 싸움과 다툼이 끊이지 않는 이 땅에서 화평케 하는 지혜자가 되어야 합니다.

> 화평하게 하는 자는 복이 있나니 그들이 하나님의 아들이라 일컬음을 받을 것임이요(마 5:9).

기도로 나아감

- 거짓된 지혜를 가르치는 이단 사설에 속지 않게 하시고, 사랑과 온유로 지혜롭게 사는 참된 성도가 되게 하소서.
- 자신의 지식을 뽐내고 분열을 만드는 거짓 지혜에 빠지지 않게 하시고, 사람을 먼저 배려하고 사랑하는 지혜자가 되게 하소서.
- 하나님과 우리를 화목케 하시기 위해 십자가에 달린 예수님처럼, 나도 이웃과 화평하여 주의 사랑을 전하는 지혜자가 되게 하소서.

行 행함

다툼의 원인

1 너희 중에 싸움이 어디로부터 다툼이 어디로부터 나느냐
너희 지체 중에서 싸우는 정욕으로부터 나는 것이 아니냐
2 너희는 욕심을 내어도 얻지 못하여 살인하며 시기하여도
능히 취하지 못하므로 다투고 싸우는도다
너희가 얻지 못함은 구하지 아니하기 때문이요
3 구하여도 받지 못함은 정욕으로 쓰려고 잘못 구하기 때문이라

_야고보서 4장 1-3절

제1차 세계대전은 1914년 7월 28일부터 1918년 11월 11일까지 4년 4개월 동안 지속된 세계 최초의 대전이었습니다. 영국, 프랑스, 러시아 등의 연합국과 독일, 오스트리아, 불가리아, 오스만 제국 등의 동맹국이 양 진영의 중심에 서서 싸웠는데 약 900만 명 이상이 전사하였고 2천만 명 이상의 부상자와 800만 명의 실종자가 발생했습니다. 이때 대량 살상 무기가 개발되기 시작했습니다. 기관총과 독가스, 비행기와 잠수함이 전쟁에 등장했습니다. 전쟁의 원인으로 국가 간의 산업과 상업상 반목 관계가 적대적 관계를 형성하게 된 근본 이유이지만 전쟁이 일어난 것은 참으로 사소한 사건 때문이었습니다.

1914년 6월 28일, 오스트리아 제국의 황태자 부부가 보스니아의 수도 사라예보를 친선 방문했다가 세르비아 민족주의자인 대학생 가브릴로 프란치프가 황태자 부부를 권총으로 저격하여 암살했습니다. 이를 '사라예보 사건'이라 합니다. 그로 인해 오스트리아는 세르비아에게 최후통첩을 보내고 한 달 후에 선전포고와 함께 포격을 가하므로 1차 세계대전이 발발하게 된 것입니다. 서로의 이해관계에 따라 양쪽에 서게 된 수십 개 국가가 4년 동안 무수한 피를 흘리면서 싸운 것입니다. 큰 싸움도 사소한 이유 때문에 시작되는 것입니다. 그러므로 사소한 이유라 할지라도 무심하게 지나칠 것이 아니라 주의 깊게 관찰하면서 원인을 살피고 해결책을 찾아야 합니다.

사사기 19장부터 21장에 이스라엘 열한 지파가 베냐민 지파와 싸워 베냐민 지파 장정 2만 6천 명 중, 600명만 남기고 죽인 사건이 기록되어 있습니다. 한 족속을 거의 진멸시킨 사건의 원인은 이러합니다.

지금으로부터 3,360년 전 레위 사람이 유다 베들레헴에서 첩을 얻었는데 첩이 바람이 나서 남편을 떠나 친정에 가서 넉 달 동안 돌아오지를 않았습니다. 레위 사람이 처갓집에 가서 첩을 달래어 데리고 오다가 날이 저물어 베냐민 지파가 거하는 기브아에 유숙하고자 했으나 아무도 영접하는 자가 없어 노숙을 하게 되었습니다.

마침 저녁 늦게 밭에서 일을 하다가 돌아오는 노인이 그들을 보고 자기 집에서 묵고 가라고 초청을 했습니다. 노인 집에 들어가서 씻고 저녁을 먹고 자려고 하는데 불량배들이 쳐들어와서 첩을 데리고 나가 윤간을 했습니다. 아침 일찍 대문 밖을 나가보니 첩이 죽어 있었습니다. 첩을 나귀에 태워 집에 돌아온 레위인이 첩의 시체를 열두 덩이로 나누어 이스라엘 열두 지파에게 두루 보내어 사정을 낱낱이 고발했습니다.

분노한 이스라엘 열한 지파 40만 명의 군사가 모였음에도 호전적인 베냐민 지파가 사과하지 않고 불량배들을 넘겨주지 않으므로 전쟁이 일어나게 된 것입니다. 아무리 용맹스러운 베냐민이라 할지라도 26,000명으로 40만 명을 당할 수는 없었습니다. 결국 600명만 살아남아 광야로 도망치게 되었던 것입니다.

이스라엘과 베냐민 자손이 싸운 이 전쟁의 원인은 1차적으로 베냐민 지파의 호전적 행동에 있고 2차적으로는 하나님의 기업이 되어 성전 제사를 맡은 레위 지파가 축첩을 하고 그 첩이 또 음행을 한 사건입니다. 결국 이 사건은 이스라엘이 영적으로 몹시 타락했기 때문에 일어난 사건임을 고발하고 있는 것입니다. 그것을 사사기는 이렇게 표현하고 있습니다.

> 그때에 이스라엘에 왕이 없으므로 사람이 각기 자기의 소견에 옳은 대로 행하였더라(사 21:25)

이 말씀이 사사기의 주제요 결론입니다. 왕이 없으면 이런 사태가 벌어집니다. '자기 뜻대로', '자기 옳은 대로', '자기 좋은 대로', 이런 말이 매우 위험한 것임을 알아야 합니다. 당신은 왕을 모시고 살고 있습니까? 아니면 당신이 왕이십니까? 성도의 가정의 주인은 누구입니까? 자신입니까 아니면 주님입니까? 우리 교회의 주인은 예수님이십니까? 아니면 목사입니까?

사람은 언제나 주인을 모시고 살아야 합니다. 보이는 주인을 잘 모시기만 해도 교만하지 않고, 게으르지 않고, 성실하게 살아갈 수 있습니다. 하물며 보이지는 않지만 어디에나 계시고 무슨 일을 하든지 졸지도 않고 주무시지도 아니하시면서 지켜보시는 하나님을 주인으로 모시고 살아간다면 요셉과 같이 성결을 지키고 성실로 음식을 삼는 신실한 사람이 될 수 있을 것입니다.

1. 정욕 때문에(1절)

야고보의 편지를 받는 교회 공동체에 다툼이 있었습니다. 구원 받은 성도의 모임인 교회에도 종종 다툼이 일어납니다. 그것은 하나님과의 수직적인 관계를 등한시 할 때 필연적으로 수평적인 인간 사이에서 다툼이 일어나게 되어 있습니다. 그러므로 성도는 천국 시민권을 가진 사람답게 위엣 것, 곧 하늘의 신령한 은사와 영원한 본향을 바라보며 사는 신본주의적인 자세를 가져야 합니다. 그런데 성도가 신본주의적인 자세를 갖지 않고 땅에 속한 것, 곧 현세적인 것을 따라 살 때 다툼이 생기고 다양한 문제가 파생될 수밖에 없습니다. 야고보는 다툼의 원인을 정욕 때문이라고 지적하고 있습니다.

> 너희 중에 싸움이 어디로부터 다툼이 어디로부터 나느냐 너희 지체 중에서 싸우는 정욕으로부터 나는 것이 아니냐(약 4:1).

싸움(πόλεμος, 플레모스): 전투, 장기적인 전쟁
다툼(μάχη, 마케): 분쟁, 단발적인 싸움

본문에서 싸움과 다툼[66]은 정도의 차이를 나타냅니다. 교회 안에서 치고, 박고, 죽이고 죽는 전쟁이 일어나지는 않았을 것입니다. 교회 안에서 치열한 언쟁이 벌어지고 편이 갈라져 있었으리라 생각할 수 있습니다. 그렇게 말할 수 있는 근거는 3장에 '말에 실수가 없도록 하라.', '말을 절제하라.'고 거듭거듭 강조하고 부탁한 것을 보아 알 수 있습니다. 비방하는 입술이 다툼이 된 것입니다. 공동체 안에서 언쟁과 다툼을 전쟁 용어로 표현한 것은 그만큼 불화와 분쟁이 무서운 파괴력을 갖기 때문이라는 것을 깨닫게 하기 위함인 것입니다.

교회에서도 논쟁할 수 있습니다. 그러나 거기에 이기적인 동기와 사악한 인간의 욕심이 붙게 되면 걷잡을 수 없는 다툼으로 번지게 되므로 논쟁을 조심해야 합니다. 야고보는 본문에서 격렬한 다툼의 원인을 정욕에 있다고 지적하고 있습니다. 다툼의 원인을 외적인 요인에서 찾은

것이 아니라 내부적인 인간의 욕망에서 찾은 것입니다. 베드로 사도는 성도에게 육체의 정욕을 제어해야 천국 가는 나그네 길에서 승리할 수 있음을 말씀했습니다.

> 사랑하는 자들아 거류민과 나그네 같은 너희를 권하노니 영혼을 거슬러 싸우는 육체의 정욕[67]을 제어하라(벧전 2:11).

'헤도네'에서 영어의 히드니즘(hedonism)[68]이라는 말이 나왔습니다. 이 정욕 속에는 모든 감정의 사악한 경향이 존재합니다. 영혼의 관점에서 자랑, 자만, 탐욕, 명예욕, 경쟁심, 악의, 시기심과 같은 것이 모두 정욕에서 나온 것이고, 육체적 관점에서 폭식, 과식, 대식, 음란 같은 것이 모두 정욕에서 나온 것입니다. 개개인에게 정욕을 채우고자 하는 욕망이 있기 때문에 그것을 방해하는 사람이 있으면 언제든지 싸울 태세를 갖추는 것이 인간의 본능인 것입니다.

톨스토이의 이야기 중 『재화의 근본』이라는 작품이 있습니다. 형제보다 더 가까운 이웃이 있었습니다. 어느 날 앞집 암탉이 뒷집에 와서 알을 낳았습니다. 그것을 앞집 아이가 보았다고 엄마에게 말했습니다. 이에 앞집 부인이 뒷집에 가서 알을 달라고 했습니다. 그런데 뒷집 부인이 알을 보지 못했다고 주지 않았습니다. 말싸움이 되었고, 몸싸움으로 번졌습니다. 남편들까지 가세했습니다. 드디어 두 집이 서로 억울하다고 고소했습니다. 재판이 1년, 2년, 3년이 가도 끝나지 않았습니다. 한참 일하다가도 재판정에 불려 다녔습니다. 양쪽 집 모두 가세가 기울

67. 정욕(ἡδονή, 헤도네
향락, 방종적인 쾌ㄹ

68. 쾌락주의, 향락주의

었습니다. 앞집 사람이 홧김에 뒷집에 불을 질렀습니다. 그런데 바람이 거꾸로 불어와 자기 집도 홀라당 타버렸습니다. 그제야 두 집 사람들이 잿더미를 보고 크게 후회했다는 이야기입니다. 정욕을 막지 못하면 다툼이 되고 피차 망하게 되는 것입니다.

> 만일 서로 물고 먹으면 피차 멸망할까 조심하라(갈 5:15).

> 인간에게 닥쳐 오는 모든 악은 정욕으로부터 솟아난다.
>
> -루시안(Lucian).

> 전쟁과 혁명과 투쟁의 유일한 원인은 육체이며 그 욕망이외 아무것도 아니다. -플라톤

> 개인 뿐 아니라 가족 전체를 망쳐버리는 것은 만족을 모르는 욕망이며 그것은 국가마저도 파멸시킨다. 욕망으로부터 증오와 분멸과 소란과 전쟁이 일어난다. -키케로(cicero).

우리 모두 자신을 돌아봅시다. 교회 안에서 나의 자랑과 명예 등 자기 정욕을 추구하고 있지는 않습니까? 나의 잘못된 생각과 행동 때문에 다툼을 일으키지는 않았습니까? 세상을 벗하는 자는 정욕을 따라 살고 다툼을 일으키게 마련입니다. 정욕에 종노릇 하지 말고 하나님을 기쁘시게 하고 형제를 사랑하므로 화목케 하는 직분을 잘 감당하게 되기를

바랍니다.

2. 욕망이 좌절될 때(2절)

사람은 갈망하는 존재입니다. 사람마다 무엇인가 갈망합니다. 갈망하게 되면 그 욕망이 생각을 지배하기 시작합니다. 그러면 의식적으로 그것을 자꾸 생각하게 되고 심지어 잠잘 때에도 무의식적으로 그것을 생각합니다. 그것이 꿈으로 나타납니다. 그것이 지배적 감정이 되면 행위의 동기가 되기 시작합니다. 다음에는 그것을 손에 넣기 위하여 상상력을 동원하여 계획과 설계를 짜기 시작합니다. 이 계획과 설계 안에는 그것을 반대하거나 방해가 되는 사람을 제거해 버릴 상상까지 포함되어 있습니다. 이것이 세월이 가면 점점 익어가고 행동으로 나타나게 됩니다.

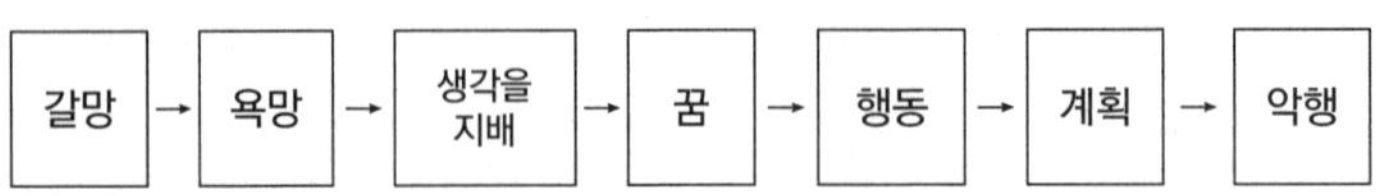

그런데 세상은 자기 생각대로만 되지 않는 경우가 더 많습니다. 항상 상대방이 있고 상황이 전부 다르기 때문입니다. 그래서 사람들은 누구나 작고 크고의 차이가 있을 뿐 욕망이 좌절된 경험을 가지고 삽니다.

자신의 힘으로 어쩔 수 없어서 욕망이 좌절되는 경우 안으로 파고들어 한(恨)이 되기도 하고, 마음의 상처가 되어 비인격적 장애로 표출되기도 합니다. 특히 욕망이 좌절된 것이 상대방 때문이라고 생각하고 책임을 남에게 전가 시키게 되면 화를 내는 공격적 행태로 나타나는 경우가 종종 있습니다.

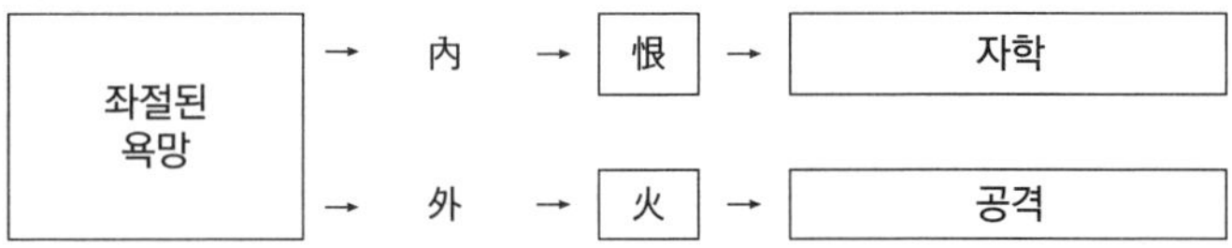

화는 남에 마음에 상처를 주는 것은 물론이요 자신의 건강에도 상당히 치명적 결정타가 된다는 것을 알아야 합니다. 화내는 사람의 입김을 모아 농축해서 동물에게 주사했더니 즉사하더라 하는 이야기는 그냥 나온 이야기가 아닐 것입니다. 야고보는 좌절된 욕망이 다툼의 원인이라고 2절에서 말씀했습니다.

> 너희는 욕심을 내어도[69] 얻지 못하여 살인하며 시기하여도 능히 취하지 못하므로 다투고 싸우는도다 너희가 얻지 못함은 구하지 아니하기 때문이요(약 4:2).

69. 욕심을 내어도 (ἐπιθυμέω, 에피뒤메오): ~을 갈망하다

결국 성도가 서로 싸우는 것은 자신이 원하는 것을 소유하기 위함입

니다. 정욕은 끊임없이 자신이 원하는 것을 채우도록 사람을 몰아붙입니다. 내면의 정욕이 요구하는 것을 얻기 위하여 사람들은 욕심도 부리고, 죽이고, 다투는 것입니다. 자기가 갈망하는 것을 갖기 위해 과도하게 욕심을 부리는 것을 가리킵니다. 이러한 욕심이 살인까지 부르는 것입니다. 다시 말해 의로운 욕망이 아니라 이기적인 욕심으로 얻기를 원한다는 의미입니다.

먼저 세상 재물에 대한 탐욕과 연관 지어 생각해 볼 수 있습니다. 어렸을 때 가난으로 인해 욕망이 좌절된 경험이 있는 경우 과도하게 물질에 인색할 수 있습니다. 그 다음, 사랑에 좌절된 경험이 있는 경우를 생각해 볼 수 있습니다. 첫사랑에 좌절된 경험이 왜곡된 사랑의 표출로 나타나 가족에게 상처를 주고 가정을 파탄에 이르게 할 수 있습니다.

그리고 인정받고 싶은 욕구가 좌절된 경우를 생각해 볼 수 있습니다. 어려서 공부나 리더십이나 재능을 마음껏 표현하고 인정받고 싶었지만 내성적이라 나서지 못했거나, 환경이 뒷받침 되지 않았거나, 부모님이나 선생님께 인정받지 못해서 좌절된 경우 자꾸 뒤늦게 과도한 자기표현으로 인정받고 싶은 욕구를 드러내는 경우가 있습니다.

이런 경우들은 서로 이해하고 관용하면 되는데 서로 상처를 갖고 살아가는 사람들이 남을 이해하고 관용한다는 것이 보통 어려운 일이 아닙니다. 그러니 부딪치고 다툼이 일어나는 것입니다. 이런 것을 깨달은 사람이 먼저 품어 주어야 합니다.

모든 겸손과 온유로 하고 오래 참음으로 사랑 가운데서 서로 용

> 납하고 평안의 매는 줄로 성령이 하나 되게 하신 것을 힘써 지키라(엡 4:2-3).

자신의 과거를 돌이켜 보고 좌절된 욕망을 찾아내시기 바랍니다. 그리고 하나님의 은혜로 치유받기 바랍니다. 좌절된 욕망을 추구하면 다툼을 일으킨다는 사실을 알았으니 이제부터 자신의 욕망을 추구하는 삶에서 돌이켜 하나님의 꿈을 따라 사는 성령의 사람이 되시기를 바랍니다. 그리하여 가정과 교회와 세상에서 평화의 사도로 살아가게 되시기를 바랍니다.

3. 바르게 구하기(2b-3절)

모든 다툼은 결핍이 원인이라고 할 수 있습니다. 물질의 결핍, 사랑의 결핍, 자리의 결핍 등이 채워지지 않는 욕구를 만들게 되고 사람들은 다투게 되는 것입니다. 갈망하는 존재인 인간이 무한하고 풍성하신 하나님께 구한다면 결핍이 해소될 것입니다. 그런데 하나님께 구하지 않고 유한한 인간이나 자연에서 구하다 보니 한계를 만나고 결핍이 생기게 되는 것입니다. 그래서 야고보는 바르게 구하라고 가르치고 있습니다.

> 너희가 얻지 못함은 구하지 아니하기 때문이요 구하여도 받지 못함은 정욕으로 쓰려고 잘못 구하기 때문이라(약 4:2b-3).

왜 가지려는 욕망이 좌절되고 다툼이 일어났는가를 설명하기를 잘못 구했다는 것입니다. 2절 하반절에 하나님께 구하지 않았기 때문이라고 말씀했습니다. 이 말씀은 하나님께 구하지 않고 인간적인 방법으로 구했다는 것입니다. 유한한 인간이 유한한 대상에게 구하면 한계가 금방 드러날 수밖에 없습니다. 성도는 자신의 한계를 직시하고 전능하신 하나님께 모든 것을 의뢰하며 구하는 자세를 가져야 합니다.

> 보라 하나님은 나의 구원이시라 내가 신뢰하고 두려움이 없으리니 주 여호와는 나의 힘이시며 나의 노래시며 나의 구원이심이라 그러므로 너희가 기쁨으로 구원의 우물들에서 물을 길으리로다(사 12:2-3).

우물에서 물을 긷는다는 것은 풍성한 은혜를 받아 누리게 된다라는 뜻입니다. 하나님을 의뢰하고 구하는 자마다 가장 좋은 것을 얻게 됩니다. 하나님은 능력이 크신 분이시기 때문입니다. 3절에서는 잘못 구하였기 때문에 받지 못하였다고 지적하고 있습니다.

잘못 구한 기도(=응답 없는 기도)

1. 회개하지 않고 기도하면…

   내가 나의 마음에 죄악을 품었더라면 주께서 듣지 아니하시리라(시 66:18).

2. 용서하지 않고 기도하면…

그러므로 예물을 제단에 드리려다가 거기서 네 형제에게 원망들을 만한 일이 있는 것이 생각나거든 예물을 제단 앞에 두고 먼저 가서 형제와 화목하고 그 후에 와서 예물을 드리라(마 5:23-24).

3. 의심을 품고 기도하면…

오직 믿음으로 구하고 조금도 의심하지 말라 의심하는 자는 마치 바람에 밀려 요동하는 바다 물결 같으니 이런 사람은 무엇이든지 주께 얻기를 생각하지 말라(약 1:6-7).

4. 정욕으로 쓰려고 기도하면…

구하여도 받지 못함은 정욕으로 쓰려고 잘못 구하기 때문이라(약 4:3).

정욕으로 쓰려고 잘못 구했다는 말씀은 자신의 기쁨과 자기만족을 얻으려고 구한 것을 뜻합니다. 이 자체는 악한 기도로 결코 응답될 수 없습니다. 기도는 참되고 진실하게 그리고 하나님의 뜻을 따라해야 합니다.

> 기도의 본질은 우리가 원하는 것을 하나님으로부터 얻어내는 것이 아니라 하나님에 의해 우리가 변화되어 하나님께서 우리에게 원하시는 것을 우리도 원하게 되는 것이다(Mitton).

이제부터 우리의 기도가 바뀌어야 합니다. 정욕으로 쓰려고 구하는 잘못된 기도를 폐기 처분합시다. 하나님의 이름, 하나님의 나라, 하나님의 뜻을 위해서 기도하는 지혜자가 되시기 바랍니다. 그러면 다툼이 멈출 것입니다. 기도가 응답될 것입니다. 신앙이 한층 성숙해질 것입니다. 이제부터 세상 정욕에 물든 쾌락주의적이고 정욕적인 기도와 신앙 자세와 싸웁시다. 그리고 진정 하나님의 소원을 이루어 드리는 성숙한 자녀가 되기 위해 기도를 바꿉시다.

> 그런즉 너희는 먼저 그의 나라와 그의 의를 구하라 그리하면 이 모든 것을 너희에게 더하시리라(마 6:33).

먼저 우리의 기도가 변할 때 기도의 응답은 물론이고 삶 속에 평화가 넘치게 될 것입니다. 우리는 자기 안일과 쾌락을 향한 욕망이 하늘 문을 닫는다는 것을 깨달았습니다. 이제 욕망과 싸워 이기고 온전히 하나님의 나라와 의를 위하여 기도합시다. 공동체에 다툼이 그치고 평화가 넘칠 것이며 의식주 문제만이 아니라 삶의 전반에 걸쳐 하나님께서 주시는 은혜가 차고 넘치게 되기를 바랍니다.

기도로 나아감

· 더 많이 가지고자 하는 인간의 정욕 때문에 망가져 가는 세상을 생각하게 하시고, 욕심을 버리고 절제의 열매를 맺게 하소서.

· 나만의 욕망을 추구하느라 파괴된 주변을 돌아보게 하시고, 하나님의 뜻을 따라 순종하며 공동체를 세우는 자가 되게 하소서.

· 하나님의 마음이 있는 곳에 마음을 향하게 하시고, 나의 뜻이 아닌 주님의 뜻을 구하는 바른 자녀가 되게 하소서.

行 행함

친구를 보면 압니다

4간음한 여인들아 세상과 벗된 것이 하나님과 원수 됨을 알지 못하느냐
그런즉 누구든지 세상과 벗이 되고자 하는 자는
스스로 하나님과 원수 되는 것이니라
5너희는 하나님이 우리 속에 거하게 하신 성령이 시기하기까지
사모한다 하신 말씀을 헛된 줄로 생각하느냐
6그러나 더욱 큰 은혜를 주시나니 그러므로 일렀으되
하나님이 교만한 자를 물리치시고
겸손한 자에게 은혜를 주신다 하였느니라
7그런즉 너희는 하나님께 복종할지어다
마귀를 대적하라 그리하면 너희를 피하리라
8하나님을 가까이하라 그리하면 너희를 가까이하시리라
죄인들아 손을 깨끗이 하라
두 마음을 품은 자들아 마음을 성결하게 하라
9슬퍼하며 애통하며 울지어다 너희 웃음을 애통으로,
너희 즐거움을 근심으로 바꿀지어다
10주 앞에서 낮추라 그리하면 주께서 너희를 높이시리라

_야고보서 4장 4-10절

사람들은 대부분 비슷한 사람끼리 어울리는 경향이 있습니다. 취미가 같다든지, 성향이 같다든지, 수준이 같다든지, 고향이 같다든지, 학교가 같다든지, 신앙이 같다든지 등등. 아마 어울리기에 부담이 없기 때문이 아닐까 생각합니다. 그래서 생긴 말이 유유상종(類類相從)[70]이라는 말입니다.

그래서 친구를 보면 그 사람을 알 수가 있다는 말이 성립이 되는 것입니다. 인생길에 친구는 참 소중한 존재입니다. 양희은이 부른 "인생의 선물"이라는 노래가 있는데 그 노랫말이 아주 좋습니다.

인생의 선물

봄 산에 피는 꽃이 그리도 그리도 고울 줄이야
나이가 들기 전엔 정말로 정말로 몰랐네
봄 산에 지는 꽃이 그리도 그리도 고울 줄이야
나이가 들기 전엔 정말로 생각을 못했네
만약에 누군가가 내게 다시 세월을 돌려준다 하더라도
웃으면서 조용하게 싫다고 말을 할 테야
다시 또 알 수 없는 안갯빛 같은 젊음이라면
생각만 해도 힘이 드니까 나이 든 지금이 더 좋아
그것이 인생이란 비밀 그것이 인생이 준 고마운 선물

봄이면 산에 들에 피는 꽃들이 그리도 고운 줄
나이가 들기 전엔 정말로 정말로 몰랐네

70. 같은 무리끼리 서로 사귐

내 인생의 꽃이 다 피고 또 지고 난 그 후에야
비로소 내 마음에 꽃 하나 들어와 피어 있었네
나란히 앉아서 아무 말하지 않고 고개 끄덕이며
내 마음을 알아주는 친구 하나 하나 있다면
나란히 앉아서 아무 말하지 않고 지는 해 함께 바라봐 줄
친구만 있다면 더 이상 다른 건 바랄 게 없어
그것이 인생이란 비밀 그것이 인생이 준 고마운 선물

"나란히 앉아서 아무 말 하지 않고 고개 끄덕이며 내 마음을 알아주는 친구 하나 있다면 더 이상 다른 건 바랄 게 없어 그것이 인생이 준 고마운 선물." 여러분에게 그런 친구가 있습니까? 함석헌 선생님의 시 중에 유명한 친구에 관한 시가 있지요.

그 사람을 가졌는가(함석헌)
만 리 길 나서는 길
처자를 내맡기며
맘 놓고 갈 만한 사람
그 사람을 그대는 가졌는가?
온 세상 다 나를 버려
마음이 외로울 때에도
'저 맘이야.' 하고 믿어지는
그 사람을 그대는 가졌는가?

탔던 배 꺼지는 시간
구명대 서로 사양하며
"너만은 제발 살아다오." 할
그 사람을 그대는 가졌는가?

불의의 사형장에서
"다 죽여도 너희 세상 빛을 위해
저만은 살려두거라." 일러 줄
그 사람을 그대는 가졌는가?

잊지 못할 이 세상을 놓고 떠나려 할 때
"저 하나 있으니" 하며
빙긋이 웃고 눈을 감을
그 사람을 그대는 가졌는가?

온 세상의 찬성보다도
"아니" 하고 가만히 머리 흔들 그 한 얼굴 생각에
알뜰한 유혹을 물리치게 되는
그 사람을 그대는 가졌는가?

이런 친구가 있다면 그 친구를 따라 강남이라도 갈 것입니다. "친구 따라 강남 간다."는 말 중에 강남은 중국의 양자강을 뜻하는 것으로 제비가 가을이 되면 멀리 따뜻한 남쪽 나라로 날아가는 걸 강남 간다고 했습니다. 그러므로 강남 간다는 말은 남쪽의 아주 먼 곳이라는 뜻으로 쓰이는 말입니다.

친구간의 사랑을 우정이라 하는데, 우정에 대한 예는 우리나라에서는 오성과 한음, 중국에는 관중과 포숙아, 성경에는 다윗과 요나단이 있습니다.

친구를 순우리말로 벗이라고 합니다. 그런데 오늘 본문에서 야고보는 편지를 받는 대상자들에게 너희들은 세상과 벗이 되었다고 간음한 여인들이라고 책망하고 있습니다. 이 책망이 저와 여러분을 향한 책망이라면 엄청 충격적인 일이 아니겠습니까? 벗을 잘 사귀어야 합니다.

1. 벗을 바꾸어야 합니다(4-5절)

사람이 태어나면 부모와의 유대가 절대적입니다. 이것이 보통 10년쯤 지속됩니다. 그러다가 초등학교 5학년쯤 되면 부모님의 영향력보다는 친구들의 영향을 더 받게 됩니다. 이것을 또래 의식이라고 말합니다. 그러므로 청소년기에 좋은 친구를 사귀면 좋은 길로 가기 쉽지만 나쁜 친구를 사귀면 잘못된 길로 가기가 쉽습니다. 그런데 청소년기는 자기 정체성이 확고하지 않은 시기이기 때문에 친구들에게 지기 싫고 왕따 당하기 싫으니까 나쁜 일에 쉽게 빠져들게 마련입니다. 이때는 부모보다 선생님보다 더 친구의 영향력이 절대적인 시기이기 때문에 좋은 친구 만나는 것이 정말 중요합니다. 사람들이 보통 도시 아이들은 발랑 까졌고, 시골 아이들은 순박하다고 생각합니다. 이게 착각입니다. 착각도 보통 착각이 아닙니다.

제가 국민학교 4학년 때 강원도 평창에 아는 형님 집에 한 열흘 놀러 간 적이 있습니다. 지금부터 50년 전 평창은 그야말로 자연 그대로였습니다. 쪽배를 타고 마을로 들어가는 데 강물 속에 물고기가 헤엄쳐 다니는 게 다 보이고, 강물 속 자갈이 다 훤히 보이던 아름다운 모습이 지금도 눈에 선합니다. 시골 아이들이 노는 데 끼어서 며칠 놀았는데 충격을 받았습니다. 그 마을에 담배 농사를 많이 지었는데 아이들이 담배밭에 가더니 잎을 말아 전부 담배를 피는 겁니다. 강을 사이에 두고 동네끼리 물매를 던지며 석전을 벌기도 하고, 옥수수 서리, 콩 서리를 한 기억이 새롭습니다. 동네 친구들의 분위기를 따라 놀다 보면 잘못된 길을 가고 세월 허송하기 딱 좋습니다.

> 간음한 여인들아 세상과 벗된 것이 하나님과 원수 됨을 알지 못하느냐 그런즉 누구든지 세상과 벗이 되고자 하는 자는 스스로 하나님과 원수 되는 것이니라 너희는 하나님이 우리 속에 거하게 하신 성령이 시기하기까지 사모한다 하신 말씀을 헛된 줄로 생각하느냐(약 4:4-5).

야고보가 "간음한 여인들아" 엄청 충격적이고 모욕적인 말을 서슴없이 하고 있습니다. 간음한 여인들이란 하나님의 뜻대로 살지 않는 자를 뜻합니다. 이 말은 구약 시대 선지자들이 쓰던 말입니다. 하나님과 이스라엘 백성간의 언약 관계를 결혼으로 상징화하면서 유래된 것입니다.

> 이는 너를 지으신 이가 네 남편이시라 그의 이름은 만군의 여호와이시며 네 구속자는 이스라엘의 거룩한 이시라 그는 온 땅의 하나님이라 일컬음을 받으실 것이라 여호와께서 너를 부르시되 마치 버림을 받아 마음에 근심하는 아내 곧 어릴 때에 아내가 되었다가 버림을 받은 자에게 함과 같이 하실 것임이라 네 하나님께서 말씀하셨느니라(사 54:5-6).

이스라엘 백성이 하나님의 신부로서 맺은 언약을 지키지 않고 신앙의 정조를 버렸을 때 간음으로 표현을 한 것입니다. 신약에서는 그리스도와 교회의 관계를 부부 관계로 묘사하면서 교회를 그리스도의 신부라고 말씀하고 있습니다. 바로 이와 같은 의미에서 세상의 정욕을 따라 사는 사람들을 간음한 여인이라고 부른 것입니다.

야고보는 한걸음 더 나아가 영적인 간음 행위의 대상이 세상이라고 말합니다. 성경에서 세상이라는 단어는 두 가지 뜻으로 사용되고 있습니다. 하나는 사람이 거주하는 조화로운 세상이라는 뜻의 '코스모스'이고, 다른 하나는 마귀의 권세 아래 있는 곳이라는 뜻입니다. 본문에서는 후자의 뜻으로 사용되고 있습니다. 그렇기에 세상과 벗이 되는 것은 하나님과 원수가 되는 것이라고 밝히고 있습니다. 이것은 예수님께서 말씀하신 두 주인을 섬기는 것과 같은 것입니다.

> 한 사람이 두 주인을 섬기지 못할 것이니 혹 이를 미워하고 저를 사랑하거나 혹 이를 중히 여기고 저를 경히 여김이라 너희가 하나님과 재물을 겸하여 섬기지 못하느니라(마 6:24).

세상을 사랑하는 자는 하나님과 원수가 될 수밖에 없습니다. 그러므로 우리는 벗을 바꾸어야 합니다. 성경에 벗을 바꾸어 형통한 사람의 대표적 인물이 아브라함입니다. 야고보서 2장 23절에 보면 하나님께서 아브라함에게 "나의 벗"이라고 부르셨다고 말씀하고 있습니다. 하나님께서 아브라함에게 나의 벗이라고 부르신 이유는 벗을 삼던 세상을 버렸기 때문입니다. 하나님이 "본토 친척 아비의 집을 떠나라." 하셨을 때 갈 바를 알지 못하나 떠났습니다. 이것을 하나님께서 의로 여기셨고 하나님의 벗이라 칭하신 것입니다.

본문 5절에 아내가 된 이스라엘 백성들이 하나님을 떠나 세상과 벗하였습니다. 남편이 된 하나님은 아내가 된 성도를 사모하되 성령님이 시기할 정도로 사모했다고 표현하면서 세상과 벗된 생활을 버리고 하나님께 돌아오라고 권면하고 있습니다. 문제는 우리들입니다. 과연 나는 하나님을 벗 삼고 살아가는가? 아니면 세상을 벗 삼고 살아가는가? 데마는 세상을 사랑하여 바울을 버리고 하나님을 떠났습니다. 부자 청년은 세상의 재물을 사랑하여 예수님을 버리고 떠났습니다.

세상의 명예를 사랑하는 수많은 목사들이 교회 돈을 써서 선거하고 자리를 얻고자 분투합니다. 하나님께서 그들을 버리실 것입니다. 남의 말할 것 없이 자기 자신을 돌아보아야 합니다. 내가 문제입니다. 내가 과연 세상과 벗은 아닌가, 하나님의 벗인가 돌아보아야 합니다.

> 이제 내가 사람들에게 좋게 하랴 하나님께 좋게 하랴 사람들에게 기쁨을 구하랴 내가 지금까지 사람들의 기쁨을 구하였다면 그리스도의 종이 아니니라(갈 1:10).

사도 바울과 같이 결단력 있게 벗을 바꾸시기 바랍니다. 우리 모두 세상을 벗했던 죄를 회개하고 하나님을 벗이라 칭함을 받게 되시기를 바랍니다.

2. 은혜를 아는 벗이 되어야 합니다(6절)

성경에 나오는 이야기 중 가장 아름다운 우정을 그린 내용은 다윗과 요나단의 이야기입니다. 이스라엘의 초대 왕은 사울 왕이고 그의 뒤를 이을 왕자가 요나단입니다. 요나단은 매우 용감한 왕자였습니다. 사무엘상 13장 3절에 보면 블레셋의 수비대를 공격했습니다. 사무엘상 14장에 보면 경호원 한 명을 데리고 블레셋 진영에 들어가 이십여 명을 쳐 죽이고 돌아왔습니다. 그런 용기가 어디에서 나왔을까요? 믿음에서 나온 것을 알 수 있습니다.

> 요나단이 자기의 무기를 든 소년에게 이르되 우리가 이 할례 받

> 지 않은 자들에게로 건너가자 여호와께서 우리를 위하여 일하실까 하노라 여호와의 구원은 사람이 많고 적음에 달리지 아니하였느니라(삼상 14:6).

다윗이 골리앗을 물리칠 때 이와 비슷한 고백을 한 것이 사무엘상 16장 47절에 나온 것을 보면 이 신앙고백의 원조가 요나단인 것을 알 수 있습니다. 뿐만 아니라 요나단은 백성에게도 신망이 두터웠습니다. 사울이 블레셋과 싸우다가 백성들이 피곤해 지쳐 있을 때 백성을 독려하느라고 적을 완전히 물리치기까지 어떤 음식물이든지 먹는 사람은 저주를 받을 것이라고 선포했습니다. 그 말을 듣고 백성이 숲속을 들어갔는데 하필이면 곳곳에 석청이 많이 있었습니다. 그러나 왕이 선포한 것이 있으니 감히 먹는 자가 한 사람도 없었습니다. 그런데 요나단은 다른 곳에서 전투 중이라 이 명령을 듣지 못했습니다. 그래서 꿀을 발견하자마자 먹었고 눈이 환해졌습니다. 그때 그것을 본 백성이 왕이 선포한 것을 전해 주었습니다. 후회해도 이미 늦었습니다. 그 후에 하나님께서 사울 왕이 전쟁을 할 것인가를 하나님께 묻는데 전혀 응답이 없었습니다.

누구의 잘못 때문일까 제비를 뽑았는데 요나단이 뽑혔습니다. 그래서 요나단은 잘못을 시인했고, 사울이 요나단을 죽이려고 할 때 백성들이 요나단을 죽이면 안 된다고 탄원하여 목숨을 건진 사건이 사무엘상 14장에 나와 있습니다.

이렇게 요나단은 백성들에게 존경받는 왕자였습니다. 그런데 갑자기 다윗이 등장하더니 아버지 사울 왕의 인기를 뛰어넘었고, 자기의 인기를 앞지르기 시작했습니다. 그럼에도 시기하고 질투한 것이 아니라 아버지 사울 왕이 다윗을 죽이려 할 때에 다윗을 도망치도록 길을 열어 줍니다. 어떻게 그럴 수 있었을까요?

> 다윗에 대한 요나단의 사랑이 그를 다시 맹세하게 하였으니 이는 자기 생명을 사랑함 같이 그를 사랑함이었더라(삼상 20:17).

이렇게 해서 목숨을 건지고 도피 생활 10년 만에 왕이 된 다윗이 누구의 은혜를 가장 먼저 생각했을까요? 요나단의 은혜지요. 그러나 요나단은 이미 전쟁 중에 죽었습니다. 그래서 전국에 명을 내려 요나단의 자녀들이 살아 있는지 찾는 자에게 상을 걸었습니다. 그랬더니 요나단의 아들 므비보셋이 살아 있음이 보고되었고 그를 왕자처럼 다윗의 상에서 함께 먹고 살도록 대접했습니다.

> 시바가 왕께 아뢰되 내 주 왕께서 모든 일을 종에게 명령하신 대로 종이 준행하겠나이다 하니라 므비보셋은 왕자 중 하나처럼 왕의 상에서 먹으니라(삼하 9:11).

다윗은 은혜를 아는 사람이었습니다. 말 뿐 아니라 은혜를 갚은 사람이었습니다. 신앙인은 은혜를 알고 은혜를 갚아야 마땅합니다.

> 그러나 더욱 큰 은혜를 주시나니 그러므로 일렀으되 하나님이 교만한 자를 물리치시고 겸손한 자에게 은혜를 주신다 하였느니라(약 4:6).

이 말씀의 뜻은 인간이 세상과 벗하고 간음한 여인과 같이 하나님의 마음을 섭섭하게 하지만 하나님은 오히려 택한 백성을 성령이 시기할 정도로 사모하셔서 죄를 덮으시고 은혜를 내려 주신다는 뜻입니다. 그러므로 하나님의 은혜는 인간의 죄를 덮고 능가할 정도로 크심을 말씀하고 있습니다. 이 은혜를 모르면 교만한 자가 되고 하나님께서 물리치십니다. 그러나 이 은혜를 알면 겸손한 자가 되어 하나님의 은혜를 받게 되는 것입니다.

겸손한 자에게 주시는 하나님의 은혜는 세상과 벗하던 길에서 돌이켜 하나님과 벗이 될 뿐 아니라 영원한 천국에 들어가게 되는 것을 포함한 은혜입니다. 하나님 은혜의 크기는 우리의 허물과 죄를 덮고도 남음이 있습니다. 이것을 깨달은 신앙의 사람들이 이런 노래를 불렀습니다.

> 나 같은 죄인 살리신 주 은혜 놀라워 잃었던 생명 찾았고 광명을 얻었네. -찬송가 305장 1절

> 하늘을 두루마리 삼고 바다를 먹물 삼아도 한없는 하나님의 사랑 다 기록할 수 없겠네. -찬송가 304장 3절

> 너희는 그 은혜에 의하여 믿음으로 말미암아 구원을 받았으니 이것은 너희에게서 난 것이 아니요 하나님의 선물이라(엡 2:8).

은혜라는 말 속에 하나님의 선물이라는 뜻이 담겨 있습니다. 우리는 하나님의 은혜로 구원 받은 자녀들입니다. 마땅히 하나님의 은혜를 알아야 합니다.

3. 벗과 하나 되려면 깨끗해야 합니다(7-10절)

주먹들과 어울리고 하나가 되려면 말은 전부 욕으로 버무리고, 인상은 사납게 찌그러트리고 폼은 최대한 건방을 떨어야 할 것입니다. 연예인들과 어울리고 하나가 되려면 옷도 화려하게 입고, 외모를 조금 돈 들여 가꾸고, 액세서리를 과하게 달고, 선글라스 정도는 써야 할 것입니다. 공부하는 사람들과 어울리고 하나가 되려면 원서를 들고, 노트북을 옆에 끼고, 두꺼운 안경과 룩색 정도는 어깨에 메고 있어야 할 것입니다. 부자들과 어울리고 하나가 되려면 골프 정도는 기본이고, 외제 차를 타고, 호텔 커피숍을 자주 이용하고, 스포츠 클럽 정도는 이용해야 할 것입니다.

우리의 벗이 누구입니까? 하나님 아닙니까? 하나님은 거룩하시고 성결하신 분이십니다. 그러므로 우리가 하나님을 가까이 하기 위해서는 깨끗해야 합니다.

> 그런즉 너희는 하나님께 복종할지어다 마귀를 대적하라 그리하면 너희를 피하리라 하나님을 가까이하라 그리하면 너희를 가까이하시리라 죄인들아 손을 깨끗이 하라 두 마음을 품은 자들아 마음을 성결하게 하라 슬퍼하며 애통하며 울지어다 너희 웃음을 애통으로, 너희 즐거움을 근심으로 바꿀지어다 주 앞에서 낮추라 그리하면 주께서 너희를 높이시리라(약 4:7-10).

세상에서 깨끗케 되기 위해서는 목욕하고, 화장하고, 새 옷을 입고 단장하면 됩니다. 그러나 하나님 앞에서 깨끗케 되기 위해서는 회개해야 합니다. 회개[71]란 돌이키는 것을 뜻합니다. 세상과 벗되어 영적인 간음을 했던 과거를 회개한 사람은 하나님께 복종하게 되고 하나님의 주권 아래 살게 될 것입니다.

71. 회개(μετανοία, 메타노이아): 가던 길을 돌아서다

하나님께 복종하는 사람은 이전에 복종하던 마귀를 원수를 여기고 대적하게 됩니다. 마귀라는 놈은 두려워 피하는 사람을 좇아와 포로로 잡습니다. 그리고 자기의 종을 삼아 마음대로 부리고 끌고 다닙니다. 이런 실체를 알게 된 하나님의 자녀들은 마귀를 대적합니다. 그러면 마귀는 꼬리를 내리고 도망칩니다.

마귀의 중요한 목적은 하나님과 인간을 떼어놓는 것입니다. 떼어놓는 방법으로는 온갖 쾌락을 통해 정욕을 자극함으로써 자기의 부하로 삼습니다. 그런 방법을 눈치챈 그리스도인들은 성령으로 무장하고 마귀를 대적해야 합니다. 그러면 달아나게 되어 있습니다.

8절에 "하나님을 가까이 하라[72]."고 말씀하고 있습니다. 하나님께 안

72. 가까이 하라(εγγίζω 엥기조): 예배를 드리러 나아가는 것

기는 것이 예배입니다. 하나님 품에 안기십시오. 그러면 마귀가 그 사이를 떼어놓을 수 없습니다. 그럴 때 하나님과 하나가 되는 것입니다.

또 "손을 깨끗이 하라."고 말씀하고 있습니다. 손을 깨끗이 하는 것은 의식적인 면에서 더러움을 깨끗이 씻어내는 것을 의미합니다.

그 다음 "마음을 성결케 하라."는 말씀은 내적인 면에서 세상과 하나님을 오가며 섬기던, 영적으로 간음하던 생활을 버리고 온전히 하나님만 바라볼 것을 말씀한 것입니다. 두 주인을 섬길 수 없고 두 마음으로 하나님을 섬길 수 없습니다. 그러므로 생활을 회개해야 합니다. 회개란 구체적 결단이 따라야 합니다. 합당한 삶이 따라야 합니다. 부르심을 받은 자녀답게 부르심에 합당하게 성결해야 합니다.

그다음 9절은 '슬퍼하며 애통하라.'고 말씀합니다. 이것은 옛 생활에 대하여 진심 어린 회개를 촉구하는 말씀입니다. 진정으로 슬퍼하며 애통하는 자에게 웃음을 회복시키시고 즐거움을 회복시켜 주십니다.

> 무릇 시온에서 슬퍼하는 자에게 화관을 주어 그 재를 대신하며 기쁨의 기름으로 그 슬픔을 대신하며 찬송의 옷으로 그 근심을 대신하시고 그들이 의의 나무 곧 여호와께서 심으신 그 영광을 나타낼 자라 일컬음을 받게 하려 하심이라(사 61:3).

이렇게 주 앞에서 낮추는 자, 즉 겸손케 된 자는 하나님께서 높여 주십니다. 이것이 우리가 닮아야 할 온유하고 겸손하신 예수님의 성품입니다. 성도에게 겸손이 중요한 것은 영적 전쟁의 승리가 자신의 힘이 아니라 회개하고 깨끗해져서 하나님 품에 안기면 떼려야 뗄 수 없이 하나가 될 때 가능한 것이기 때문입니다. 전적인 하나님의 힘입니다.

> 너희가 진리를 순종함으로 너희 영혼을 깨끗하게 하여 거짓이 없이 형제를 사랑하기에 이르렀으니 마음으로 뜨겁게 서로 사랑하라(벧전 1:22).

하나님과 벗이 되기를 원하십니까? 세상과 벗 되었던 삶을 회개해야 합니다. 회개한 자는 겸손할 수밖에 없습니다. 회개한 자라야 깨끗해지고 하나님과 하나 될 수 있습니다.

사랑하는 형제, 자매 여러분! 당신의 친구는 누구입니까? 세상입니까, 하나님입니까? 우리의 벗이신 하나님은 깨끗하신 분이십니다. 하나님과 벗된 그리스도인들은 깨끗해야 합니다. 결코 두 주인을 섬길 수는 없습니다. 하나님의 은혜를 깨달았습니까? 생명을 다해 주께 충성하시기 바랍니다. 세상과 벗된 삶을 철저히 회개하고 겸손하게 주께 복종하고, 주를 위해 살고 주를 위해 죽으리라 다짐하는 성도가 되시기를 바랍니다.

기도로 나아감

- 세상을 벗으로 삼고 살면서 하나님과 멀어진 죄를 회개하오니, 나를 당신의 친구로 삼으신 은혜를 회복하게 하소서.
- 친구를 죽기까지 사랑하신 예수님의 큰 사랑과 은혜를 다시 깨닫게 하시고, 주님을 기쁘게 하는 참된 친구가 되게 하소서.
- 거룩하신 하나님께서 나를 벗 삼아 주셨으니, 거룩함과 정결한 생활로 주님의 자랑스러운 친구가 되게 하소서.

行 행함

서로 비방하지 말라

11 형제들아 서로 비방하지 말라 형제를 비방하는 자나
형제를 판단하는 자는 곧 율법을 비방하고 율법을 판단하는 것이라
네가 만일 율법을 판단하면 율법의 준행자가 아니요 재판관이로다
12 입법자와 재판관은 오직 한 분이시니 능히 구원하기도 하시며
멸하기도 하시느니라 너는 누구이기에 이웃을 판단하느냐

_야고보서 4장 11-12절

축구 국가대표팀이 월드컵 원정을 떠나기 전에 상암 월드컵 경기장에서 튀니지와 평가전을 가졌습니다. 경기 시작 전에 국민의례 시간에 국기에 대한 경례를 하는데, 기성용 선수가 가슴에 왼손을 올렸습니다. 국가대표팀은 평가전에서 졸전 끝에 1:0으로 졌습니다. 기성용 선수에게 비난이 쏟아졌습니다. 국기에 대한 경례를 오른손으로 하는 법인데 국가대표가 되어서 어떻게 왼손으로 할 수 있느냐고 인터넷을 뜨겁게 달구었습니다.

저는 그 기사를 보면서 '오른손이 아파서 그런가 보다 생각하면 됐지 그것을 그렇게 비난할 필요가 있을까?' 하는 생각이 들었습니다. 기성용 선수가 출국하면서 사과를 했습니다. "경기하기 전에 무릎이 아파 무릎에 신경을 많이 쓰다가 그런 실수를 했는데 다시는 실수가 없도록 하겠습니다."라며 고개를 숙였습니다. 인간이 상대방을 바르게 그리고 공평하게 판단한다는 것은 참으로 어려운 일입니다. 그러므로 다른 사람에 대하여 비방하는 일, 비판하는 일을 삼가야 합니다.

미국의 어느 대학에서 교수가 강의 후 학생들에게 질문을 받았습니다. 학생들이 모두 "질문이 있습니다." 하고 오른손을 드는데 유독 한 학생만 왼손을 들었습니다. 교수의 눈에 거슬렸습니다. "학생은 왜 왼손을 드나 오른손을 들지?" 그런데 다음 질문에 또 왼손을 들었습니다. 언짢게 생각한 교수가 학생을 나무라면서 오른손을 들라고 했습니다. 그때 그 학생이 말했습니다. "교수님 베트남 전쟁에서 총에 맞아 오른팔을 잃었습니다. 죄송합니다." 교수는 당황했습니다.

이와 같이 인간의 판단은 주관적인 경우가 많이 있음을 알아야 합니다. 우리 사회는 상대방을 비난하고 비방하는 일을 아무 거리낌 없이 합니다. 그것이 얼마나 무서운 죄인가를 생각하지 않고 상대방을 비방합니다.

어디서부터 그런 고질병이 온 것일까 생각해 보면 역사적 연원을 찾을 수 있을 것입니다. 멀리 거슬러 올라갈 필요 없이 남북 분단과 6·25 전쟁으로 인한 대립이 낳은 병폐라고 생각합니다. 북한은 전쟁 도발에 대해 한 번도 사과한 적이 없습니다. 수많은 도발과 테러를 저질렀지만 한 번도 사과하거나 인정한 적이 없습니다. 오히려 분단 69년간 끊임없이 남한을 비난하고 비방해 왔습니다. 전쟁 후유증으로 남쪽에서 남남 갈등이 끊이지 않고 사상 논쟁과 동서 갈등과 여야의 충돌이 일어납니다. 언제나 서로 비방하는 것으로 시작해서 비난으로 끝을 맺습니다. 민족과 정치가 그러하다 보니 사회적으로도 노사가 대결하고 서로 비방합니다. 한솥밥 먹는 공동체라고 도저히 볼 수 없는 강경 투쟁이 일어납니다. 어린 학생들을 가르치는 선생님들의 세계도 이념적 대립이 첨예합니다.

지난 선거에서 자신의 정책을 홍보하는 선거전이 아니라 상대방의 흠집 내기 비방 선거전을 치렀습니다. 이것이 우리의 사회상입니다. 그러다 보니 가정에서도 부부간에, 부모와 자식 사이에, 형제끼리 다투고 송사하고 남남이 되기도 합니다.

이런 세상의 현상이 교회에 영향을 미쳤습니다. 분쟁하는 교회가 곳곳에 많이 있습니다. 더 이상 교회는 천국의 지점이라 말하기 어렵게 되었습니다. 세상 사람의 분쟁을 교회가 중재하지 못할망정 교회의 분쟁을 세상 법정으로 가져가는 일이 비일비재하여 망신살이 뻗쳤습니다. 토마스 브라운 박사는 이런 말을 했습니다.

> 아무도 남을 책망하거나 비난할 수 없다는 것은 너무도 당연하다. 왜냐하면 진실로 남을 안다는 것은 있을 수 없기 때문이다.
>
> -토마스 브라운

우리 속담에 "열 길 물속은 알아도 한 길 마음속은 모른다."고 하지 않았습니까? 남의 마음을 알지 못하면서 왜 함부로 비난하고 정죄합니까? 내 마음에 분노가 가득하기 때문에 그 화를 밖으로 분출하는 것이 아닐까요? 내 마음에 상처가 가득해 독을 뿜는 것은 아닐까요? 특별히 내가 비방하는 그 사람이 하나님의 자녀라면 일이 심각해집니다. 하나님께서 이렇게 물으시기 때문입니다.

> 남의 하인을 비판하는 너는 누구냐 그가 서 있는 것이나 넘어지는 것이 자기 주인에게 있으매 그가 세움을 받으리니 이는 그를 세우시는 권능이 주께 있음이라(롬 14:4).

하나님의 사람을 비판하는 것은 하나님을 비판하는 것이 될 수 있으니 조심하라는 말씀입니다.

사랑하는 형제, 자매 여러분! 우리가 무심코 하는 말과 행동이 하나님을 거스르는 일이 될 수 있음을 알아야 합니다. 말씀을 상고할 때 깨닫고 비방 대신에 칭찬으로, 비판 대신에 사랑으로 형제를 일으켜 세우고 공동체를 아름답게 만드는 일꾼이 되시기를 바랍니다.

1. 우리는 율법의 재판관이 아닌 준행자입니다(11a절)

저의 학창 시절을 생각할 때 쓴 웃음을 짓게 되는 일이 있습니다. 중3 때 담임선생님 성함은 허광회입니다. 졸업식 때 학사보고를 하는 순서가 있는데 반장의 이름을 부르면서 합니다. 예를 들어, 3학년 2반 정성진 외 50명 이렇게 합니다. 그런데 반장인 제 이름을 부르지 않고 부반장인 최영식 외 50명이라고 하시는 것이었습니다. 그때 철없는 제 생각에 선생님이 부반장한테 '촌지를 받았구나.' 하고 생각을 했습니다. 그러다가 철이 들면서 내가 한 행실이 얼마나 선생님의 속을 상하게 했던가를 깨닫게 되었습니다. 반장이라는 놈이 종례 시간 전에 농땡이를 친 경우가 부지기수였거든요. 반장은 선생님을 돕는 자요 학생들에게 모범이 되어야 할 텐데 마음대로 행동을 했던 것입니다.

고3 때는 더 했습니다. 선생님께서 종례하러 교실에 올라오시면 학생들이 다가고 청소 당번들만 남아서 청소를 하고 있습니다. 선생님께서 "다들 어디갔냐?" 하고 물으시니 학생들이 "반장이 별 일 없으니 청소 당번만 남고 다들 가라고 했습니다." 하니 선생님이 얼마나 기가 막혔겠습니까? 나중에 대학교 교수가 되신 정택상 선생님이란 점잖은 어른이신데 저를 보고 "성진이는 어른 같애." 하셨던 말이 지금도 잊히지 않습니다. 나중에 생각하니 그 말은 칭찬이 아니고 욕이었습니다. 반장이면 선생님께 의논하고 명을 받아 학급을 운영해야 할 텐데 제 마음대로 하니 어른 같다고 하셨던 것입니다. 모범적으로 법을 준행해야 할 반장이 재판관처럼 마음대로 행동했던 옛날을 생각하면 쓴 웃음을 짓게 됩니다. 남을 비방하는 경우도 이와 같다고 본문에서 말씀하고 있습니다.

> 형제들아 서로 비방하지 말라 형제를 비방하는 자나 형제를 판단하는 자는 곧 율법을 비방하고 율법을 판단하는 것이라 네가 만일 율법을 판단하면 율법의 준행자가 아니요 재판관이로다(약 4:11).

우리들의 위치는 율법을 판단할 재판관의 위치에 있지 않고 율법을 지켜야 할 준행자의 위치에 있음을 알아야 한다는 말씀입니다. 왜냐하면 율법에 형제를 비방하지 말고 사랑하라 하셨기 때문입니다.

> 원수를 갚지 말며 동포를 원망하지 말며 네 이웃 사랑하기를 네 자신과 같이 사랑하라 나는 여호와이니라(레 19:18).

이 말씀은 잘하는 것, 예쁜 것, 뛰어난 것을 사랑하라는 말씀이 아니고 부족한 면을 가지고 있을지라도 사랑하라는 말씀입니다. 우리에게는 사랑의 의무 외에는 아무것도 없습니다. 그런데 형제를 비방하면 율

3. 비방하다(καταλαλέω, 카탈랄레오): 다른 사람을 대적하여 말하다

법을 어기는 것이요, 율법을 주신 하나님을 대적하는 것이 됩니다. 더 나아가 자신이 하나님의 율법 위에 존재하는 교만한 자가 되는 것이요, 스스로 하나님을 비방하는[73] 자가 되는 결과가 되는 것입니다.

진실이든 거짓이든 타인에게 불리한 말을 하는 행위를 뜻합니다. 성경에 이 단어가 사용된 곳을 찾아보니 민수기 21장 5절에서 광야에서 험한 길을 갈 때 목마르고 배가 고픈 이스라엘 백성들이 하나님과 모세를 원망했습니다. 이 원망이라는 단어가 바로 비방이라는 단어와 같은 단어입니다. 시편 101편 5절에 숨어서 이웃을 은근히 헐뜯는 말을 바로 비방하다와 동일한 단어를 사용하고 있습니다. 베드로전서 2장 12절에는 거짓 비난을 할 때 '비방하다.'라는 단어가 사용되고 있음을 찾아볼 수 있습니다.

이웃을 중상하며 악하게 말하면서 사랑할 수는 없는 법입니다. 우리에게는 율법을 잘 지키는 준행의 의무가 있을 뿐이지 율법을 재판하는 자리에 앉아서 남을 심판하는 재판관의 권한이 없음을 알아야 합니다. 그러므로 판단하고 비방하고 정죄하는 것은 교만의 극치임을 알고 조심해야 합니다.

오늘 본문 앞에 있는 10절 말씀을 보면 "주 앞에서 낮추라."고 말씀하고 있습니다. 이것이 형제에 대한 비방과 연관이 있는 말씀입니다. 비방은 다른 사람을 자기보다 낮게 평가할 때 나타나는 일입니다. 비방은 나쁜 말로 상대방을 헐뜯고 깎아 내리는 일인데 그것은 하나님께서 싫어하시는 교만의 한 표현입니다. 그래서 야고보는 하나님 앞에서 자신을 낮추어 형제를 비방하는 교만에 빠지지 말라고 권고한 것입니다.

비방은 어느 한 사람을 겨냥하지만 그 결과는 공동체를 혼란케 하고 균열로 나타난다는 사실을 알아야 합니다. 왜냐하면 모든 다툼과 분열은 비방으로부터 시작되기 때문입니다. 그러므로 비방은 사악한 것이요 비방하는 행위는 하나님을 대적하는 죄를 저지르는 결과를 낳는 무서운 죄가 됨을 기억하시기 바랍니다.

> 자유롭게 하는 온전한 율법을 들여다보고 있는 자는 듣고 잊어버리는 자가 아니요 실천하는 자니 이 사람은 그 행하는 일에 복을 받으리라(약 1:25).

사랑하는 형제, 자매 여러분! 우리 모두 율법의 준행자임을 기억합시다. 비방하고 판단하는 일을 즉시 멈추고 율법을 행하여 복을 받게 되시기를 바랍니다.

2. 재판관은 오직 하나님 한 분이십니다(12a절)

세상에는 재판관이 많이 있습니다. 가정에서 자녀들이 싸우고 다투면 어머니가 재판을 합니다. 여기에 불복하면 아버지가 개입하고 재판하게 됩니다. 학교에서 학생들이 다투고 싸우면 선생님이 재판을 합니다. 선생님의 판결에 불복하면 교장선생님이 재판하게 됩니다.

회사에서 직원들이 다투고 싸우면 상사가 재판을 합니다. 여기에 불복하면 사장님이 재판하게 됩니다. 교회에서 교인들이 다투고 싸우면 당회에서 재판을 합니다. 여기에 불복하면 노회, 여기에서도 불복하면 총회가 재판합니다. 세상에서는 삼심제도를 두고 지방법원, 고등법원, 대법원에서 재판을 합니다. 재판관은 권위가 있어야 합니다. 그러기 위해서는 법에 대해 정통해야 합니다. 그래서 사법고시를 통과해야 재판관이 될 수 있습니다. 모든 시험 중에 사법고시가 가장 어려운 시험이라고 말할 정도로 권위가 있습니다. 가장 머리 좋은 사람들이 공부 많이 해서 판사가 되고 재판합니다. 그럼에도 재판에 승복하는 경우는 적습니다. 모든 인간이 자기중심적이기 때문이기도 하지만 그만큼 재판하는 일이 어려운 일이기 때문입니다. 그런데 성경은 아예 판단하지 말라고 말씀하고 있습니다.

> 입법자와 재판관은 오직 한 분이시니 능히 구원하기도 하시며 멸하기도 하시느니라(약 4:12a).

여기에서 재판관은 오직 한 분 하나님뿐이니 너희는 재판하지 말라고 할 때 세상의 범죄와 송사에 대해 재판하지 말라는 뜻이 아닙니다. 앞에서 말씀드린 대로 다른 사람을 비방하고 중상모략 하는 행위를 뜻하는 것입니다. 왜 우리가 형제를 비방하거나 판단하면 안 될까요? 그것은 율법을 입법하신 분이 하나님이시기 때문에 재판하실 분도 오직 하나님 한 분 뿐이라고 야고보는 밝히고 있습니다. 형제를 비방하거나 판단하는 죄가 얼마나 큰 것입니까? 그것은 하나님의 고유 권한을 찬탈

하는 것입니다. 또한 율법을 주시고 판단하시는 하나님께 도전하는 것입니다. 그러므로 그리스도인들은 재판관은 오직 하나님 한 분이시라는 진리를 마음에 새겨야 합니다. 재판관이 되시는 하나님의 판단은 공의로우십니다.

> 억눌린 사람들을 위해 정의로 심판하시며 주린 자들에게 먹을 것을 주시는 이시로다 여호와께서는 갇힌 자들에게 자유를 주시는도다(시 146:7).

재판관이 되시는 하나님의 판단은 의로우십니다.

> 다만 네 고집과 회개하지 아니한 마음을 따라 진노의 날 곧 하나님의 의로우신 심판이 나타나는 그 날에 임할 진노를 네게 쌓는도다(롬 2:5).

재판관이 되시는 하나님은 진리대로 판단하십니다.

> 이런 일을 행하는 자에게 하나님의 심판이 진리대로 되는 줄 우리가 아노라(롬 2:2).

재판관이 되시는 하나님은 정직하게 판단하십니다.

> 공의로 세계를 심판하심이여 정직으로 만민에게 판결을 내리시리로다(시 9:8).

세상의 재판은 돈 많은 사람이 이기는 경우가 많습니다. 돈을 많이 써서 유명한 변호사를 쓰면 이기는 경우가 많습니다. 대법원 판사를 지낸 유명한 분이 변호사가 되어 6개월 만에 14억을 벌었다고 해서 국무총리에 임명받았다가 낙마하고 말았습니다. 이런 것을 전관예우라고 하지요. 세상에서 정직한 판단은 어려운 것입니다. 그러나 하나님의 재판은 정직합니다. 재판관 되시는 하나님은 듣는 대로 판단하지 않으십니다.

> 그가 여호와를 경외함으로 즐거움을 삼을 것이며 그의 눈에 보이는 대로 심판하지 아니하며 그의 귀에 들리는 대로 판단하지 아니하며(사 11:3).

하나님은 속사정을 아시고 마음 깊은 곳을 헤아리시면서 판단하시기 때문에 정확한 재판을 하신다는 말씀입니다. 창조주 하나님만이 인간의 생명과 죽음을 판단하실 권한을 가지고 계십니다. 그러므로 우리는 다른 사람을 비판하고 비방할 때 하나님만이 하실 수 있는 영역을 침범하고 있지는 않은가 두려운 마음을 가져야 합니다.

> 이제는 나 곧 내가 그인 줄 알라 나 외에는 신이 없도다 나는 죽

> 이기도 하며 살리기도 하며 상하게도 하며 낫게도 하나니 내 손에서 능히 빼앗을 자가 없도다(신 32:39).

이 말씀은 하나님의 속성에 대한 엄위한 선언입니다. 생사여탈권이 하나님께 있습니다. 재판관은 오직 하나님 한 분 뿐이심을 믿으십니까? 그렇다면 함부로 형제를 비방하고 판단하여 하나님의 권한을 침범하는 어리석음을 범치 마시기 바랍니다. 그것이 교만한 일인 줄 알고 멈추시기 바랍니다. 재판의 권한을 하나님께 돌려 드리고 율법의 준행자의 위치로 내려서는 겸손한 믿음 갖게 되시기를 바랍니다.

3. 이웃을 판단하지 않아야 합니다(12b절)

사람은 이기적인 동시에 자기중심적입니다. 자기를 중심으로 생각하고, 판단합니다. 사람이 어른이 된다는 것은 자기중심적으로 보고, 듣고, 생각하고, 판단하던 것을 시야를 넓혀 다른 사람들이 어떻게 생각하는 가를 알게 되는 것입니다.

또한 사회성이 커진다는 것은 자기 집단 뿐 아니라 다른 집단에 속한 사람들은 어떤 생각을 하는가를 이해하게 되는 것입니다. 이런 이해 가 없으면 자기 세계에 갇혀서 남을 판단하고 정죄하기 때문에 편 가르기가 시작되고 싸움과 다툼이 일어나게 되는 것입니다.

이것이 심해지면 진영 논리가 형성됩니다. 자기 진영에서 말하는 것은 모두 옳고, 상대방이 말하는 것은 모두 틀립니다. 그렇게 되면 적이 되고 원수가 되는 것입니다. 우리나라 정치 풍토가 대표적인 예라고 할 수 있습니다. 상대방이 잘한 일에 대해서는 절대로 박수치거나 인정하지 않습니다. 그리고 잘못한 일은 하이에나같이 물고 늘어집니다. 이것을 보고 배우는 국민이 욕하면서 배우고 닮아갑니다. 본문에서 이웃은 누구를 가리킬까요?

너는 누구이기에 이웃을 판단하느냐(약 4:12b).

남을 판단하는 행위는 인간이 자신을 하나님과 같은 위치에 놓는 행위로 결코 해서는 안 될 행위임을 반어적으로 표현하고 있습니다. 앞에서 말씀드린 대로 우리는 율법의 재판관이 아니라 준행자입니다. 그러므로 남을 판단하면 안 됩니다. 또한 재판관은 오직 하나님 한 분이시기 때문에 우리가 이웃을 판단하는 자체가 하나님의 자리에 앉는 교만한 짓이기 때문에 남을 판단하면 안 됩니다.

다시 말해서 하나님의 주권을 침해하는 것이요, 월권입니다. 동시에 이웃을 사랑하라고 한 율법을 어기는 것이요, 율법 위에 존재하는 것이 됩니다. 본문에서 말하는 이웃은 일차적으로 믿음의 형제입니다. 교회 안에 있는 형제자매를 말합니다. 그 증거가 11절에 "형제들아 피차에 비방하지 말라."고 말씀하고 있는 것을 보아 알 수 있습니다. 당시 교회 안에서 서로가 비방하고 판단하므로 다투다가 싸움으로 번지는 일이 있었던 것입니다. 그러면 믿음의 형제를 판단하는 사람은 믿음의 열심이 있는 사람이라는 것을 알 수 있습니다. 이것이 문제입니다.

목사는 교인들을 쉽게 판단하는 죄를 범합니다. 왜냐하면 목사는 교회 생활에 전념하기 때문에 성도의 신앙생활 하는 것을 볼 때 양에 차지 않습니다. 저는 그래서 입장을 바꾸어 생각을 해 보곤 합니다. 만약 내가 집사라면 주일을 온전히 성수할까? 십일조 헌금을 꼬박꼬박할까? 새벽 기도를 저렇게 뜨겁게 할까? 찬양대, 교사, 차량 봉사, 주차 봉사, 안내, 주방 봉사 저렇게 할 수 있을까? 어림없다는 결론을 내립니다. 그렇기에 감사하고 고맙게 생각하며 최선을 다해서 헌신해야지 그런 다짐을 해 봅니다.

열심히 신앙생활을 하시는 훌륭한 성도 여러분! 한 가지 꼭 조심하십시오. 믿음이 연약한 형제들을 판단하지 마시기 바랍니다. 이차적으로는 아내, 남편, 부모, 자녀, 형제, 목장 식구, 같은 부서를 섬기는 형제, 자매를 이웃이라고 할 수 있습니다. 내 맘에 안 들고 못마땅해도 판단하지 말라 하셨으니 말씀에 순종하셔서 판단을 내려놓으시기 바랍니다. 모든 사람은 판단의 대상이 아니라 사랑의 대상입니다. 모든 사람은 부릴 대상이 아니라 섬길 대상입니다.

판단[74]이라는 원어의 뜻은 이러합니다. 그러므로 옳고 그름을 결정하는 이성적 판단 뿐 아니라 죄의 유무를 재판하는 과정까지 포함하는 개념입니다.

74. 판단하다(κρίνω, 크리노): 벌하다, 복수하다, 면밀히 조사하다, 검사하다

이웃을 사랑해야 할 성도가 형제를 판단하는 성도에게 너의 정체성, 즉 너의 분수를 알라는 것입니다. 하나님 앞에서 다른 사람을 헐뜯고 정죄하는 비방의 말을 삼가야 합니다. 그런 행위가 공동체를 다툼과 싸

움으로 몰아넣고 분열을 일으키기 때문입니다.

> 비판을 받지 아니하려거든 비판하지 말라 너희가 비판하는 그 비판으로 너희가 비판을 받을 것이요 너희가 헤아리는 그 헤아림으로 너희가 헤아림을 받을 것이니라(마 7:1-2).

이웃과 형제를 비판하는 사람은 하나님께 비판받게 된다는 엄위한 경고입니다. 형제의 티가 보일 때 내 속에 들보가 있지 않는가를 생각하는 지혜자들이 되시기 바랍니다. 우리에게 주어진 것은 이웃을 판단하는 것이 아니라 사랑하는 것입니다.

> 피차 사랑의 빚 외에는 아무에게든지 아무 빚도 지지 말라 남을 사랑하는 자는 율법을 다 이루었느니라 간음하지 말라, 살인하지 말라, 도둑질하지 말라, 탐내지 말라 한 것과 그 외에 다른 계명이 있을지라도 네 이웃을 네 자신과 같이 사랑하라 하신 그 말씀 가운데 다 들었느니라 사랑은 이웃에게 악을 행하지 아니하나니 그러므로 사랑은 율법의 완성이니라(롬 13:8-10).

비방, 정죄, 판단, 이런 것들과 씨름하지 마시고 사랑하기에 힘쓰시기 바랍니다. 사랑은 허다한 죄도 덮어 줄 힘이 있습니다. 하나님 사랑, 예수님 은혜, 성령의 능력으로 비방 대신에 칭찬으로, 판단 대신 사랑으로 율법을 완성하는 성도가 되시기를 바랍니다.

기도로 나아감

· 다른 사람을 판단하고 정죄하였던 큰 죄에서 떠나게 하시고, 내가 먼저 주의 말씀에 순종하며 살도록 하소서.

· 나의 얄팍한 눈과 귀로 다른 사람을 판단하는 교만에서 벗어나게 하시고, 영혼까지 감찰하는 분께 모든 것을 의뢰하게 하소서.

· 나의 교만과 섣부른 판단으로 상처 받은 영혼을 위로해 주시고, 다시는 죄를 범치 아니하도록 사랑으로 내 영혼을 채워 주소서.

헛된 것을 자랑치 말라

[13] 들으라 너희 중에 말하기를
오늘이나 내일이나 우리가 어떤 도시에 가서
거기서 일 년을 머물며 장사하여 이익을 보리라 하는 자들아
[14] 내일 일을 너희가 알지 못하는도다 너희 생명이 무엇이냐
너희는 잠깐 보이다가 없어지는 안개니라
[15] 너희가 도리어 말하기를 주의 뜻이면 우리가 살기도 하고
이것이나 저것을 하리라 할 것이거늘
[16] 이제도 너희가 허탄한 자랑을 하니 그러한 자랑은 다 악한 것이라
[17] 그러므로 사람이 선을 행할 줄 알고도 행하지 아니하면 죄니라

_야고보서 4장 13-17절

1950년대에 찬송가에 "허사가"라는 찬송이 있었습니다.

허사가(虛事歌, 이명직 작사, 작곡)

세상만사 살피니 참 헛되구나
부귀공명 장수는 무엇하리요
고대광실 높은 집 문전옥답도
우리 한번 죽으면 일장의 춘몽

홍안 소년 미인들아 자랑치 말고
영웅호걸 열사들아 뽐내지 마라
유수 같은 세월은 널 재촉하고
저적막한 공동묘지 널 기다린다

토지 많아 무엇해 나 죽은 후에
삼척 광 중 일장지 넉넉하오며
의복 많아 무엇해 나 떠나갈 때
수의 한 벌, 관 한 개 족지 않으랴

땀 흘리고 애를 써 모아 논 재물
안고가고 지고가나 헛수고로다
빈 손 들고 왔으니 또한 그같이
빈 손 들고 갈 것이 명백치 않나

사람은 누구나 자랑하고픈 욕망을 가지고 있습니다. 그래서 남에게 인정받고 싶고, 차별화된 사람임을 과시하고자 합니다. 좋은 차를 타고, 명품 옷을 입고, 좋은 집에 살고자 합니다. 젊은이는 젊음을 자랑하고, 미인은 미모를 자랑합니다. 용사는 힘을 자랑하고, 예술인은 재주를 자랑합니다. 학자는 지식을 자랑하고, 부자는 돈을 자랑합니다. 하나님 편에서 볼 때는 도토리 키재기요, 뛰어 봐야 벼룩인데 사람들은 자랑을 합니다.

육십이 넘으면 유식과 무식의 경계가 무너지고, 미녀와 추녀의 경계가 무너진다는 말이 있습니다. 요즘은 사람들의 건강 상태가 좋아지고, 수명이 연장되었기 때문에 옛날보다 10년은 더 젊어진 것 같습니다. 그렇다 해도 칠십이 넘으면 유무식의 경계가 무너지고, 미녀와 추녀의 경계가 무너진다는 말이 맞는 것 같습니다. 칠십이 넘으면 건망증이 심해져서 알았던 단어가 금방 떠오르지 않습니다. 저의 경우는 육십 밖에 안 되었는데도 사람들의 이름 석 자 중에 두 자만 생각이 나는 경우가 많습니다.

건망증은 아무것도 아닙니다. 치매에 걸리면 학력은 아무런 힘을 발휘하지 못합니다. 또한 젊은 날 예쁘다 혹은 못 생겼다, 잘났다 혹은 자유형이다, 이런 경계도 칠십이 넘으면 완전 허물어지고 맙니다. 주름이 생기고, 키도 줄어들고, 몸매도 변형이 됩니다. 이십 대 때 마음에 새겨진 추억의 스타가 있으면 칠십이 되어서는 실물을 안 보는 게 좋습니다. 십 대 때 짝사랑했던 동창이 있었다면 칠십이 되어서는 만나지 않는 것이 좋습니다. 추억은 아름다운 것입니다. 밉도록 아름다운 것입니다. 그러나 추억으로 남겨 놓아야지 현실에서 만나는 순간 꿈은 깨어지고 실망만 남게 되어 있습니다.

이런 것뿐만 아니라 금은보석을 모으고 자랑하는 사람들도 많이 있습니다. 그러나 이것 때문에 강도 만나고 변을 당하는 경우도 심심찮게 있고, 전쟁이 나면 다이아몬드도 한 그릇 밥보다 나을 게 없는 경우가 생긴다는 것을 생각해 보아야 합니다.

옛날 네덜란드에서 튤립 열풍이 불었습니다. 이것이 광풍으로 바뀌었습니다. 네덜란드는 땅이 부족하고 비싸서 정원의 규모가 작았습니다. 네덜란드 사람들은 자기 정원을 마치 보석 상자처럼 여겼습니다. 그 정원에 한 송이 꽃이 피면 보석 같이 여겼습니다. 그런데 복숭아 혹진딧물에 의해 변종 튤립이 생기면서 무역에 의해 부자가 된 네덜란드 사람들이 세련된 취미와 부를 과시하기 위해 튤립을 비싼 값에 사들이기 시작했습니다. 17세기 가장 비쌌던 "셈퍼 아우구스투스"는 집 한 채 값에 팔릴 정도였습니다. 사람들은 경쟁적으로 튤립에 투자했습니다. 그러다가 어느 순간 그 값이 폭락하게 되자 수많은 사람들이 망하게 되었습니다. 이것이 1633년부터 1637년까지 있었던 "튤립 열풍"이었습니다. 본문 말씀은 허탄한 것을 가지고 자랑하지 말라고 말씀하고 있습니다. 아예 허탄한 자랑은 악한 것이라고 정죄하고 있습니다.

사랑하는 형제, 자매 여러분! 자랑할 만한 것이 무엇이 있습니까? 혹시 그것이 허탄한 자랑은 아닌가 살펴보시기 바랍니다. 본문 말씀을 상고할 때 성령께서 감동을 주셔서 허탄한 자랑을 버리게 하시고, 주의 뜻을 깨닫고 선을 행하는 하나님의 자녀들이 되시기를 바랍니다.

1. 인생은 한 치 앞을 알지 못합니다(13-14절)

어느 여름날 하루살이와 메뚜기가 풀숲에서 하루 종일 놀다가 해가 서산으로 기울었습니다. 메뚜기가 하루살이에게 말했습니다. "저녁이 다 되었으니 오늘은 그만 쉬고 내일 만나서 또 놀자." 하루살이는 메뚜기의 말을 이해할 수 없었습니다. "내일이 뭐니?" 그러자 메뚜기가 말했습니다. 잠시 후면 밤하늘에 별들이 반짝이고 모든 생물이 다 잠을 자는데 이 밤이 지나면 아침이 온다고 하루살이에게 알려 주었지만, 하루살이는 내일을 보지 못하고 죽고 말았습니다.

사람은 하루살이에 비하면 아주 오래 삽니다. 인간의 지혜는 대단해서 미래를 예측하기도 합니다. 그러나 그와 동시에 자신에게 닥칠 내일 일을 모르는 것이 인간이기도 합니다. 이것이 인생의 양면성입니다. '내일 일은 모른다.'는 말을 조금 더 강하게 표현한 것이 '한 치 앞도 모른다.'는 말입니다. 한 치는 한 자의 십분의 일에 해당되는 길이의 단위로, 3cm 정도를 일컫는 말입니다. 한 치 앞도 알 수 없는 인생이 일 년 후를 계산하고 있다고 어리석은 인간이라고 본문은 말씀하고 있습니다.

> 들으라 너희 중에 말하기를 오늘이나 내일이나 우리가 어떤 도시에 가서 거기서 일 년을 머물며 장사하여 이익을 보리라 하는 자들아 내일 일을 너희가 알지 못하는도다 너희 생명이 무엇이냐 너희는 잠깐 보이다가 없어지는 안개니라(약 4:13-14).

“들으라.”로 시작하는 말씀은 중요한 말씀을 하겠다는 뜻을 담고 있습니다. 신명기 6장 4절 ‘쉐마’의 말씀이 바로 “들으라 이스라엘아.”로 시작합니다. 이사야 44장 1절에도 “나의 종 야곱, 내가 택한 이스라엘아 이제 들으라.”고 말씀합니다.

그러므로 ‘들으라.’는 말은 주의를 환기시키면서 중대 발표를 하는 것이라고 생각할 수 있습니다. 유대인들은 고대 세계 지중해 무역에 있어서 대무역상들이었습니다. 상업에 탁월한 재능을 가진 유대인들은 도시국가를 건설하는 사람들에게 인기가 있었습니다. 신도시를 설계하고 건설할 때 시민을 모집했는데, 유대인들이 오면 돈이 따라 들어오고 무역업이 활성화되었기 때문에 유대인들에게 시민권을 주면서 그들을 유치했습니다.

13절 말씀을 묵상하면 그림이 그려지는데, 일단의 사람들이 모여 지도를 앞에 놓고 의논을 하고 있습니다. 우리가 이 도시에 어떤 물건을 가지고 가서 팔고 그 돈으로 또 물건을 사서 팔고 하면 일 년이면 한 몫 잡지 않겠나 하면서 계획을 하고 있는 장면을 연상시키는 말씀입니다. 그런 사람들을 향하여 찬물을 끼얹는 말을 야고보가 14절에서 하고 있습니다. 내일 일을 알지 못하는 인생이 어찌 일 년 후에 일을 계획하냐는 것입니다.

인생은 아침에 잠깐 보이다가 사라지는 안개라고 말합니다. 여기에서 야고보가 미래를 계획하지 말라고 했다고 오해하는 분들이 있을 수 있습니다. 이것은 내일 일을 자랑하지 말라는 말씀을 하고자 함이지 무계획적으로 살라는 말씀이 아닙니다.

인간은 계획할 수 있습니다. 아니 계획해야 합니다. 그러나 그 일을 이루시는 분은 하나님이심을 철저히 인정하라는 말씀입니다. 미래는 나의 수중에 있는 것이 아니라 철저히 하나님 수중에 있다는 것을 아는 것이 지혜자입니다.

> 마음의 경영은 사람에게 있어도 말의 응답은 여호와께로부터 나오느니라(잠 16:1).

> 너의 행사를 여호와께 맡기라 그리하면 네가 경영하는 것이 이루어지리라(잠 16:3).

> 사람이 마음으로 자기의 길을 계획할지라도 그의 걸음을 인도하시는 이는 여호와시니라(잠 16:9).

> 제비는 사람이 뽑으나 모든 일을 작정하기는 여호와께 있느니라(잠 16:33).

잠언에서 가장 중심에 있는 16장에서 이렇게 '내일은 하나님의 영역'임을 강조하고 있음을 기억하시기 바랍니다. 누가복음 12장에 예수님께서 어리석은 부자의 비유를 말씀하셨습니다.

> 또 비유로 그들에게 말하여 이르시되 한 부자가 그 밭에 소출이

> 풍성하매 심중에 생각하여 이르되 내가 곡식 쌓아 둘 곳이 없으니 어찌할까 하고 또 이르되 내가 이렇게 하리라 내 곳간을 헐고 더 크게 짓고 내 모든 곡식과 물건을 거기 쌓아 두리라 또 내가 내 영혼에게 이르되 영혼아 여러 해 쓸 물건을 많이 쌓아 두었으니 평안히 쉬고 먹고 마시고 즐거워하자 하리라 하되 하나님은 이르시되 어리석은 자여 오늘 밤에 네 영혼을 도로 찾으리니 그러면 네 준비한 것이 누구의 것이 되겠느냐 하셨으니(눅 12:16-20).

우리들이 여기에서 깨달아야 할 것은 미래의 불확실성을 인정하라는 것입니다. 자신에게 무엇이 다가오는지 알지 못하는 것이 인간입니다. 어떤 사람이든지 내일을 약속할 만한 굳건한 친구를 가지고 있는 사람은 없습니다. 우리의 미래가 불확실한 것은 우리가 행동하지 않기 때문이 아니라 미래는 본래 불안정한 것이기 때문입니다. 미래는 인간의 수중에 없습니다. 그러므로 인간은 누구나 미래를 오만하게 결정할 힘이 없습니다. 그러므로 말씀을 받아들이고 하나님의 섭리를 생각하는 겸손한 태도가 필요합니다.

> 너는 내일 일을 자랑하지 말라 하루 동안에 무슨 일이 일어날는지 네가 알 수 없음이니라(잠 27:1).

인생은 짧고 허무하고 불안정한 것입니다. 허탄한 자랑을 내려놓고 하나님의 뜻을 묻고 성령의 인도하심을 구하시기 바랍니다.

사랑하는 형제, 자매 여러분! 밟아 보지 않은 미답의 세계를 가는 조심성으로 하루의 문을 열고, 겸손으로 허리를 동이고, 하나님의 도움을 받아 날마다 기적을 체험하는 삶을 살게 되기를 바랍니다.

2. 주의 뜻을 물어야 합니다(15-16절)

어려서 부모를 잘 만나는 사람은 인생을 순조롭게 출발합니다. 부모님께서 인생살이를 가르쳐 주시기 때문입니다. 또 그런 사람은 선생님을 잘 만납니다. 선생님의 안내를 받아 지름길로 가고 대로를 걷게 됩니다. 그런데 부모님께 인생살이 코칭을 받지 못한 사람은 인생길이 험하고도 외롭습니다. 또 그런 사람일수록 좋은 선생님을 만나지 못하기 때문에 먼 길을 돌아갑니다. 험한 길을 가고 빙 돌아가기도 합니다.

저는 성장기 때 후자의 길을 걸었습니다. 아버지의 지도를 받지 못하고 선생님의 코치를 받지 못하고 먼 길을 돌아왔습니다. 한 치 앞도 보이지 않는 안개 낀 장충단 공원을 걸었습니다. 하나님의 은혜로 26세 때에 하나님께서 손을 잡아 주셨습니다. 그래서 깨닫게 되었습니다. “아! 인생은 하나님의 뜻을 물어야 하는구나.” 하나님께 물으니 성령이 스승이 되셔서 갈 길을 인도해 주셨습니다. 갈 바를 몰랐는데 그 지시하심을 따라갔더니 가시밭길이 변하여 꽃밭이 되고, 사막이 변하여 옥토가 되었습니다.

야고보는 우리에게 내일 일을 모르는 인생아 허탄한 것을 자랑하지 말고, 그렇다고 좌절하지 말고, 주의 뜻을 구하라고 말씀하고 있습니다.

> 너희가 도리어 말하기를 주의 뜻이면 우리가 살기도 하고 이것이나 저것을 하리라 할 것이거늘 이제도 너희가 허탄한 자랑을 하니 그러한 자랑은 다 악한 것이라(약 4:15-16).

하나님의 뜻을 도외시하고 자기 맘대로 행하고, 자기 맘대로 멈추고, 내 인생을 나의 것이라고 외치는 인본주의적 삶에 대한 경고를 발하는 말씀입니다. 하나님의 뜻을 절대적으로 의지하며 사는 것이 인생의 마땅한 도리인데 자기 재주, 자기 수완을 믿고 살면 죄를 범한다는 것입니다. 특별히 악을 행하지 않아도 하나님의 뜻대로 살지 않는 것이 죄임을 알아야 합니다.

믿음이 무엇입니까? 하나님의 뜻을 살펴 최고의 동기로 삼는 것입니다. 만물을 주관하시는 분이 하나님이심을 알고, 하나님의 섭리를 발견하고 따라가는 것이 인생의 성공이라는 사실을 깨달아야 합니다. 스스로 계획하고 자기만족을 구하면 성공해도 실패한 인생입니다. 이런 것을 '성공 같은 실패'라고 말하는 것입니다. 주의 뜻을 물어야 하는 까닭은 인간의 불안정성 때문입니다. 그러므로 하나님을 의지하는 것은 연약한 것이 아니라 진실한 것입니다.

알키비아데스가 소크라테스와 대화 중에 "만일 당신이 원한다면 그렇게 하겠습니다."라고 대답하자, "알키비아데스, 그 말은 옳은 말이 아니요. 만일 하나님이 그렇게 원하신다면 그렇게 하겠다고 대답해야 할 것이요."라고 했다는 일화가 플라톤의 『대화록』에 기록되어 있습니다. 그리스도인들은 미래의 불확실성으로 말미암아 공포에 떨거나 그것에 마비되어 아무 것도 하지 않은 채 손을 놓고 지내는 것이 아니라 미래의 모든 계획을 하나님 수중에 맡기는 것입니다. 인생의 문제를 자신의 손으로 처리하고자 하는 습관이 죄가 됨을 알아야 합니다. 그러면 주의 뜻을 아는 방법은 무엇일까요?

주의 뜻을 아는 방법

1. 하나님의 말씀을 묵상하라
2. 주위의 사정을 통하여 분별하라
3. 기도하라

평소에 말씀을 묵상하면 말씀이 심령에 새겨지고, 주의 뜻을 물을 때 기억나게 하시는 성령의 도우심으로 주의 뜻을 가르쳐 주십니다. 또한 주님의 뜻은 지혜의 영이신 성령께서 환경과 여건을 통해서 역사하시는 경우가 많습니다. 그러므로 "분별의 영을 주옵소서."라고 간구해야 합니다.

그리고 무엇보다 기도해야 합니다. 사도행전 13장에 안디옥 교회에서 최초의 선교사를 파송할 때 금식하며 기도했더니 성령께서 바나바와 사울을 지목하시고 선교사로 보낼 것을 지시하셨습니다. 하나님의 독생자 예수님께서도 겟세마네 동산에서 기도하시면서 하나님의 뜻을 구하셨습니다.

> 이르시되 아버지여 만일 아버지의 뜻이거든 이 잔을 내게서 옮기시옵소서 그러나 내 원대로 마시옵고 아버지의 원대로 되기를 원하나이다 하시니(눅 22:42).

기도 중에 최고 높은 수준의 기도는 내 뜻 버리고 하나님의 뜻을 구하는 기도입니다. 그러므로 우리는 늘 주님의 뜻을 묻는 훈련을 해야 합니다. 바울은 그의 노년에 이르러 점점 하나님의 뜻을 묻는 성숙함을 보이고 있습니다.

> 이제는 지나는 길에 너희 보기를 원하지 아니하노니 이는 만일 주께서 허락하시면 얼마 동안 너희와 함께 머물기를 바람이라(고전 16:7).

이 말씀 속에 자기 뜻을 내려놓고 하나님의 허락을 기다리는 성숙한 신앙의 모습을 보여 주고 있는 노(老) 사도의 아름다운 모습을 엿볼 수 있습니다. 우리도 조그만 지식과 경험을 앞세워 자신의 뜻을 내세우기보다 하나님의 뜻을 묻는 성숙한 신앙 갖게 되시기 바랍니다.

> 너희는 이 세대를 본받지 말고 오직 마음을 새롭게 함으로 변화

> 를 받아 하나님의 선하시고 기뻐하시고 온전하신 뜻이 무엇인지 분별하도록 하라(롬 12:2).

사랑하는 형제, 자매 여러분! 믿음의 사람은 마땅히 주의 뜻을 따라 살아야 합니다. 허탄한 자랑을 버리고 주의 뜻을 묻고 그 길을 걸어가 하나님께 영광 돌리게 되시기를 바랍니다.

3. 선을 행할 것을 미루면 안 됩니다(17절)

사탄이 지옥에서 전략 회의를 열었습니다. 세상에서 난다긴다 하는 귀신들이 전부 모여들었습니다. 주제는 '어떻게 하면 지옥을 부흥케 할 것인가?'였습니다. 세상 사람들이 하도 닳아서 귀신들의 정체를 알고, 사탄의 전략을 눈치채고, 지옥의 무서운 것도 알기 때문에 지옥으로 전도하기가 여간 어려운 일이 아니라는 고충을 여기저기서 토로합니다. 그러면 어떻게 하면 좋을까? 여러 의견이 오고 갔으나 신통한 의견이 나오지 않다가 한국 대표 귀신이 기발한 의견을 냈습니다. 그래서 그 의견이 채택됐습니다. 그 의견이 무엇인가 하니, '이 다음에'라는 전략이었습니다.

"예수 믿어라. 그런데 젊은 날 할 일이 많아 바쁜 지금 믿을게 뭐냐. '이 다음에' 시간 날 때 믿어라."

"교회 봉사 좋지. 그런데 지금은 돈 벌어서 '이 다음에' 하면 되지."

“성경공부 좋지. 그런데 꼭 지금 할게 뭐냐. ‘이 다음에’ 시간 날 때 하면 되지.”

“좋은 일 해야지. 그런데 네 처지가 지금 좋은 일 할 때냐. 네 사정이 좋아진 후에 ‘이 다음에’ 하면 되지.”

이렇게 사람을 유혹하기로 작정해서 지옥의 구호가 ‘이 다음에’가 되었습니다. ‘이 다음에’라는 말을 누가 하거나 마음에 ‘이 다음에’라는 말이 떠오르거든 귀신 씻나락 까먹는 소리인 줄 알고 물리치셔야 합니다.

> 그러므로 사람이 선을 행할 줄 알고도 행하지 아니하면 죄니라 (약 4:17).

선은 아는 것만으로 충분하지 못합니다. 행동할 때 비로소 진정한 선이 되는 것입니다. 삶이 변화되어 나타나야 참된 선입니다. 한국 교회가 점점 위축되고, 손가락질 받고, 신뢰도가 떨어지고, 부흥의 불길이 꺼지고, 쇠퇴하는 까닭은 선한 일을 뒤로 미루고 교회 안의 일만 하기 때문입니다.

우리 교회는 처음부터 ‘주다가 망해도 성공이다.’, ‘51%를 바깥에 주는 것은 하나님이 기뻐하시고 하나님이 주인 되시는 교회다.’라고 외치면서 무모하리만치 선한 일을 했기 때문에 하나님께서 복을 주셨습니다. 이 시대에 누가 빚을 내가면서 학교를 세우고, 복지 재단을 세우고, 협동조합을 세우고, 개척하고, 선교사 파송하고, 장학금을 주고, 작은 교회 돕고, 북한 선교를 하고 하겠습니까? 빚 갚고 이 다음에? 더 부흥하고 이 다음에? 그렇게 하는 교회가 지혜로운 운영을 하는 것 같은데, 하나님의 방법은 그런 것이 아니라 바로, 지금, 여기에서, 선한 일을 뒤로 미루지 말고 하라는 것입니다. 선한 일을 어떻게 하라고요? 바로 지금, 여기에서.

본문은 선을 행할 줄 알고도 행하지 않으면 죄라고 분명히 말씀하고 있습니다. 죄[75]가 무엇입니까? 고의든 실수든 타인에게 해를 가하는 행위도 죄요, 이웃을 외면하는 것도 죄요, 선을 행해야 하는데 생각하면서도 미루고 하지 않는 것이 죄라는 말씀입니다.

죄(ἁμαρτία, 하마르티아): 하나님께서 사람에게 요구하시는 표준에서 빗나간 모든 행위

교회가 무엇을 하는 곳입니까? 구원 받은 하나님의 자녀들이 모여 선을 행하는 곳입니다. 그런데 교회들이, 교인들이 자기 꾀에 빠졌습니다. 이 다음으로 미루고 결국엔 선을 행하지 않습니다. 더 이상 강도를 만난 자의 이웃이 아닙니다.

그러면서 건물을 자랑하고, 숫자를 자랑하고, 유명인이 많은 것을 자랑하고, 학식을 자랑하니 하나님의 능력이 떠나고, 세상 사람이 눈치를 채고, 사탄은 더욱 집요하게 '이 다음에' 하라고 부추깁니다. 강태공(姜太公)이 이런 말을 남겼습니다.

> 선한 것을 보거든 목마를 때 물 보듯이 주저 말고(見善如渴)
> 악한 것을 듣거든 귀머거리처럼 하라(聞惡如聾).
> 선한 일이란 모름지기 탐내야 하며(善事須貪),
> 악한 일이란 즐겨하지 말아야 한다(惡事莫樂).

명심보감 "계선(繼善)" 편 강태공 曰

믿음 없는 인격자, 현자도 이런 말을 남겼거든, 하나님의 자녀요 믿음의 사람이요 말씀을 들은 우리가 선을 즐겨 행하고 선을 탐내지 않으면 벌을 받게 될 것입니다.

> 주인의 뜻을 알고도 준비하지 아니하고 그 뜻대로 행하지 아니한 종은 많이 맞을 것이요(눅 12:47).

우리는 들었기 때문에, 알았기 때문에, 믿기 때문에 선을 뒤로 미루지 않고 행해야 매를 맞지 않습니다. 재물을 자기를 위하여 쌓아 두고, 선을 행치 않는 자는 벌을 받습니다. 은사를 선한 일에 쓰지 않는 자도 벌을 받습니다. 시간을 선한 일에 쓰지 않는 자도 벌을 받습니다. 믿음으로 산다는 사람들이 하나님의 뜻에 둔감한 채 자기자랑만 늘어놓고 세속에 빠지고 남을 정죄하고 선한 일을 뒤로 미루는 것을 보고 야고보는 그런 죄에서 벗어나라고 경고하고 있습니다. 하나님께서 우리를 구원하신 목적에 대하여 디도서에 이런 말씀이 있습니다. 꼭 기억하시기 바랍니다.

> 그가 우리를 대신하여 자신을 주심은 모든 불법에서 우리를 속량하시고 우리를 깨끗하게 하사 선한 일을 열심히 하는 자기 백성이 되게 하려 하심이라(딛 2:14).

선한 일을 행하는 성도가 하나님의 친 백성이요, 천국 시민임을 믿으시기 바랍니다. 하나님께서 우리를 구원하시고 신령한 복을 주시고 은혜를 베풀어 주신 것은 허탄한 자랑을 하라고 주신 것이 아닙니다. 허탄한 자랑을 버리고 선한 일에 열심하고, 선한 일에 부요한 친 백성이 되시기를 바랍니다.

기도로 나아감

· 내일 일도 모르면서 천 년을 살 것처럼 교만하게 살았던 죄를 회개하오니, 하루의 소중함을 감사하며 겸손하게 살게 하소서.

· 하나님께서 이루시고 성취하실 때를 성실하게 기다리게 하시고, 인간의 얄팍한 지식으로 앞서 행동하는 교만을 버리게 하소서.

· 주께서 하라고 하신 것들을 신속히 행하여, 주인의 마음을 시원케 하는 얼음냉수와 같은 주의 종들이 되게 하소서.

부자에게 경고하노라

1들으라 부한 자들아 너희에게 임할 고생으로 말미암아 울고 통곡하라
2너희 재물은 썩었고 너희 옷은 좀먹었으며
3너희 금과 은은 녹이 슬었으니 이 녹이 너희에게 증거가 되며
불 같이 너희 살을 먹으리라 너희가 말세에 재물을 쌓았도다
4보라 너희 밭에서 추수한 품꾼에게 주지 아니한 삯이 소리 지르며
그 추수한 자의 우는 소리가 만군의 주의 귀에 들렸느니라
5너희가 땅에서 사치하고 방종하여 살륙의 날에 너희 마음을 살찌게 하였도다
6너희는 의인을 정죄하고 죽였으나 그는 너희에게 대항하지 아니하였느니라

_야고보서 5장 1-6절

영국의 부동산 업체인 나이트 프랭크사가 2014년판 부자 보고서를 발표한 것을 보면 세계에서 가장 부자가 많은 도시 톱 10이 밝혀졌습니다.

부자가 많은 도시 10

1. 런던	6. 상하이
2. 뉴욕	7. 마이애미
3. 싱가포르	8. 두바이
4. 홍콩	9. 베이징
5. 제네바	10. 파리

대한민국 부자가 많이 사는 동네는 강남이 아니라 강북에 있습니다.

대한민국 부자 동네

1. 성북동	9. 서초동
2. 한남동	10. 천안시 불당동
3. 평창동	11. 반포동
4. 압구정동	12. 대치동
5. 이촌1동	13. 도곡동
6. 여의도동	14. 잠실동
7. 청담동	15. 방이동
8. 삼성동	

일산, 파주는 아주 겸손한 동네라 이런 명단에 들기를 거부했습니다. 부자는 세상에서 언제나 부러움의 대상입니다. 동시에 질시의 대상이기도 합니다. 자유시장 경제 체제 하에서 부자는 존경을 받아 마땅합니다. 부자들이 부를 모으기 위해 노력하고 지혜를 발휘한 덕분에 고용이 창출되고 사회가 발전할 수 있기 때문입니다. 그럼에도 부자에 대한 세상의 평가는 그리 후한 편이 아닙니다. 심지어 적대적이기까지 합니다.

박근혜 정부가 들어서고 국무총리 후보자가 연달아 2명이 낙마했습니다. 이 일로 박근혜 대통령의 리더십에 큰 상처를 받았습니다. 총리에 낙마한 두 분 중에 한 분은 역사 인식 문제가 되어 낙마했습니다. 다른 한 분은 6개월 만에 14억이나 되는 엄청난 수임료를 받은 전관예우가 문제가 되었습니다. 다시 말해서 돈이 문제가 된 것입니다. 고위공직 후보자들이 낙마한 경우를 꼽아 보니 제일 많은 것이 부동산 투기였습니다. 동서양을 막론하고 부자들에게 요구되는 것은 '노블레스 오블리주'[76]입니다.

76. 노블레스 오블리주(Noblesse Oblige): 사회 지도층의 도덕적 의무

원래 노블리스는 '닭의 벼슬'을 의미하고, 오블리제는 '달걀의 노른자'를 의미합니다. 닭의 사명이 자기의 벼슬을 자랑함에 있지 않고 알을 낳는데 있다는 뜻입니다. 부자나 고위직, 왕족이나 귀족, 성직자는 자신이 누리는 명예만큼 의무를 다해야 함을 뜻하는 말입니다. 로마가 천년을 유지한 원인은 귀족들이 절제된 행동과 전쟁에 앞장서고 납세의 의무를 다하는 생활이 평민들에게 귀감이 되었기 때문입니다.

영국이 과거에 해가 지지 않는 대영제국을 이루었습니다. 지금은 훨씬 그에 못 미치지만 지금도 왕국을 이루고 자존심을 지키는 것은 왕족

들이 전쟁이 일어나면 앞장서서 싸우는 정신에서 찾을 수 있습니다. 우리나라는 과거 조선 시대 수많은 양반이 있었지만 노블레스 오블리주를 실천한 명문가는 그리 많지 않습니다.

대표적 가문이 경주 최 부잣집이 노블레스 오블리주를 실천하여 집안이 동학농민혁명 속에서도 안전하게 보존되고, 구한말 마적, 화적, 도적떼가 출몰하는 속에서도 보존된 일화는 유명합니다. 얼마 전 안동 하회마을에 갔다가 풍산 류씨 집성촌으로 700년 이어 내려온 전통에 대해 감명을 받았습니다. 그중에서도 북촌 댁 담장에 주먹 하나 들어갈 만한 구멍이 난 것을 보고 무엇인가 문화해설사에게 물었더니 과거 보러 가는 양반들의 노자 돈을 넣어 두고 꺼내갈 수 있도록 만든 구멍이라는 말을 듣고 감동받았습니다. 부자가 마음을 이렇게만 쓴다면 존경 받고 부가 오래토록 유지될 것입니다.

그런데 그러지 못한 부자들이 많다보니 전쟁이 일어나고 정권이 바뀌고 세상이 요동칠 때마다 부자들이 죽임 당하고, 감옥에 가고, 타도의 대상으로 전락하는 비극을 겪게 됩니다. 이제는 우리 사회도 돈 버는 방법만 가르치는 사회가 아니라 돈을 벌어 잘 쓰고 보람 있는 일을 하는 가치관을 가르치는 성숙한 세상을 만들어야 할 것입니다. 본문은 부자를 경고하는 말씀입니다. 이미 부자가 된 분과 부자가 되고 싶은 모든 사람들은 귀를 기울여야 할 것입니다.

1. 재물에는 날개가 달려 있습니다(1-3절)

두 종류의 부자가 있습니다. 하나는 자수성가형이고 다른 하나는 상속형입니다. 미국의 10억 달러 이상의 억만장자 1,645명 중 66%인 1,080명이 자수성가형입니다. 부모로부터 부를 물려받은 '순수 상속형' 억만장자는 13%이고, 물려받은 부를 당대에 더 키워 억만장자가 된 '혼합 상속형'은 21%였습니다.

반면 우리나라 50대 부호 가운데 자수성가형이 15명으로 30%에 불과하고, 35명은 상속받은 부자들이었습니다. 미국은 부자에 대한 이미지가 좋은 편입니다. 그 이유는 카네기와 같은 부자의 정신이 살아 있기 때문입니다.

부자인 채로 죽는 것은 부끄러운 일이다. -철강왕 카네기

미국 사회에서는 부자들이 자신의 성공을 일구어 준 미국 사회에 보답해야 한다는 거룩한 부담을 안고 있습니다. 세계 최고 갑부인 빌 게이츠는 재산의 99%를 사회에 환원하고 자녀들에게는 각각 1,000만 달러씩만 남겨 주겠다고 공언하고 이 약속을 지켜 나가고 있습니다. 이렇게 되기까지 미국 부자의 정신이 한 몫 하고 있습니다. 빌 게이츠 아버지가 아들에게 재산을 사회에 환원할 것을 독려하며 한 말이 있습니다.

성공은 미국에서 태어났다는 이유만으로 얻게 된 선물이다. 미

> 국에는 질서 정연한 시장이 있으며 공공부문의 투자 덕분에 민간 부문에 있는 개인들이 엄청난 이득을 거두고 있다.

그러니 사회에 환원하라는 것입니다. 우리나라 부자도 이런 정신을 가져야 할 것입니다. 정신을 물려주지 못하면 재물이 날개를 달고 날아가 버립니다. 그래서 생긴 격언이 "부자가 3대 가는 법이 없다."는 말입니다. 본래 돈은 돌고 돌아 돈이고, 재물에는 날개가 달려 있다는 것을 알아야 합니다.

> 들으라 부한 자들아 너희에게 임할 고생으로 말미암아 울고 통곡하라 너희 재물은 썩었고 너희 옷은 좀먹었으며 너희 금과 은은 녹이 슬었으니 이 녹이 너희에게 증거가 되며 불 같이 너희 살을 먹으리라 너희가 말세에 재물을 쌓았도다(약 5:1-3).

"들으라 부한 자들아."는 말씀은 부자들에게만 국한된 것은 아닙니다. 세속적 가치관을 가진 모든 자들을 향한 말씀입니다. 세속적 가치관이 무엇입니까? 부가 영원할 것이라고 생각하는 것입니다. 생각이 그러다 보니까 재물을 의지하게 됩니다. 그러나 재물은 의지할 것이 못됩니다. 왜냐고요? 날개를 달고 달아나기 때문입니다.

> 자기의 재물을 의지하고 부유함을 자랑하는 자는 아무도 자기의 형제를 구원하지 못하며 그를 위한 속전을 하나님께 바치지

> 도 못할 것은 그들의 생명을 속량하는 값이 너무 엄청나서 영원히 마련하지 못할 것임이니라 그가 영원히 살아서 죽음을 보지 않을 것인가 그러나 그는 지혜 있는 자도 죽고 어리석고 무지한 자도 함께 망하며 그들의 재물은 남에게 남겨 두고 떠나는 것을 보게 되리로다 그러나 그들의 속 생각에 그들의 집은 영원히 있고 그들의 거처는 대대에 이르리라 하여 그들의 토지를 자기 이름으로 부르도다 사람은 존귀하나 장구하지 못함이여 멸망하는 짐승 같도다(시 49:6-12).

사람이 재물을 의지하지만 재물로 남을 구원하지도 못하고 자신을 구원하지도 못한다는 말씀입니다. 결국은 하나도 가지고 가지 못한다고 말씀하고 있습니다. 본문 2-3절에 "재물은 썩었고, 옷은 좀 먹었고, 금과 은은 녹슬었다."고 말씀하고 있습니다. 재물, 옷, 금은은 고대 세계 부를 상징하는 목록입니다. 그런데 금과 은은 녹슬지 않는 성질을 가지고 있는데 성경에서는 녹이 슬었다고 말씀하고 있습니다. 이것은 금은의 속성을 몰라서 한 말이 아니고, 심판 날 금과 은이 무가치하게 된다는 의미의 말씀입니다. 누가복음 12장에 어리석은 부자의 비유가 나옵니다. 재물이 자기의 영원한 동반자가 되리라고 생각하지만 그날 밤 자신이 죽고 말았습니다. 재물은 모두 남의 것이 되고 맙니다.

3절 마지막에 있는 말씀을 꼭 기억하시기 바랍니다. "너희가 말세에 재물을 쌓았도다." 이 뜻은 주님을 찾아야 할 종말의 때에 주님을 찾지 않고 구원에 아무런 힘을 발휘하지 못하는 재물을 의지했다는 것입니다. 그리스도인은 돈을 혐오하거나 부정하라는 것이 아니라 돈의 효용성도 알아야 하지만 한계도 알아야 합니다.

> 사람이 천국에 들어가지 못하는 것은 사람이 재물을 소유하고 있다는 사실이 아니고 그 재물이 그 사람을 소유하고 있다는 사실 때문이다(데이비드 캐어드).

재물을 다스려야지, 재물에게 잡혀 먹히면 안 됩니다. 재물에게 잡혀 먹힌 정도를 바울은 '돈을 사랑한다.'고 했습니다.

> 돈을 사랑함이 일만 악의 뿌리가 되나니 이것을 탐내는 자들은 미혹을 받아 믿음에서 떠나 많은 근심으로써 자기를 찔렀도다(딤전 6:10).

돈을 사랑할 정도가 되면 근심, 걱정, 염려가 끝이 없습니다.

> 재물 때문에 고생하며 부를 증가시키는 자는 염려를 증가시키는 자다. -벤자민 프랭클린

종말을 살아가고 영원을 향해 가는 그리스도인들은 재물관을 분명히 가져야 합니다. 저는 돈에 대해 생각할 때마다 김광균의 시 "추일서정(秋日抒情)"에 나오는 첫 구절을 떠올리곤 합니다.

낙엽은 폴란드 망명정부의 지폐

폴란드가 망해 망명정부를 세우니 그 지폐는 아무 쓸데없어 가을에 떨어져 나뒹구는 낙엽과 같이 되고 만 것입니다. 우리가 소중하게 여기는 돈과 재물은 우리가 천국 가는데 아무런 역할을 하지 못합니다.

> 네가 이 세대에서 부한 자들을 명하여 마음을 높이지 말고 정함이 없는 재물에 소망을 두지 말고 오직 우리에게 모든 것을 후히 주사 누리게 하시는 하나님께 두며 선을 행하고 선한 사업을 많이 하고 나누어 주기를 좋아하며 너그러운 자가 되게 하라 (딤전 6:17-18).

사랑하는 형제, 자매 여러분! 재물의 속성을 알고 소망을 하나님께 두고 재물을 다스리는 지혜자가 되시기를 바랍니다.

2. 일꾼을 학취하지 말라(4절)

돈을 사랑하게 되고 재물에게 소유 당한 사람의 특징은 돈 되는 일이면 어떤 일이라도 할 수 있다는 것입니다.

요즈음 끔찍한 일 하나가 세상에 드러났습니다. 지난 3월 3일 서울 강서구에 수천 억을 가진 67세 된 송모 씨가 살해된 사건이 발생했습니다. CCTV에 찍힌 인상착의를 추척하던 경찰이 팽모 씨를 살인범으로 체포했습니다. 그런데 범인이 자신은 친구가 시켜서 한 일이라고 진술했습니다. 그 친구는 2010년에 서울시의원에 당선되었고 지난달 지방자치 선거에서 서울시의원에 재선된 김모 씨였습니다. 사건의 전모는 2010년 5억을 송 부자에게 빌린 것을 갚지 않자 빚 독촉을 받게 되었고 친구를 시켜 살해한 사건입니다. 돈의 노예가 된 사람의 결말이 어떠한가를 보여 준 사건입니다.

예부터 부자들이 부를 축적하는 가장 보편적인 방법이 일꾼들의 품삯을 착취하는 것이었습니다.

> 보라 너희 밭에서 추수한 품꾼에게 주지 아니한 삯이 소리 지르며 그 추수한 자의 우는 소리가 만군의 주의 귀에 들렸느니라 (약 5:4).

지주들이 품꾼들에게 정당한 삯을 지불하지 않은 사실을 지적하고 있습니다. 본문에 '주지 아니한'[77]이라는 단어의 뜻은 이러합니다. 다시 말해 여러 가지 속임수로 품꾼들을 속여 삯을 지불하지 아니한 것을 가리킵니다. '삯'이 소리를 질렀습니다. 어떻게 품삯이 소리를 질렀을까요? 품삯을 받지 못한 일꾼들이 원통해 하며 원수를 갚기 위해 절규하는 모습을 은유적으로 표현한 것입니다. 이런 경우 하나님께서 복수에 나서십니다.

77. 주지 아니한 (ἀποστερέω, 아포스테레오): 기만하다

품삯을 받지 못해 우는 소리가 하나님께 들렸다고 성경에서 말씀하

고 있습니다. 이렇게 되면 하나님께서 친히 심판하십니다. 고대 사회에는 이런 일이 많이 있었습니다. 노조가 있었던 것도 아니고 세상의 법이 약자 편에 있지 않았기 때문입니다. 이렇게 기울어진 것을 평형을 맞추기 위해 하나님께서 개입하시는 장면이 성경에 여러 차례 등장합니다.

> 내가 심판하러 너희에게 임할 것이라 점치는 자에게와 간음하는 자에게와 거짓 맹세하는 자에게와 품꾼의 삯에 대하여 억울하게 하며 과부와 고아를 압제하며 나그네를 억울하게 하며 나를 경외하지 아니하는 자들에게 속히 증언하리라 만군의 여호와가 말하였느니라(말 3:5).

> 너는 네 이웃을 억압하지 말며 착취하지 말며 품꾼의 삯을 아침까지 밤새도록 네게 두지 말며(레 19:13).

> 곤궁하고 빈한한 품꾼은 너희 형제든지 네 땅 성문 안에 우거하는 객이든지 그를 학대하지 말며 그 품삯을 당일에 주고 해 진 후까지 미루지 말라 이는 그가 가난하므로 그 품삯을 간절히 바람이라 그가 너를 여호와께 호소하지 않게 하라 그렇지 않으면 그것이 네게 죄가 될 것임이라(신 24:14-15).

> 불의로 그 집을 세우며 부정하게 그 다락방을 지으며 자기의 이

웃을 고용하고 그의 품삯을 주지 아니하는 자에게 화 있을진저 (렘 22:13).

야곱이 외삼촌 라반의 집에 가서 결혼하고 처가살이 20년을 합니다. 그런데 라반이 전형적인 나쁜 부자였습니다. 야곱이 장인 라반을 떠나기로 하고 라헬과 레아에게 이렇게 말합니다.

그대들의 아버지가 나를 속여 품삯을 열 번이나 변경하였느니라(창 31:7).

그러나 하나님이 그를 막으사 나를 해치지 못하게 하셨으며 하나님이 이같이 그대들의 아버지의 가축을 빼앗아 내게 주셨느니라(창 31:9).

하나님께서 야곱 자신을 도우셨다고 말하고 있습니다. 남을 억울하게 하고 부자가 되면 안 됩니다.

사랑이 결여된 부는 아무런 가치가 없다. 다른 사람들에게 축복이 되는 부를 가진 자만이 진정으로 가치있는 부를 가지고 있는 자이다. -헨리 필링

이런 정신을 갖지 못하고 부를 쌓으면 많은 사람의 눈물을 흘리게 하

고 결국 하나님의 진노를 사게 되는 것입니다. 이 땅의 많은 재벌이 품삯을 정당하게 지불하지 않고 부를 축적한 경우가 허다합니다. 신사의 나라 영국도 산업혁명기 역사를 보면 석탄을 캘 때 좁은 갱도 속에 일하기 알맞은 어린 아이들을 들여보내어 일을 시킨 아픈 역사가 있습니다.

미국의 노동 운동사를 보면 1886년 5월 1일 하루 8시간 노동을 위해 총 파업에 들어갔습니다. 이 파업에서 경찰의 발포로 어린 소녀를 포함해 노동자 6명이 사망했습니다. 이에 격분한 노동자 30만 명이 다음날 광장에 모여 집회를 열었습니다. 시위 중 폭탄이 터졌고 노동 운동가 8명이 체포되어 5명은 사형, 3명은 금고형을 받았습니다. 이 일이 세계에 알려지면서 5월 1일이 노동절이 되었습니다. 그러나 미국은 아픈 역사를 기억하기 싫어서 9월 첫째 월요일을 노동절로 지키고 있습니다.

이런 역사를 거치면서 점점 억울한 일꾼이 생기지 않도록 각 나라는 힘쓰게 된 것입니다. 그러나 아직도 제3세계에서 또 우리나라에서도 비정규직과 일용직 그리고 시간제로 일하는 많은 사람이 어렵게 일하고 있다는 것을 알아야 합니다.

> 성경에 일렀으되 곡식을 밟아 떠는 소의 입에 망을 씌우지 말라 하였고 또 일꾼이 그 삯을 받는 것은 마땅하다 하였느니라(딤전 5:18).

가난한 자, 품꾼, 일꾼 이들을 약자로 만들면 하나님께서 세상의 균형을 맞추기 위해 이들의 편을 든다는 것을 알아야 합니다. 일꾼을 착취하거나 눈물 흘리게 하는 일이 없어야 합니다. 하나님이 기뻐하시는 사랑의 나라를 만드는 일에 앞장서는 성도가 되시기를 바랍니다.

3. 사치하지 말라(5-6절)

부자의 문제는 무엇입니까? 돈의 단위가 다른 것입니다. 가난한 사람들은 천 원, 만 원짜리가 생활의 기본단위라면 부자들은 오만 원짜리, 십만 원짜리 수표가 생활의 기본단위로 다릅니다. 1%의 상류층의 생활은 제가 볼 수도 없고 본 적도 없으니 어떤지 알 수 없지만 돈의 단위가 다르고 생각이 다르리라 짐작해 봅니다.

사치하는 사람들의 특징

1. 자신에게는 후하고 남에게는 인색하다.
2. 남의 처지를 전혀 생각하지 않는다.
3. '내 돈 내가 쓰는데 뭐가 문제냐'라고 생각한다.

그런데 정작 큰 문제는 땀을 흘리고, 애를 써서 돈을 벌어 보지 않았기 때문에 사치하고 낭비한다는 데 있습니다. 우리 부모 세대는 세계에서 가장 가난한 시절을 겪었던 분들입니다. 그래서 돈을 함부로 쓰지 않았습니다. 그 돈이면 쌀이 얼만데, 그 돈이면 한 달 생활비가 되는데 하면서 비싼 물건을 사지 못했습니다. 그렇게 아끼고 모아서 이루어 놓은 토대 위에서 시작한 요즈음 세대는 가치관이 많이 다릅니다. 100m 경주로 말하면 50m 쯤부터 뛰는 것이요, 산으로 말하면 5부 능선에서 오르기 시작한 것입니다. 즉 절실한 배고픔을 모릅니다. 그러므로 남이 나이키 신으면 나도 신어야 하고, 남이 가방 메면 나도 명품가방 메야 하는 세대입니다. 이런 시대에도 성경은 동일하게 진리요 변치 않는 하나님의 말씀입니다.

> 너희가 땅에서 사치하고 방종하여 살륙의 날에 너희 마음을 살찌게 하였도다 너희는 의인을 정죄하고 죽였으나 그는 너희에게 대항하지 아니하였느니라(약 5:5-6).

앞에서 부자들을 향해 불의한 수입에 대해 말씀했다면 5절에서는 불의한 지출에 대해 말씀하고 있습니다. 더 나아가 6절에서는 불의한 지출은 사람을 죽일 수도 있는 일이라고 말씀하고 있습니다.

"춘향전"은 로맨틱하고 권력의 타락과 사랑의 지조와 권선징악의 내용 등 아주 많은 교훈을 담은 우리나라 대표적인 고전입니다. 그 내용 중에 이몽룡이 "암행어사 출도요."를 부르기 전에 거지 행색을 한 채 변사또가 차려 놓은 잔치상 끄트머리에 앉아 읊은 시가 있습니다.

金樽美酒千人血(금준미주천인혈)

금잔에 담긴 향기로운 술은 백성의 피요

玉盤佳肴萬姓膏(옥반가효만성고)

옥쟁반에 담긴 맛있는 안주는 만백성의 기름이라

燭淚落時民淚落(촉루락시민루락)

촛대에서 촛농이 떨어질 때 백성의 눈에서 눈물이 떨어지고

歌聲高處怨聲高(가성고처원성고)

노래 소리 높은 곳에 백성의 원망 소리 드높더라

사람이 사회성을 키우고 남을 생각할 줄 아는 어른이 된다는 것은 내가 기뻐 노래할 때에 다른 사람도 함께 기뻐할 수 있는 일을 하는 사람이 됨을 의미합니다. 쌀 한 톨 속에도 하늘의 은혜가 담겨 있고 농부들의 땀이 담겨 있음을 알고 감사하는 마음으로 먹어야 인격자요, 신앙인이 되는 것입니다. 그래서 공정 무역,[78] 공정 여행, 공정 커피 등 이런 이야기가 나오는 것입니다.

개인적으로도 공정거래를 할 수 있습니다. 시장에서 할머니가 파는 좌판에서 깎지 않고 사는 것이 그렇습니다. 그리스도인들은 돈을 벌 때도 정의롭게 벌어야 하고, 돈을 쓸 때도 공의를 나타내야 합니다.

부자가 천국에 들어가는 것이 낙타가 바늘귀를 통과하기보다 더 어렵다고 하는 것은 부자가 될수록 가난한 자들의 삶을 모르고 사치하게 되면서 자기도 모르는 죄를 짓게 되기 때문입니다. 재물의 오용뿐 아니라 남용도 죄입니다. 청교도 정신[79]은 개신교를 대표하는 정신이요 미국을 일으킨 정신이기도 합니다.

오늘 본문의 '사치하였다.'[80]는 말은 '방탕한 생활을 하다.'는 뜻이 있습니다. 사치, 방탕한 생활을 영위하기 위해 부와 권력을 이용하여 무

78. 공정 무역(公正貿易, fair trade): 선진국과 개발도상국 사이의 불공정한 무역으로 발생하는 구조적인 빈곤 문제를 해결하기 위해 개발도상국의 생산자에게 유리한 조건으로 행해지는 무역

79. 청교도 정신(Puritanism): 16세기 말과 17세기에 일어난 종교개혁 운동. 로마 가톨릭교회의 구습으로부터 영국 교회를 정화하고자 노력했다. 모든 생활에서 종교적 진지성을 보였으며 미국 식민지를 건설하게 되었다. 근검, 절약, 절제, 노동의 신성 등의 정신을 강조하였다.

80. 사치하였다(τρυφάω, 트뤼파오): 방탕한 생활을 하다

고하고 가난한 자들의 권리와 생계를 짓밟게 됩니다. 이때 하나님은 억압 받는 자들의 울부짖음을 들으시고 사치하고 방탕한 부자들을 심판하신다는 말씀을 마음에 새기시기 바랍니다.

> 그가 얼마나 자기를 영화롭게 하였으며 사치하였든지 그만큼 고통과 애통함으로 갚아 주라 그가 마음에 말하기를 나는 여왕으로 앉은 자요 과부가 아니라 결단코 애통함을 당하지 아니하리라 하니 그러므로 하루 동안에 그 재앙들이 이르리니 곧 사망과 애통함과 흉년이라 그가 또한 불에 살라지리니 그를 심판하시는 주 하나님은 강하신 자이심이라(계 18:7-8).

사랑하는 형제, 자매 여러분! 청교도의 후예답게 순수하게 사시기 바랍니다. 근검절약하고 노동에 힘써 정당한 소득과 물질을 바르게 사용하여 세상 사람들에게 본이 되는 부자, 선한 일에 부요한 부자들이 되시기를 바랍니다.

기도로 나아감

- 천국에서 쓸 수 없는 돈에 집착하는 어리석음을 내려놓게 하시고, 영원하신 하나님께 소망을 두는 성도가 되게 하소서.
- 사탄의 도구가 되어 약자를 괴롭히는 악행을 저질렀다면 용서해 주시고, 낮은 자들의 눈물을 닦아 주는 주님의 손이 되게 하소서.
- 모든 것이 주께로부터 왔음을 기억하고, 물질을 바르게 사용하여 선한 일에 부요한 하나님의 자녀가 되게 하소서.

인내의 모델

7그러므로 형제들아 주께서 강림하시기까지 길이 참으라
보라 농부가 땅에서 나는 귀한 열매를 바라고 길이 참아
이른 비와 늦은 비를 기다리나니
8너희도 길이 참고 마음을 굳건하게 하라
주의 강림이 가까우니라
9형제들아 서로 원망하지 말라 그리하여야 심판을 면하리라
보라 심판주가 문 밖에 서 계시니라
10형제들아 주의 이름으로 말한 선지자들을
고난과 오래 참음의 본으로 삼으라
11보라 인내하는 자를 우리가 복되다 하나니
너희가 욥의 인내를 들었고 주께서 주신 결말을 보았거니와
주는 가장 자비하시고 긍휼히 여기시는 이시니라

_야고보서 7장 7-11절

사도 바울이 말세의 징조를 말하면서 사람들이 조급해질 것이라고 말했습니다. 과학이 발달하고 문명의 이기를 통해 빠르게 이동하고, 실시간에 세상의 정보를 얻고 살아가는 데 왜 그렇게 시간에 쫓기고 여유가 없이 살아가는지 모르겠습니다.

과학 문명의 발달만큼 인성이 진보하지 못했기 때문이 아닐까요? 옛날 사람들은 참는 것에 익숙한 삶을 살았기에 심성이 느긋했습니다. 50년 전 교과서에 우리 민족성을 '은근과 끈기'라고 표현하고 있었습니다. 그런데 지금은 '빨리빨리'가 되었습니다. 사람들이 얼마나 기다리는가 인내 실험을 했습니다. 줄을 서서 기다리는데 17분, 통화 중 기다리는데 9분. 이 시간이 지나니까 불평이 나오고 원망하기 시작했습니다.

처녀, 총각이 선을 보았습니다. 몇 번 만나면서 총각이 결혼할 마음을 품고 아가씨를 테스트 해 보기로 마음먹었습니다. 다음 약속한 장소에 미리 나가 다른 곳에 앉아서 아가씨를 지켜보았습니다. 약속한 시간이 됐는데 총각이 나오지 않자 아가씨는 차를 마시면서 책을 읽기 시작했습니다. 한 시간 쯤 지나서 총각은 늦게 온 것처럼 헐레벌떡 들어가면서 늦어서 미안하다고 인사를 했습니다. 그랬더니 아가씨의 반응이 "급한 일이 있으신 줄 알았습니다. 저는 괜찮습니다." 하고 차분하게 반응하는 것을 보고 "이런 사람이라면 됐다." 생각하고 청혼을 했습니다.

기다리는 일은 쉬운 일이 아니지만 참고 기다리면 좋은 일이 있습니다. 요즘은 부모들은 자녀 교육에도 기다릴 줄 모릅니다. 우리말을 하기도 전에 영어 교육하고, 앉지도 못하는 아이에게 수영을 가르치고, 걷지도 못하는 아이에게 축구를 가르칩니다. 말을 조금만 더디게 해도 병원을 찾고, 공부를 조금만 못하면 지능검사를 합니다. 이러다가 '대기만성'이라는 말이 사라질지도 모르겠습니다. 맥도널드 창시자 웨이 글로브가 이런 말을 했습니다.

> 세상에 인내 없이 이룰 수 있는 것은 아무 것도 없다. 재능으로서는 안 된다. 위대한 재능을 가지고도 성공하지 못한 사람을 얼마든지 볼 수 있다. 천재성으로도 안 된다. 성공하지 못한 천재는 웃음거리가 될 뿐이다. 교육으로도 안 된다. 세상에는 교육받은 낙오자가 넘치고 있다. 오직 인내와 결단만이 무엇이든지 할 수 있다(웨이 글로브).

인내하는 자에게 항상 축복의 대가가 따릅니다. 그리스도인의 삶은 오늘에 안주하는 것이 아니라 어제의 은혜를 기억하고 내일의 소망을 가지고 오늘을 살아가는 것입니다. 우리 모두는 종말을 향해 갑니다. 지구에 종말이 오든, 내가 개인적으로 죽어 종말을 맞이하든, 우리는 종말을 향해 가는 존재입니다. 그 종말을 대비하는 가장 효과적인 준비는 인내하는 것입니다. 인내하면서 오늘 나에게 맡겨진 사명에 최선을 다하는 것입니다.

> 내일 지구의 종말이 올지라도 나는 한 그루의 사과나무를 심겠다(스피노자).

참으로 위대한 말입니다. 오늘을 인내하며 최선을 다하는 사람이라야 주님을 영접할 수 있습니다. 힘들다고 주저앉지 마십시오. 포기하지 마십시오. 인내하고 또 일어나서 도전하십시오. 성령께서 여러분들을 도우실 것입니다.

사랑하는 형제, 자매 여러분! 오늘 본문에 나타난 인내의 모델을 따라 어떤 역경도 극복하고, 하나님의 상급을 받는 믿음의 사람이 되시기를 바랍니다

1. 인내의 모델은 농부입니다(7절)

> 수고하는 농부가 곡식을 먼저 받는 것이 마땅하니라(딤후 2:6).

위의 성경 구절을 보면, 농부를 수식하는 말이 나옵니다. 한자 '쌀 미(米)'자 속에는 '수고하는' 농부의 노동 횟수가 담겨 있습니다.

> 米 = 八 + 八

이른 봄, 씨를 뿌리면서 시작되는 노동이 여름의 김매기, 물대기, 장마에 물빼기, 병충해 작업, 태풍에 넘어진 벼 일으켜 세우기를 거쳐, 가을에 벼 베기, 벼 말리기, 탈곡, 수매하기까지 수많은 땀과 수고를 거쳐 우리의 밥상에 오르게 되는 것을 형상화한 것이 쌀 '미'자입니다. 신앙

인들은 밥을 대하면서 쌀 한 톨 속에 들어 있는 주님의 은혜와 농부의 땀에 대해 감사하는 마음을 가져야 합니다. 밥 한 그릇 속에는 우주가 담겨 있고 사계절이 담겨 있는 것입니다. 그런 것을 생각하며 밥상을 대한다면 항상 감사가 넘칠 것입니다.

농사를 짓는 농부는 뜨거운 태양과 계절의 변화와 비바람을 견디면서 땅과 곡식과 하나가 되어야 합니다. 그런 의미에서 기다림의 인내가 필요한 현자의 직업이 농업입니다. 그래서 성경은 인내의 샘플로 농부를 꼽았습니다. 과연 농부는 인내의 모델이 될 만한 직업인 것입니다.

> 그러므로 형제들아 주께서 강림하시기까지 길이 참으라 보라 농부가 땅에서 나는 귀한 열매를 바라고 길이 참아 이른 비와 늦은 비를 기다리나니(약 5:7).

농부가 '이른 비와 늦은 비'를 기다린다는 것은 이스라엘의 기후를 이해해야 알 수 있는 말입니다. 이른 비는 보리 파종 직후인 10월, 11월경에 오는 비를 말합니다. 이 비는 씨앗이 싹을 틔울 때 꼭 필요한 수분을 공급해 주기 때문에 농부들이 마음을 졸이며 기다립니다. 늦은 비란 4월이나 5월에 내리는 가벼운 소나기성 비로 곡식이 여무는 데 결정적 역할을 합니다. 이른 비와 늦은 비가 없으면 수확의 기쁨을 얻을 수가 없습니다.

그런데 이 소중한 이른 비와 늦은 비를 위해 농부가 할 수 있는 일은 기다리는 것 밖에 없습니다. 간절하게 두 손 모아 기도하는 것 외에 어떻게 할 도리가 없습니다. 그래서 농사는 하늘과 동업이라고 합니다. 하나님의 도우심 없이는 결실을 기대할 수 없기 때문입니다.

야고보가 하고자 하는 이야기의 주제는 농사의 문제가 아니고 신앙인들의 기다림에 관한 이야기입니다. 농부가 그렇게 귀한 열매를 바라고 참고 기다리는 것처럼 주님의 강림을 기다리라는 것입니다. 기도했으면 참고 기다리라는 것입니다. 참는 정도를 어느 정도 해야 합니까? 묻는 성도에게 '길이' 참으라고 말씀하고 있습니다. '길이'란 '오래오래'라는 뜻입니다.

농부는 봄에 씨앗을 뿌리고 가을이 될 때까지 아무 소득이 없습니다. 하늘에 결과를 맡기고 인내하며 기다리는 것입니다. 그런데 가을이 되면 꼬박꼬박 열매를 맺으면 좋지만 흉년이 드는 때가 있습니다. 때로는 가뭄 때문에, 어떤 해에는 홍수 때문에, 어떤 해에는 태풍 때문에. 그러면 먹을 것이 없이 한해를 더 기다려야 합니다. 그런 때도 종자를 먹어치우면 안 됩니다. 허리띠를 졸라매면서 창자가 등에 붙어 버릴 정도로 배를 곯으면서도 다음해 씨를 뿌릴 종자는 남겨두어야 하는 처절한 고통과 인내가 농부의 삶에는 체질화되어 있습니다. 그래서 농부를 천하에서 가장 귀하다고까지 말한 것입니다.

> **農者天下之大本**
> 농업은 천하의 사람들이 살아가는 큰 근본이다.

우리 신앙인들에게 농부의 인내는 큰 교훈입니다. 농부가 열매를 바라고 길이 참는 것처럼 길이 참는 신앙인에게 반드시 상급이 있습니다.

> 눈물을 흘리며 씨를 뿌리는 자는 기쁨으로 거두리로다 울며 씨를 뿌리러 나가는 자는 반드시 기쁨으로 그 곡식 단을 가지고 돌아오리로다(시 126:5-6).

살아 있는 동안에 문제가 없는 사람은 한 사람도 없습니다. 결혼하면 다 되는 줄 알았더니 애가 생기지 않아 고생하다가 아이를 낳습니다. 천하를 얻은 것 같았는데 아이가 자라는 과정에 얼마나 많은 인내가 필요합니까? 공부, 공부, 공부. 대학가면 다 된 줄 알았더니 취직, 취직, 취직, 취직하면 다 된 줄 알았더니 결혼을 해야 합니다. 그러다 나이 들면 병들고 노후 걱정, 자식 걱정, 끝이 없는 게 인생 아닙니까? 그럼에도 오늘도 눈물로 씨앗을 심고 기도하십시오. 반드시 기쁨으로 단을 안고 돌아오게 될 것입니다.

농부는 거북등 같이 타들어 가는 논을 보고도 포기하지 않습니다. 신앙인의 인내도 이와 같아야 합니다. 일천번제를 드려도 응답이 없습니까? 이천번제에 도전하시기 바랍니다. 당대에 가정이 회복되지 않았습니까? 다음 대를 기약하시기 바랍니다. 과일도 해거름을 하고 유전도 한 대 걸러 더 강하게 나타나는 법입니다.

문제를 회피하지 마시기 바랍니다. 농부가 길이 참고 기다려 귀한 열매를 거두는 것처럼 참고 기다려서, 응답을 받고 상급 받게 되시기를 바랍니다.

2. 인내의 모델은 주의 강림입니다(8-9절)

굉장히 낯선 말이지요. 주의 강림은 2,000년 동안 기독교의 주제입니다. 2,000년 전에도 주님이 재림하신다고 기다렸습니다. 그런데 지금까지도 주님의 재림을 기다리고 있습니다. 이게 뭐 잘못된 것 아닙니까? 잘못된 것이 아니라 우리의 믿음을 검증하는 시험대라는 것을 알아야 합니다.

예수님께서 승천하시면서 "너희가 본 그대로 내가 다시 오리라."고 말씀하시고 하늘로 올라가셨습니다. 그 후에 복음 전하던 제자들이 핍박받고 환난을 당하면서 주님이 다시 오심을 사모하게 되었습니다. 그래서 '임박한 종말론'이 생겼습니다. 즉 주님이 곧 오신다고 전파하는 사람들이 생긴 것입니다. '몬타누스'라는 이단은 예수님이 곧 재림하시니 결혼도 하지 말라고 가르쳤을 정도입니다.

이런 것이 먼 옛날 얘기만은 아닙니다. 예수님이 재림하신다고 또는 믿는 사람들이 휴거, 즉 들림 받아 천국에 간다고 세상에 주목을 받았던 사건이 22년 전에 우리나라에서도 있었습니다. 성산동에 이장림 목사가 이끌던 '다미 선교회'라는 단체 신자 1,000여 명이 1992년 10월 28일, "오늘밤 자정 예수님이 세상에 오시고 우리는 하늘로 들림을 받게 된다."고 대대적으로 광고했습니다. 그들은 집을 팔고, 재산을 처분하고, 직장에서 퇴직해서 퇴직금까지 타서 받쳤습니다. 완전히 종말을 확신했습니다. 열광적으로 기도하는 장면을 TV가 중계 방송했지만 휴거는 일어나지 않았습니다. 이런 것을 '시한부 종말론'이라고 말합니다.

이 어이없는 사건 이후 다미선교회를 이끌던 '이장림'이라는 사람은 계산이 잘못 되었다고 발뺌을 했습니다. 이런 일들은 인내하지 못하기 때문에 일어나는 일들입니다.

> 너희도 길이 참고 마음을 굳건하게 하라 주의 강림이 가까우니라 형제들아 서로 원망하지 말라 그리하여야 심판을 면하리라 보라 심판주가 문 밖에 서 계시니라(약 5:8-9).

그러면 우리가 언제까지 참고 인내해야 할까요? 주께서 강림하시기까지입니다. 강림이라는 말은 '파루시아'[81]인데 임재나 현존이라는 뜻으로 왕이나 고관의 도착을 뜻합니다. 역사의 마지막에 성도를 구원하고 악한 사람을 심판하기 위하여 이 땅에 오실 예수님의 재림을 파루시아라고 합니다. 그날에 모든 성도는 이 땅의 모든 불의와 억압하는 자들로부터 해방되어 그리스도와 함께 영원히 구원의 기쁨을 누리게 될 것입니다. 이때 일꾼의 삯을 착취해서 부를 누리는 악한 부자는 심판을 받게 될 것이고, 믿는 자를 억압하던 악한 정권은 심판받아 지옥에 떨어지게 될 것입니다.

81. 강림(파루시아) 임재나 현존이라는 뜻으로 왕이나 고관의 도착을 뜻한다.

그러므로 시대가 어려울수록 예수님이 곧 오실 것이라는 믿음이 성도들 사이에 퍼져가게 되었음을 짐작할 수 있습니다. 이럴 때 거짓 예언자들이 등장하여 임박한 종말을 외치고 시한부 종말을 예언하면 인내하지 못한 신자들이 그 말에 현혹되어 잘못된 신앙의 길로 빠지게 되는 것입니다. 여기에 성도의 인내가 필요합니다. 성도의 인내는 바른 신앙의 토대 위에 서야 이룰 수 있습니다. 예수님의 재림은 반드시 있지만 그 날과 그 시는 아무도 모릅니다.

> 그러나 그 날과 그때는 아무도 모르나니 하늘에 있는 천사들도, 아들도 모르고 아버지만 아시느니라 주의하라 깨어 있으라 그 때가 언제인지 알지 못함이라(막 13:32-33).

여기에서 중요한 것은 재림은 반드시 있지만 하나님 외에는 시기를 아는 사람이 없다는 것입니다. 그러므로 우리의 할 일은 깨어 있는 것입니다. '깨어 있으라.'는 말씀은 성결한 삶으로 주님을 맞이할 준비를 하라는 것입니다. 이에 대해 예수님께서 '열 처녀 비유'로 말씀하셨습니다. 신랑을 맞이할 준비를 하는 신부처럼 단장하고 깨어 신랑이 올 때를 기다리라는 것입니다. 한 눈 팔고 다른 일하면 안 된다는 것입니다. 기름이 떨어져도 안 됩니다. 성령 충만하지 않고 세속적으로 흘러가서는 안 된다는 경고입니다. 기다림이 길어질 때 사람들에게서 일어나는 공통적 현상이 원망입니다. 인내와 원망은 대조적 현상입니다. 인내가 떨어질 때 원망이 터져 나옵니다. 따라서 인내의 결실을 보기까지 절대로 원망해서는 안 됩니다. 원망을 하지 않으려면 세 가지를 조심해야 합니다.

원망을 극복하는 비결

1. 말을 참아라(시 106:33, 이는 그들이 그의 뜻을 거역함으로 말미

암아 모세가 그의 입술로 망령되이 말하였음이로다).

2. 판단을 쉽게 내리지 말아라(고전 4:5, 그러므로 때가 이르기 전 곧 주께서 오시기까지 아무 것도 판단하지 말라 그가 어둠에 감추인 것들을 드러내고 마음의 뜻을 나타내시리니 그때에 각 사람에게 하나님으로부터 칭찬이 있으리라).

3. 행동을 조심하라(빌 2:14, 모든 일을 원망과 시비가 없이 하라).

입에서 원망이 터져 나옵니까. 조금만 참으시기 바랍니다. 다시 오마 약속하신 주님을 바라보십시오. 소망은 인내를 가능케 하는 원동력입니다. 주께서 오시는 날, 모든 고난이 끝나고 영원한 천국에 들어가 주님 품에 안겨 위로를 받을 수 있는 소망이 있어야 환난과 핍박, 고난과 역경 속에서도 참고 기다릴 수 있습니다. 원망을 그치고 소망 중에 인내하시기 바랍니다. 주님께서 당신의 사정을 다 아십니다. 주님을 만날 날을 고대하시기 바랍니다.

> 너희는 마음에 근심하지 말라 하나님을 믿으니 또 나를 믿으라 내 아버지 집에 거할 곳이 많도다 그렇지 않으면 너희에게 일렀으리라 내가 너희를 위하여 거처를 예비하러 가노니 가서 너희를 위하여 거처를 예비하면 내가 다시 와서 너희를 내게로 영접하여 나 있는 곳에 너희도 있게 하리라(요 14:1-3).

약속에 신실하신 주님께서 그날에 반드시 영접해 주실 것을 믿으시고 인내하시기 바랍니다. 주의 강림을 확신하시기 바랍니다. 그러면 인내를 이룰 수 있습니다. 소망 중에 인내하여 주를 만나게 되시기를 바랍니다.

3. 인내의 모델은 욥입니다(10-11절)

믿음 생활을 하는데 인내는 필수 요소입니다. 모든 일을 수월하게 하기 위해서는 좋은 본을 보는 것이 중요합니다. 좋은 선생을 만나고, 좋은 부모를 만나고, 좋은 학교를 나오는 것이 인생을 수월하게 만드는 이유는 본받을 사람을 잘 만날 수 있기 때문입니다. 그런 의미에서 성경에서도 본받을 만한 인내의 모델 인물을 제시했습니다.

> 형제들아 주의 이름으로 말한 선지자들을 고난과 오래 참음의 본으로 삼으라 보라 인내하는 자를 우리가 복되다 하나니 너희가 욥의 인내를 들었고 주께서 주신 결말을 보았거니와 주는 가장 자비하시고 긍휼히 여기시는 이시니라(약 5:10-11).

야고보는 10절에서 인내의 본이 될 인물을 구체적으로 제시하지 않고 선지자들이라고 말하고 있습니다. 저는 이 말씀을 묵상하다가 성경에 나오는 선지자의 이름을 구체적으로 들지 않는 이유를 우리 주변에 부모님, 선생님, 목사님, 믿음의 선배들 중에 너에게 인내의 본이 될 사람들이 얼마든지 있으니 찾아보라는 말씀으로 들렸습니다.

제가 영적인 아버지로 생각하고 모시는 두 분이 있는데, 김창인 목사님과 김홍태 목사님이십니다. 김홍태 목사님은 예수님을 신랑을 삼아 결혼하지 않고 80여 년을 살고 계신 분이십니다. 그런데 흔들리지 않고 천국을 사모하고 재림을 사모하십니다. 지금도 매월 연금을 받으면 천국을 갖다 온 사람들의 간증을 녹음하고 번역해서 계속 CD를 만들어 각 나라에 보내면서 선교하고 살아가십니다. 그 믿음이 저에게 큰 본이 되었습니다.

또 제게는 어머니가 인내의 모델이 되셨습니다. 어머니는 양반집에 태어나 신여성으로 고등교육을 받은 인텔리셨습니다. 남들이 부러워한 결혼한 후에 얼마가지 않아 인생이 꼬이기 시작했습니다. 그러나 그 고난이 유익이 되었습니다. 그 고난 덕에 예수 믿고 교회를 개척하고 자녀들을 신앙으로 교육하셨습니다. 69세로 돌아가실 때까지 인간적으로는 아무런 부귀영화를 누려 보지 못했습니다. 옛날 문전옥답에서 나던 기름진 쌀밥 한 번 먹어 보지 못하고, 가난을 면치 못한 채 돌아가셨습니다. 그런데 돌이켜 보니 그 고난 속에서 한번도 원망하지 않으셨습니다. 뿐만 아니라 천국에 대한 소망을 잃지 않으셨습니다. 평소의 소원대로 자식들에게 폐 끼치지 않고 쓰러진지 사흘 만에 돌아가셨습니다. 낙심할 만도 한데, 절망할 만도 한데, 지쳐 쓰러져 포기할만도 한데, 또 일어나시고 또 일어나셨습니다. 그것이 저에게 본이 되었습니다.

여러분도 가만히 지나온 생애를 뒤돌아보고 주변을 돌아보면 본이 된 분을 발견하게 될 것입니다. 그러면 그 본을 따라 가십시오. 그것이

10절에 "주의 이름으로 말씀하고 있는 선지자들의 본"이 될 것입니다. 야고보는 이렇게만 말하면 안 될 것 같아서 구체적으로 모델을 제시했는데 그가 바로 유명한 '욥'입니다.

이로 인해 욥은 인내의 대명사가 되었습니다. 학자들 중에는 욥이 인내하지 못하고 하나님께 불만불평을 늘어놓았다고 증거를 들이대는 사람이 있습니다.

> 그런데 내가 앞으로 가도 그가 아니 계시고 뒤로 가도 보이지 아니하며 그가 왼쪽에서 일하시나 내가 만날 수 없고 그가 오른쪽으로 돌이키시나 뵈올 수 없구나(욥 23:8-9).

이것이 인간의 진면목이지요. 어떻게 오랜 시간, 재산이 날아가고 10명의 자녀들이 다 죽고, 독한 질병에 걸린 사람이 하나님을 찬양만 하고 있겠습니까? 그러나 욥은 오늘 낙망하고 하나님 원망을 하다가도 다시 일어나 주님을 소망했습니다.

> 그러나 내가 가는 길을 그가 아시나니 그가 나를 단련하신 후에는 내가 순금 같이 되어 나오리라 내 발이 그의 걸음을 바로 따랐으며 내가 그의 길을 지켜 치우치지 아니하였고 내가 그의 입술의 명령을 어기지 아니하고 정한 음식보다 그의 입의 말씀을 귀히 여겼도다 그는 뜻이 일정하시니 누가 능히 돌이키랴 그의 마음에 하고자 하시는 것이면 그것을 행하시나니 그런즉 내게

> 작정하신 것을 이루실 것이라 이런 일이 그에게 많이 있느니라 (욥 23:10-14).

하나님은 인내하는 자의 결말을 아름답게 하십니다. 그래서 "인내는 쓰나 그 열매는 달다."고 하지 않습니까? 엄마가 아기를 갖고 십 개월을 고생하지만 그 고통을 견딜 때 생명의 환희를 맛보게 되는 것이지요. 조개의 부드러운 살에 모래가 들어와 박힙니다. 그 고통을 이기기 위해 체액을 분비하여 감쌉니다. 매일매일 체액을 분비해 감쌉니다. 어느덧 모래의 날카로운 부분을 감싸고 영롱한 진주가 탄생하게 됩니다. 이것이 아름다운 여인들의 목걸이, 귀걸이, 팔찌가 되고 반지가 되는 것입니다. 그러므로 인내하는 자가 복되다고 말씀하고 있는 것입니다. 하나님께서는 인내하는 자를 가장 긍휼히 여기시고 자비를 베푸십니다. 인내한 욥의 결말을 들어보시기 바랍니다.

> 욥이 그의 친구들을 위하여 기도할 때 여호와께서 욥의 곤경을 돌이키시고 여호와께서 욥에게 이전 모든 소유보다 갑절이나 주신지라(욥 42:10).

욥은 물질의 복만 받은 것이 아닙니다. 귀로만 하나님의 음성을 듣던 욥이 눈으로 하나님을 보았습니다. 영안이 열렸다는 뜻입니다. 끝까지 견디는 자는 구원을 얻습니다. 인내는 소망의 소신입니다. 어려운 시련이 있습니까? 욥의 인내를 본받으시기 바랍니다. 원망하지 마시고 소망을 가지시기 바랍니다. 욥은 부자에서 거지가 됐지만 원망하지 않고 인내했더니 갑절의 복을 받았습니다. 자식을 다 잃고, 몸은 병들고, 사람들에게 손가락질을 받았지만, 하나님을 원망하지 않고 인내했더니 하나님께서 자비를 베푸시고 긍휼을 베풀어 주셨습니다.

우리가 욥만큼은 어렵지 않습니다. 아니 욥보다 더 하다고요. 그래도 하나님을 의지하고 인내하십시오. 욥에게 갑절의 복을 주신 자비하신 하나님께서 긍휼을 베풀어 주실 것입니다. 인내하므로 승리의 노래를 부르게 되시기를 바랍니다.

기도로 나아감

- 하늘을 바라보며 겸손히 때를 기다리는 농부처럼, 하나님의 일하실 때를 기다리며 인내하는 성도가 되게 하소서.
- 주께서 오시는 날에 모든 아픔과 슬픔이 사라지고 기쁨과 평화의 나라가 이뤄짐을 믿사오니, 이 믿음 가지고 인내하게 하소서.
- 고난 가운데도 믿음을 버리지 않은 욥처럼 끝까지 인내하여 승리의 개가를 부르는 주의 군사들이 되게 하소서.

行 행함

맹세코 맹세하지 말라

[12]내 형제들아 무엇보다도 맹세하지 말지니
하늘로나 땅으로나 아무 다른 것으로도 맹세하지 말고
오직 너희가 그렇다고 생각하는 것은 그렇다 하고 아니라고
생각하는 것은 아니라 하여 정죄 받음을 면하라

_야고보서 5장 12절

맹세[82]라는 말의 뜻은 이러합니다. 맹세란 어떤 사람이 자신의 말이나 주장 혹은 약속이 참 되다는 것을 입증하기 위하여 하나님의 이름을 걸고 하는 행위를 말합니다. 본문에서 사용되고 있는 헬라어는 거룩한 대상을 굳게 잡다는 뜻입니다.[83] 맹세의 뜻을 살펴본 바에 의하면 맹세 행위 자체가 나쁜 것은 아닌데 왜 맹세를 금했을까요? 그것은 인간의 연약함과 유한함과 미래를 장담할 수 없는 한계 때문이라고 생각할 수 있습니다.

하나님의 이름을 대고 맹세를 했는데 지키지 못하면 하나님을 모욕하는 결과가 되기 때문입니다. 처음부터 지킬 마음 없이 거짓으로 맹세하는 사람이야 거론할 가치조차 없습니다. 그러나 거짓으로 하지 않았더라도 경솔한 맹세는 한을 남기게 되는 결과를 가져옵니다. 성경에서 가장 경솔한 맹세의 예를 들면 입다가 전쟁에 나가면서 한 맹세가 이에 해당합니다.

옛적에 길르앗이라는 사람이 아들을 여럿 두었는데 그중에 입다라는 아들이 있었습니다. 입다는 길르앗이 기생에게서 낳은 서자였기에 배다른 형제들이 그를 왕따시켰습니다. 성장하게 되자 유산을 나누어 줄 수 없다고 생각한 이복형제들이 아예 내쫓았습니다. 갈 곳이 없는 입다는 떠돌다 '돕'이라는 곳에 있는 산적 소굴에 가서 몸을 의지했습니다. 세월이 지나면서 용맹을 떨치고 두각을 나타내어 산적 두목이 되었습니다. 그때 이스라엘이 암몬의 공격을 받아 몹시 위태롭게 되었습니다. 원로들이 적을 막기 위해 회의를 하다가 산적의 두목이 입다라는 사실을 듣고, 그에게 도움을 청하기로 결정을 내렸습니다. 사절단이

82. 맹세(盟誓): 신 앞에서 약속함, 임무나 약속을 꼭 지키겠다고 굳게 다짐함

83. 맹세하다(ὀμνύω, 옴뉘오): 거룩한 대상을 굳게 잡다

입다를 찾아가서 우리의 대장이 되어 달라고 간청을 했습니다. 입다가 “나를 미워하여 쫓아낼 때는 언제고 이제 와서 벼룩이도 낯짝이 있지 무슨 면목으로 내게 왔느냐?”고 꾸짖었습니다. 길르앗 장로들이 머리가 땅에 닿도록 조아리며 백배 사죄하고, 나라가 백척간두의 위기에 처했으니 도와 달라고 간청을 했습니다. 간청에 입다의 마음이 움직였습니다. 그렇다면 “내가 싸워 암몬을 물리친다면 너희들이 나를 지도자로 섬길 수 있겠느냐?” 하니 장로들이 하나님께 맹세컨대 그리하겠다고 약속을 했습니다.

그리하여 입다가 군사를 모으고 암몬과 싸우러 나갑니다. 입다가 군사들 앞에서 말을 타고 전쟁에 나가면서 산적다운 만용을 부립니다.

> 그가 여호와께 서원하여 이르되 주께서 과연 암몬 자손을 내 손에 넘겨 주시면 내가 암몬 자손에게서 평안히 돌아올 때에 누구든지 내 집 문에서 나와서 나를 영접하는 그는 여호와께 돌릴 것이니 내가 그를 번제물로 드리겠나이다 하니라(삿 11:30-31).

이렇게 맹세하고 싸움에 출전했습니다. 결과는 대승리였습니다. 그런데 승전가를 부르며 돌아오는 입다의 행렬이 그의 집 앞을 지날 때, 마침 입다의 무남독녀 외동딸이 문을 열고 나와 소고를 잡고 춤을 추며 승리한 입다를 축하했습니다. 그때 하나님께 했던 맹세가 생각난 입다가 옷을 찢으면서 “어찌 할꼬 내 딸이여…내가 여호와를 향하여 입을 열었으니 능히 돌이키지 못하리로다.” 하고 땅을 치며 통곡합니다. 이 말을 들은 딸이 "…아버지께서 여호와를 향하여 입을 여셨으니…내게 행하소서…나를 두 달만 버려 두소서…나의 처녀로 죽음을 인하여 애곡하겠나이다." 이렇게 해서 두 달 후 입다는 무남독녀 외동딸을 약속대로 하나님께 제물로 드렸습니다. 이 사건이 사사기 11장에 기록되어 있습니다. 이 사건이 우리에게 주는 교훈은 '함부로 맹세하지 말라.'는 것과 '맹세했으면 해로울지라도 지켜야 한다.'는 것입니다.

세상에는 맹세해 놓고 지키지 않는 일로 인해 상처를 주고받고, 사무치는 원한 속에 살아가는 사람들이 많이 있습니다. 특히 첫사랑의 맹세는 깨어지기 위해 존재하는 것이 아닌가 하는 의심이 들 정도로 깨어지는 경우가 대부분입니다.

남인수가 부른 "무너진 사랑 탑아"라는 유행가를 아실 겁니다. 이 고전 명곡을 모르면 신세대라고 할 수 있습니다.

무너진 사랑 탑아

반짝이는 별빛 아래 소곤소곤 소곤대던 그날 밤
천 년을 두고 변치 말자고 댕기 풀어 맹세한 님아
사나이 목숨 걸고 바친 순정 모질게도 밟아 놓고
그대는 지금 어디 단 꿈을 꾸고 있나
야속한 님아 무너진 사랑 탑아

첫사랑 못지않게 지켜지지 않는 약속이 선거공약(選擧公約)이 아니겠나 생각합니다. 당선되면 지키겠다는 공적인 약속을 무수히 하지만 당선되고 나면 빌 '공' 자, 空約(공약), 즉 헛된 약속이 되고 마는 것이 정치인들의 선거공약입니다. 이런 세상 사람들의 마음을 꿰뚫어 보신 예수님께서 '맹세하지 말라.'고 산상수훈에서 교훈하셨고, 본문에서 야고보가 똑같은 내용으로 맹세하지 말 것을 강조하고 있습니다.

1. 누구의 이름으로도 맹세하지 맙시다(12a절)

우리나라 사람들은 맹세를 할 때 자기의 성씨를 걸고 하는 경우가 많습니다. 그만큼 성씨를 굉장하게 여긴다는 증거입니다. "내가 이 약속을 지키지 못하면 성을 갈겠다.", "내가 이 약속을 어기면 내가 네 자식이다." 그 다음에 많이 쓰는 맹세가 이 약속을 지키지 못하면 "내 손에 장을 지지겠다." '장을 지진다.'는 말은 옛날 손가락에 염증이 생겨 퉁퉁 부으면 약이 없었던 그때 간장을 끓여서 펄펄 끓는 손가락을 집어넣어 소독하던 민간요법을 뜻합니다. '끓는 물에 손 넣기'라고 생각하면 되겠습니다. 이스라엘 사람들은 하나님의 이름으로 맹세를 많이 했습니다. 그래서 야고보는 누구의 이름으로도 맹세하지 말라고 한 것입니다.

> 내 형제들아 무엇보다도 맹세하지 말지니 하늘로나 땅으로나 아무 다른 것으로도 맹세하지 말고(약 5:12a).

왜 맹세하면 안 되는가? 인간의 연약성과 죄성으로 인해 맹세를 지키지 못하는 경우가 대부분이기 때문입니다. 또 자신의 거짓을 가리기 위한 수단으로 삼기 때문입니다. 마가복음 14장에 보면 예수님께서 제자들이 배반할 것을 예언하셨습니다.

> 예수께서 제자들에게 이르시되 너희가 다 나를 버리리라 이는 기록된 바 내가 목자를 치리니 양들이 흩어지리라 하였음이니라(막 14:27).

그러자 베드로가 펄쩍 뛰면서 맹세합니다.

> 베드로가 여짜오되 다 버릴지라도 나는 그리하지 않겠나이다(막 14:29).

그 말을 들은 예수님께서 "오늘 이 밤 닭이 두 번 울기 전에 네가 세 번 나를 부인하리라."고 하셨습니다. 그러자 베드로가 큰 소리로 외쳤습니다.

> 베드로가 힘있게 말하되 내가 주와 함께 죽을지언정 주를 부인하지 않겠나이다 하고 모든 제자도 이와 같이 말하니라(막 14:31).

그러나 어떻게 되었습니까. 그날 밤 계집종이 베드로에게 다가와 "너도 나사렛 예수와 함께 있었도다." 하고 말하자, "나는 네가 말하는 것이 무엇인지 알지도 못하고 깨닫지도 못하겠노라." 하고 거듭거듭 부인했습니다.

> 그러나 베드로가 저주하며 맹세하되 나는 너희가 말하는 이 사람을 알지 못하노라 하니 닭이 곧 두 번째 울더라 이에 베드로가 예수께서 자기에게 하신 말씀 곧 닭이 두 번 울기 전에 네가 세 번 나를 부인하리라 하심이 기억되어 그 일을 생각하고 울었더라(막 14:71-72).

이런 인간의 연약함을 아시고 예수님은 맹세하지 말라고 하신 것입니다. 야고보가 이 말씀을 들어서 알고 있었기에 그대로 강조하여 전한 것입니다. 사람들은 미래에 대한 약속과 장담을 할 때 맹세를 합니다. 또한 자신의 약속과 증언이 진실함을 강조하기 위해 맹세합니다. 그러나 베드로의 예에서 볼 때 인간의 맹세가 얼마나 허망한지를 잘 알 수 있습니다. 그러므로 그 맹세한 이름이 하나님이든, 조상이든, 자신의 성씨든, 자신이 내세울 수 있는 그 무엇이든 간에 오히려 그 대상에게 욕을 돌리게 되니 맹세하지 말라는 것입니다.

특별히 하나님의 이름을 망령되이 일컫는 것은 무서운 죄악입니다. 하나님은 의지의 대상이요, 예수 그리스도의 이름은 신뢰의 대상이지 맹세의 대상이 아닙니다. 하나님께서 맹세를 완전히 금하신 것이 아님을 성경에서 여러 예시를 찾을 수 있습니다. 창세기 24장에 보면 아브라함이 늙었을 때 이삭을 장가보내기 위해 늙은 종 엘리에셀을 하란으로 보내면서 하나님께 맹세합니다.

> 내가 너에게 하늘의 하나님, 땅의 하나님이신 여호와를 가리켜 맹세하게 하노니 너는 내가 거주하는 이 지방 가나안 족속의 딸 중에서 내 아들을 위하여 아내를 택하지 말고 내 고향 내 족속에게로 가서 내 아들 이삭을 위하여 아내를 택하라(창 24:3-4).

열왕기상 17장에 보면 엘리야가 아합 왕 앞에서 하나님의 이름으로 맹세합니다.

> 길르앗에 우거하는 자 중에 디셉 사람 엘리야가 아합에게 말하되 내가 섬기는 이스라엘의 하나님 여호와께서 살아 계심을 두고 맹세하노니 내 말이 없으면 수 년 동안 비도 이슬도 있지 아니하리라 하니라(왕상 17:1).

사도 바울도 목숨 걸고 하나님을 증인으로 세웁니다.

> 내가 내 목숨을 걸고 하나님을 불러 증언하시게 하노니 내가 다시 고린도에 가지 아니한 것은 너희를 아끼려 함이라(고후 1:23).

그러면 이런 사례가 있음에도 "하늘로도 땅으로도 다른 어떤 것으로도 맹세하지 말라."고 하시는 것일까요? 먼저 경솔한 맹세를 금지하고, 또한 거짓 맹세를 금지하는 것입니다. 그리고 인간의 연약성으로 인해 맹세를 지키지 못하게 되는 경우가 많기 때문입니다. 그리스도인은 대인 관계에서 맹세를 필요로 하지 않을 만큼 신실하게 말하고 행동해야 합니다. 그리스도인들은 오직 하나님을 의지하고 예수님만 신뢰해야 합니다. 맹세했다가 하나님 영광 가리고 사람들로부터 버림받지 않도록 맹세를 삼가야 합니다.

> 너희는 내 이름으로 거짓 맹세함으로 네 하나님의 이름을 욕되게 하지 말라 나는 여호와이니라(레 19:12).

사랑하는 형제, 자매 여러분! 하나님 이름을 거는 거짓 맹세는 죄악입니다. 사람의 이름도, 자신의 이름으로도 안 됩니다. 지키지 못하면 헛된 일이 됩니다. 맹세 대신 성실함으로 인정받고 하나님께 영광 돌리게 되시기를 바랍니다.

2. 대답을 분명하게 해야 합니다(126절)

세상은 편을 가름이 심하고 어느 한 편에 속하면 손해를 보는 경우가 많기 때문에 사람들 중에 대답을 분명하게 하지 않는 경우가 많습니다.

제 나이 스물아홉에 충청도에 가서 목회할 때 가가호호를 방문해서 전도하고 사람이 집에 없으면 논과 밭으로 찾아가서 복음을 전했습니다.

"이번 주일에 꼭 교회에 나오세요." 하면 "알았시유." 합니다. 그런데 주일날 목이 빠지게 기다려도 "알았시유." 하고 약속하신 분이 오지 않습니다. 나중에 알고 보니 '알았시유.'가 '예'가 아니라는 사실을 알았습니다. 어떨 때는 예로 쓰고, 어떨 때는 완곡한 거절이라는 것을 깨닫기까지 오랜 시간이 걸렸습니다.

본문은 우리에게 '예'와 '아니오'를 분명히 하라고 말씀합니다.

> 오직 너희가 그렇다고 생각하는 것은 그렇다 하고 아니라고 생각하는 것은 아니라 하여(약 5:12b)

자기가 한 말에 대해 책임을 지는 사람에게는 맹세가 필요 없고 다른 권위에 호소할 필요도 없습니다. 단순히 '예' 또는 '아니오'로 충분합니다. 야고보는 맹세 금지의 권면을 하면서 성도에게 철저한 정직성을 요구하고 있습니다. 어떤 맹세도 필요하지 않을 만큼 성도의 말과 행동이 정직하고 진실해야 할 것을 강조하고 있는 것입니다. 이 말씀을 그대로 생활 속에 적용했던 재세례파[84]라는 교파가 있었습니다. 재세례파 교인들은 법정에서나 어디에서나 맹세하는 것을 금지했습니다.

야고보가 법정 맹세를 금한 것이 아니고, 공식적인 맹세를 금지한 것이 아닙니다. 문제가 되는 맹세는 맹세를 한 사람이 단언하거나 약속한 것의 신빙성을 보증하기 위해 하는 맹세입니다. 맹세는 주로 자신의 말

84. 재세례파(再洗禮派, Anabaptist): 16세기 종교개혁 급진파. 자신들이 받은 유아세례를 부정했다. 유아들이 선과 악에 대한 자각이 생기기 전까지는 죄로 인한 형벌을 받지 않으며 그런 자각이 생기고 난 후에야 자유의지로써 회개하고 세례를 받아들일 수 있다고 주장했다. 유아세례 받았던 성인들이 다시 세례를 받았다.

과 주장이 참되다는 것을 입증하기 위해 하나님의 이름을 빌리는 행위입니다. 역설적으로는 공동체 안에서 정직과 진실이 존중되지 않을 때 필요한 것입니다.

야고보가 강조하고 있는 것은 문자적으로 맹세를 금지한 것이 아니라 어떤 맹세도 필요하지 않을 만큼 성도의 말과 삶이 정직하고 진실해야 한다는 의미입니다. 자기가 한 말에 대해 책임을 지는 사람에게 무슨 맹세가 필요하겠습니까. 그런 사람은 다른 권위에 호소할 필요도 없습니다. 단순히 '예' 또는 '아니요'로 충분합니다. 그런 의미에서 야고보는 맹세를 금지하는 권면을 통해서 교회 공동체 속에 있는 성도에게 정직을 요구하고 있는 것입니다.

한국 기독교 역사에서 '예'와 '아니요'를 분명히 말해서 의인이 된 분들이 있습니다. 그 반면에 '예'와 '아니요'를 분명히 하지 않아서 치욕적인 역사의 죄인으로 남은 많은 목사들이 있습니다. 1938년 대한예수교장로회 27회 총회에서 '신사참배를 할 것인가.'에 대해 안건이 올라왔습니다. 밖은 일본 순경들이 지키고 회의장 안에서 일본 형사들이 들어와서 억압적인 분위기를 만든 가운데 총회장 홍택기 목사가 사회를 보았습니다.

"신사참배는 종교의식이 아니라 국민의례이기 때문에 하는 것이 옳다고 생각하는 사람은 '예' 하시오." 물으니 여러 사람이 "예." 하고 대답했습니다. "아니면 '아니오' 하시오." 묻자 주기철, 손양원 목사를 비롯한 몇 분이 "아니오." 하고 큰 소리로 외쳤습니다. 그러자 일본 경찰이 '아니오.'라고 한 사람들을 끌고 나가 감옥에 가두었습니다. 그 가운데 신사참배가 가결되었습니다. 그때 수많은 목사들이 '예'도 아니고 '아니오'도 아닌 채 침묵했습니다. 그러나 그들은 신사참배에 동조한 역사적인 죄인들이 되고 말았습니다. '나는 그때 아무 말도 하지 않았다.'라고 여기는 바로 그것이 죄임을 알아야 합니다.

제2차 세계대전 중 독일군이 파리를 점령했을 때 나치에 대항하던 레지스탕스 대원들이 붙잡혀 감옥에서 고문을 당하고 한 사람씩 처형을 당했습니다. 한 젊은이가 나치대원에게 끌려 나가면서 억울하다고 소리칩니다. "나는 레지스탕스 대원이 아니야. 나는 아무런 일을 하지 않았는데 왜 나를 죽이는 거야 억울해"라고 발버둥을 쳤습니다. 그러자 뒤에 있던 늙은 레지스탕스 대원이 말했습니다. "그래, 네 잘못은 바로 아무런 일도 하지 않았다는 것이다."

그렇습니다. 선과 악이 싸울 때, 영적 전쟁에서 우리 그리스도인들은 반드시 진리의 편에 서야 합니다. 하늘에 맹세하고, 조상에게 맹세하고, 누구의 이름으로 맹세하는 것이 중요한 것이 아니라 악과 불의에 대해서는 아니요, 선한 일과 정의에 대해서는 '예'라고 분명하게 입장을 표명해야 합니다. 세상에서 이 눈치, 저 눈치 다 보느라 좋은 게 좋다면서 두루뭉술하게 넘어가고, 구렁이 담 넘듯 넘어가는 태도로는 결국 하나님의 징계를 피할 수 없습니다.

> 오직 너희 말은 옳다 옳다, 아니라 아니라 하라 이에서 지나는 것은 악으로부터 나느니라(마 5:37).

사랑하는 형제, 자매 여러분! 좋은 사람으로 세상을 바꿀 수 없습니다. 치열한 정신으로 살아야 죄악을 이길 수 있습니다. 불의에 대해서는 분명히 '노'라고 말하고, 정의에 대하여는 '예스'라고 분명하게 말하는 믿음으로 세상을 바꾸어 나가는 의인들이 되시기를 바랍니다.

3. 심판받지 않도록 해야 합니다(12c절)

"남아일언중천금"이라는 격언이 있습니다. '사나이의 한마디는 천금과 같이 무게가 있어야 한다'는 뜻입니다. 믿음의 사람들은 말의 중요성을 알고 이 말을 마음에 새기십시오.

信者一言重萬金
신자의 한마디는 만금보다 무거워야 한다.

야고보서에서 가장 두드러진 강조는 '말'입니다.

말에 실수가 없으면 온전한 사람이라(약 3:2).
입에 재갈 물리는 것은 온 몸을 제어하는 것이다(약 3:3).
혀는 작은 지체지만 온 몸을 불사를 수 있다(약 3:5-7).
서로 비방하지 말라(약 4:11).
허탄한 자랑은 다 악한 것이다(약 4:16).

서로 원망하지 말라(약 5:9).

이런 연장선상에서 마지막으로 맹세하지 말라고 말씀한 것입니다. 맹세 잘못하면 심판 받게 된다는 뜻입니다.

정죄 받음을 면하라(약 5:12c).

이 말씀을 다른 성경에서는 "그래야 심판을 받지 않을 것입니다", "하나님의 심판을 받지 않도록 하십시오"라고 번역하고 있습니다. 이 야고보의 경고는 결코 소홀히 취급되어선 안 됩니다. 맹세하지 말라는 권면이 심판에 대한 경고와 직결되기 때문입니다.

"정죄 받음을 면하라."는 말씀은 '그래야만 심판을 받지 않을 것'이라는 뜻입니다. 이 말은 인간이 한 맹세가 사라지는 것이 아니라 하나님께서 그대로 듣고 기록, 녹화, 보관하셔서 심판의 자료로 사용하신다는 것입니다. 이렇게 이해하시면 분명하게 기억하시게 될 것입니다. 우리가 말을 가볍게 하고, 맹세를 하고, 쉽게 잊어버리는 것은 말이 사라져 버린다고 생각하기 때문입니다.

요즈음 국무총리 낙마 과정에서 문제가 된 것이 교회에서 한 강연을 녹화한 것을 찾아내어 공격한 것 때문입니다. 여러분들의 말과 모든 맹세가 전부 녹화된다고 생각하십시오. 누군가가 녹화하고 있다고 생각하십시오. 설령 세상에서 녹화되지 않더라도 하늘나라에 전부 녹화된다는 것을 잊지 마십시오. 거짓말 같은 얘기지요. 거짓이 아닌 것을 제가 설명해 보겠습니다.

지금 우리가 보지 못하는 이 우주 공간에 말이 지나가고 영상이 지나가는 것을 인정하십니까? 이런 것들이 지나가니까 라디오를 틀면 소리가 잡히는 것 아니겠습니까? TV를 틀면 김태희도 나오고, 송혜교도 나오는 것이 아니겠습니까? 핸드폰에 잡히는 소리와 영상이 어떻게 잡힐까요? 말을 한번 하고 나면 전부 사라지고 영상이 사라진다면 방송을 어떻게 할 수 있을까요? 이제 이해가 되셨습니까? 그렇다면 KBS, MBC, SBS의 기술력이 더 좋을까요? 천국방송국 기술력이 더 좋을까요? 비교도 안 될 것입니다.

그러므로 결론을 내리면 우리의 말과 행동과 맹세한 모든 것들이 천국 기록 보관소에 전부 기록 보관, 녹화 보관된다는 사실을 인정하시기 바랍니다. 그렇다면 이 모든 자료가 심판의 자료가 된다는 것 또한 인정하실 수 있을 것입니다. 그러므로 말을 조심하고 더욱이 맹세를 조심해야 합니다. 우리가 배울 만한 것은 유치원에서 다 배웠습니다. 우리가 믿을 만한 것은 주일학교에서 다 배웠습니다.

네 눈이 보는 것을 조심해
네 눈이 보는 것을 조심해
위에 계신 주께서 사랑스레 보시네
네 눈이 보는 것을 조심해
네 입이 말하는 것을 조심해
네 입이 말하는 것을 조심해

위에 계신 주께서 사랑스레 보시네
네 입이 말하는 것을 조심해

헛된 맹세를 하고 심판을 받게 됩니다. 마음의 거짓을 맹세로 감싸려 하다가 그렇게 됩니다. 남에게 꿀리기 싫어서 말을 세게 하다가 그렇게 됩니다. 체면을 구기기 싫어서 힘을 주다가 그렇게 됩니다. 대표적인 예로 마가복음 6장에 나오는 헤롯 안티파스가 그랬습니다. 헤롯의 아들 헤롯 안티파스가 갈릴리 분봉왕으로 있을 때 동생 빌립의 아내 헤로디아를 취하여 아내로 삼았습니다. 세례 요한이 이 일을 책망하자 감옥에 가두었습니다. 헤롯의 생일날 주연을 베풀 때 헤로디아의 딸이 춤을 추었습니다. 크게 위용을 자랑하고픈 헤롯이 맹세했습니다.

> 또 맹세하기를 무엇이든지 네가 내게 구하면 내 나라의 절반까지라도 주리라 하거늘 그가 나가서 그 어머니에게 말하되 내가 무엇을 구하리이까 그 어머니가 이르되 세례 요한의 머리를 구하라 하니 그가 곧 왕에게 급히 들어가 구하여 이르되 세례 요한의 머리를 소반에 얹어 곧 내게 주기를 원하옵나이다 하니 왕이 심히 근심하나 자기가 맹세한 것과 그 앉은 자들로 인하여 그를 거절할 수 없는지라 왕이 곧 시위병 하나를 보내어 요한의 머리를 가져오라 명하니 그 사람이 나가 옥에서 요한을 목 베어 그 머리를 소반에 얹어다가 소녀에게 주니 소녀가 이것을 그 어머니에게 주니라(막 6:23-28).

이렇게 해서 헤롯은 여인이 낳은 자 중에 가장 큰 의인 세례 요한을 죽인 죄인 중에 죄인이 된 것입니다. 헛된 맹세, 만용을 부린 결과로 그는 지옥의 가장 밑에서 펄펄 뛰고 있을 것입니다. 인간의 맹세는 하나님의 이름과 명예를 모독하는 거짓 맹세로 변질될 수 있습니다. 자신의 한계성을 인정하지 않고 맹세하는 자는 심판을 초래할 것입니다.

> 내가 심판하러 너희에게 임할 것이라 점치는 자에게와 간음하는 자에게와 거짓 맹세하는 자에게와 품꾼의 삯에 대하여 억울하게 하며 과부와 고아를 압제하며 나그네를 억울하게 하며 나를 경외하지 아니하는 자들에게 속히 증언하리라 만군의 여호와가 말하였느니라(말 3:5).

사랑하는 형제, 자매 여러분! 앞뒤가 달라지는 거짓과 허위가 판치는 세상을 살면서 말을 더욱 조심합시다. 맹세를 삼가시기 바랍니다. 약속은 해로울지라도 지키고, 정직과 성실로 음식을 삼고 맹세가 필요 없을 만큼 진실하게 살아가는 성도가 되시기를 바랍니다.

기도로 나아감

- 하나님의 거룩한 이름을 함부로 입에 올리는 불경의 죄를 범치 않게 하시고, 말이 아닌 삶으로 신뢰를 얻는 성도가 되게 하소서.
- 믿음의 바른 용기를 가지고 세상의 불의와 타협하지 않게 하시고, 정의를 위하여 담대히 헌신하는 의인들이 되게 하소서.
- 입술을 능히 제어할 수 있도록 지혜와 능력을 주시고, 정직과 성실을 음식으로 삼고 살아가는 성도가 되게 하소서.

그리스도인의 라이프 스타일

[13] 너희 중에 고난 당하는 자가 있느냐 그는 기도할 것이요
즐거워하는 자가 있느냐 그는 찬송할지니라
[14]너희 중에 병든 자가 있느냐 그는 교회의 장로들을 청할 것이요
그들은 주의 이름으로 기름을 바르며 그를 위하여 기도할지니라
[15]믿음의 기도는 병든 자를 구원하리니 주께서 그를 일으키시리라
혹시 죄를 범하였을지라도 사하심을 받으리라
[16]그러므로 너희 죄를 서로 고백하며 병이 낫기를 위하여 서로 기도하라
의인의 간구는 역사하는 힘이 큼이니라
[17]엘리야는 우리와 성정이 같은 사람이로되
그가 비가 오지 않기를 간절히 기도한즉
삼 년 육 개월 동안 땅에 비가 오지 아니하고
[18]다시 기도하니 하늘이 비를 주고 땅이 열매를 맺었느니라

_야고보서 5장 13-18절

이스라엘과 팔레스타인 무장조직 하마스의 유혈 충돌이 7월 한 달 계속되어 세계의 근심거리가 되었습니다. 하마스가 로켓포를 발사하면 이스라엘이 개발한 아이언 돔이 공중에서 로켓포를 요격해 폭발시키는 장면을 뉴스에서 보면서, '어떻게 저렇게 매일 싸우면서 살 수 있을까?' 하는 생각이 들었습니다. 그런데 놀라운 것은 팔레스타인 자치지구인 가자 지구 국경에서 1km 떨어진 '스데롯'이라는 도시는 주민이 점점 늘어 25,000명이나 살고 있습니다. 이곳에는 지난 10년 동안 8,600발의 로켓포가 떨어졌습니다. 떨어진 로켓포 잔해를 가지고 로켓포 전시관을 만들어 놓은 도시에 사람들이 점점 더 늘어나고 있다니 놀라운 일이 아니겠습니까? 이스라엘 정부가 이곳 주민과 기업에 각종 세금 감면 혜택을 주고, 방공호 설치 비용을 다 대주고 있기 때문입니다. 그렇다하더라도 목숨을 걸고 살아야 하는 도시에 인구가 늘고 있다니 놀라운 일입니다. 이것이 바로 이스라엘의 정신이요 라이프 스타일이라 하겠습니다.

이스라엘은 주전 70년 로마 장군 티투스가 예루살렘을 점령하고 파괴한 후에 전 세계에 흩어졌고 1,870년간 나라가 없이 세계를 유랑했습니다. 1948년 미국과 영국의 지원 아래 독립을 하게 되었지만 그곳에 1,870년간 자리 잡고 살았던 팔레스타인과의 싸움이 불가피하게 된 것입니다. 이 땅에서 물러나서는 갈 곳이 없습니다. 나라가 없는 설움을 2,000년 가까이 겪은 이스라엘 사람들로서는 도저히 물러설 수 없는 일입니다. 팔레스타인 사람들도 마찬가지 사정인지라 잊을 만하면 전쟁이 일어나게 되는 것입니다.

유대인 하면 장사 잘하는 민족, 세계적인 부자가 많은 민족으로 유명하지요. 그것 역시 비극적인 역사가 만든 측면이 강합니다. 언제나 쫓겨날 준비를 하고 살았던 그들은 늘 현금과 금은보석을 모았고, 서로를 밀어주고 키워 주는 민족정신을 강화하여 생존을 위해 분투한 노력 덕분에 부를 거머쥐게 되었던 것입니다. 그리고 민족정신을 공유하기 위해 10명 이상 모이면 회당을 만들고 성경을 읽고 하나님을 경배하는 신앙에 몰두했던 것입니다. 이것이 현대에 와서는 유대인 교육법으로 각광을 받게 된 것입니다.

중국인들은 어느 곳에 가든지 음식점을 차립니다. 그런데 묘한 것은 한국인들은 어느 곳에 가든지 교회를 만듭니다. 한국인들이 세계 175개 국가에 750만 명 정도 되는데, 교회는 6,000개 이상이 되는 것으로 추산합니다. 그중 4,300개가 미국에 있습니다. 한국인들은 세계 어디에 있든지 교회를 세울 뿐 아니라 김치를 먹습니다. 다른 나라 사람들이 한국 음식 중에서 제일 좋아하는 것은 불고기고, 싫어하는 것은 김치입니다. 김치 냄새와 매운 맛 그리고 마늘 냄새 때문이지요. 우리가 좋아하는 오징어를 외국인들은 질색을 합니다. 시체 썩는 냄새가 난다고 다 도망갑니다.

이렇게 민족마다 라이프 스타일이 다 다릅니다. 이역만리 먼 곳에 가서 수십 년 혹은 수백 년을 살아도 고유의 옷과 음식과 생활양식을 유지하는 것을 보면 참 신기합니다. 그리스도인이라는 이름은 기독교인 스스로가 붙인 이름이 아니라 안디옥에서 기독교인들의 라이프 스타일을 본 불신자들이 붙인 이름입니다.

> 바나바는 착한 사람이요 성령과 믿음이 충만한 사람이라 이에 큰 무리가 주께 더하여지더라 바나바가 사울을 찾으러 다소에 가서 만나매 안디옥에 데리고 와서 둘이 교회에 일 년간 모여 있어 큰 무리를 가르쳤고 제자들이 안디옥에서 비로소 그리스도인이라 일컬음을 받게 되었더라(행 11:24-26).

예루살렘에서 핍박을 피해 안디옥으로 피난 온 성도가 많이 모여 예배한다는 소문을 듣고 예루살렘 교회에서 바나바를 파송했고, 바나바가 혼자 감당하기 어려울 정도로 많은 사람이 모이자 사울을 초청하여 가르치고 예배했던 것입니다. 그때 안디옥 교인들이 성령 충만하여 얼굴이 해와 같이 빛났고, 늘 찬송 부르고, 모이면 기도하고, 흩어지면 전도했습니다. 안디옥 사람들이 볼 때 성도의 생활이 자기들과 완전히 다른 모습을 보고 '예수쟁이', '그리스도를 따르는 사람들'이라는 의미로 그리스도인이라 부르게 된 것이 오늘 우리들의 이름이 되었습니다.

어느 민족이나 라이프 스타일이 다 다릅니다. 한국 사람들 중에도 지역에 따라 라이프 스타일이 다릅니다. 한 가족 중에도 부모 세대와 자녀 세대의 라이프 스타일이 다른 것 때문에 충돌하기도 합니다. 심지어 부부 간에도 남편은 올빼미 스타일이고, 아내는 새벽형 스타일이라 갈등하는 경우도 있습니다. 이것은 다른 것일 뿐 틀린 것은 아닙니다. 서로 이해하고 살아야 할 일이지요. 본문은 그리스도인들의 라이프 스타일을 몇 가지 제시하고 있습니다.

1. 고난 중에 기도하라(13a절)

기독교는 '기도교'입니다. 다른 종교에도 기도가 있습니다. 그러나 다른 종교의 기도는 대부분 주술이지 기도가 아닙니다. 불교에서도 염주를 돌리며 반복해서 주문을 외우고, 천주교도 묵주를 돌리며 주기도문이나 마리아에게 바치는 기도를 반복합니다. 이슬람교에서도 반복해서 주문을 외웁니다.

우리도 반복해서 외우는 수련법이 있지만 대부분의 기도는 자신의 생각을 가지고 소원을 하나님께 아뢰는 인격적 대화방법으로 기도합니다. 예수님은 이렇게 기도하라고 친히 모범 기도문을 가르쳐 주셨습니다. 이것을 우리는 '주님이 가르쳐 주신 기도'라 해서 주기도문이라고 부릅니다. 예수님도 친히 새벽마다 기도하셨고, 십자가 죽음을 앞두고 땀방울이 핏방울이 되도록 기도하셨습니다. 이 모범을 따라 사도들이 기도했고, 사도들을 잇는 속사도들이 기도했으며, 어느 나라 어느 시대를 막론하고 교회에서 늘 기도를 드렸습니다.

그런데 특별히 한국 기독교에서 기도가 폭발했습니다. 새벽 기도를 날마다 하는 교회는 한국뿐 입니다. 이것은 옛날 어머니들이 정안수를 떠놓고 새벽에 지성을 드리던 것이 새벽 기도로 승화된 것입니다. 통성 기도하면서 '주여!' 하고 삼창하는 교회도 한국 교회 밖에 없습니다. 한국 기독교가 세계 기독교 역사상 가장 폭발적 성장을 이룬 원인 중에 하나가 기도의 폭발입니다.

요즘 한국 교회의 쇠퇴 원인 중 하나가 기도가 식어가기 때문입니다.

70년대, 80년대 삼각산에는 바위마다 한 사람씩 붙어서 밤을 새고 기도했습니다. 산마다 기도원이 가득 찼고, 교회마다 밤을 새며 기도하는 권사님들이 있었습니다. 그런데 1990년대 들어오면서부터 기도 열기가 식기 시작하더니 2000년대 들어오면서는 냉랭해졌습니다. 교회가 부흥하기를 원하십니까? 기도의 불을 지피시기 바랍니다.

> 너희 중에 고난당하는 자가 있느냐 그는 기도할 것이요 (약 5:13a).

본문의 전체 주제는 기도입니다. 여섯 절 중에 기도가 여섯 번 언급되고 있습니다. 야고보 장로는 다른 신약의 서신들과 마찬가지로 서신을 마무리하면서 기도에 대해 언급하고 있습니다. 로마서, 에베소서, 빌립보서, 골로새서, 데살로니가전·후서, 히브리서 모두 기도에 대해 언급하면서 마무리하고 있습니다.

성도 개개인에게 기도할 것을 권면하고, 공동체에게 기도할 것을 권면하고 있습니다. 기도의 실제를 강조하기 위해 기도의 강력한 효능을 제시하고 있습니다. 앞에서 권면했던 것은 하나님께 경솔하게 맹세하지 말고 기도하라는 것입니다. 본문은 무엇보다도 고난당할 때[85] 기도하라고 강조합니다.

85. 고난당하다 (κακοπαθέω, 카코파데오): 온갖 종류의 고난을 지칭하는 뜻

야고보서의 주제는 인내입니다. 교회 공동체에 시련이 있었고 따라서 교인 개개인도 고난 속에 있었던 것을 짐작할 수 있습니다. 고난에 대한 성도의 반응은 원망, 도피, 불평이 아니라 오직 기도하는 것입니

다. 이 기도는 고통 자체를 없애 달라는 기도라기보다는 오히려 고통을 견디어 낼 수 있는 영적인 능력을 구하는 기도라고 보아야 합니다.

모든 고난에는 뜻이 있습니다. 고난의 원인을 확실히 알 수 없어도 고난을 허용하신 하나님의 뜻이 있음을 알아야 합니다. 따라서 고난을 벗어나는 것이 능사가 아니라 고통 안에서 하나님의 뜻을 찾는 것이 더 중요합니다. 이에 대해 함석헌 선생님이 쓴 『뜻으로 본 한국 역사』가 잘 말해 주고 있습니다.

심한 고난을 당해 무너지는 사람이 있지만, 고난을 극복하고 크게 된 사람들이 많습니다. 고난을 당할 때의 태도가 중요합니다. 우리나라도 고난 당한 역사를 딛고 세계 역사에 빛나는 민족이 되었습니다. 개인도 마찬가지입니다. 그렇게 될 수 있는 유일한 방법이 기도입니다. 본문의 기도하라는 명령은 현재형으로 되어 있음을 유의해야 합니다.

현재명령형은 일회적으로 그치는 것이 아니라 계속하라는 뜻을 가지고 있습니다. 계속 기도해야 합니다. 인내하고 기도해야 합니다. 기도는 라이프 스타일이 되어야 합니다. 우리의 일생은 고난의 연속입니다. 조금 괜찮다 싶으면 또 어려운 일이 일어납니다. 고난은 파도와 같이 닥칩니다. 그러므로 늘 기도해야 합니다.

> 환난 날에 나를 부르라 내가 너를 건지리니 네가 나를 영화롭게 하리로다(시 50:15).

사람들은 어려울 때 찾아오면 박대합니다. 그러나 우리 하나님은 고난 당한 자를 기다리십니다. 재정적 고난, 육체적 고난, 관계적 고난, 모든 고난 당한 자를 기다리고 계십니다. 고난 중에 기도하십시오. 하나님께서 건져 주실 것입니다. 기도로 여러분의 슬픔이 변하여 기쁨 되고, 재가 변하여 화관이 되기를 바랍니다.

2. 즐거운 때 찬송하라(126절)

제가 좋아하는 찬송 중에 이런 찬송이 있습니다.

들길을 걸으며(최영일 작사, 미국 곡)

1. 들길을 걸으며 찬송하자
   흐르는 시내와 푸른 언덕
   종달새 높이 떠 지저귀듯
   기쁘고 즐겁게 찬송하자
2. 골목길 걸으며 찬송하자
   복잡한 거리를 하루종일
   평안히 다니게 하신 주께
   감사한 맘으로 찬송하자
3. 바닷가 걸으며 찬송하자
   저 넓은 바다와 푸른 하늘
   갈매기 흰 물결 춤을 추듯

기쁘게 춤추며 찬송하자

40년 전 교회학교 교사할 때 어린이들과 함께 부르던 찬송인데 지금도 혼자서 자주 불러 봅니다. 사람이 기분이 좋으면 절로 노래를 부릅니다. 아침에 일어나 콧노래가 나온다고 하면 컨디션이 좋다는 증거입니다. 사람은 좋은 일이 있으면 노래하기 마련입니다.

즐거워하는 자가 있느냐 그는 찬송할지니라(약 5:13b).

즐거운 사람이 노래하는 것이 당연한 것처럼 그리스도인이 즐거운 일이 있을 때 찬송하는 것은 너무나 당연한 일입니다. 노래와 찬송의 차이가 무엇입니까? 노래는 자기를 즐겁게 하고 다른 사람을 즐겁게 하는 것입니다. 그러면 찬송은 무엇입니까? 찬송은 하나님을 기쁘시게 하는 노래를 말합니다. 즐거운 일, 기쁜 일, 행복한 일, 축하 받을 일이 세상을 살다 보면 많이 있습니다. 출산의 기쁨, 집을 사고 집들이, 돌잔치, 백일잔치, 생일파티, 환갑, 진갑, 칠순, 회갑, 결혼기념일, 진급, 합격, 명절 등 즐거운 일이 있을 때 하나님께 영광을 돌리라는 말씀입니다.

사실 인간은 평안할 때, 즐거울 때[86] 그 평안과 기쁨이 하나님께로부터 온다는 사실을 너무 쉽게 잊어버립니다. 그래서 고통 당할 때 기도하기는 쉬우나, 즐거운 일이 있을 때 하나님을 기억하고 기도하며 찬송하는 일은 어려운 일입니다. 축구선수들이 골을 넣고 그라운드에서 무릎을 꿇고 기도하는 것은 보기는 쉬워 보여도 참으로 어려운 신앙의 모

86. 즐거워하다(εὐθυμέω, 유뒤메오): 폭풍으로 배가 파선될 위험의 상황 속에서도 누릴 수 있는 마음의 평안

습입니다. 우리도 성숙한 신앙인이 되어 고통의 때보다 행복할 때에 우리의 삶 속에 역사하시는 하나님의 주권을 인정해야 합니다. 그리스도인들이 하나님의 주권을 인정하는 가장 훌륭한 표현은 감사함으로 찬송하는 것입니다. 즉 외적 상황이 좋고 나쁜 것과 상관없이 마음의 평안을 누리는 자가 찬송할 수 있는 것입니다. 그러므로 찬양하는 신앙은 성숙한 신앙입니다. 찬송은 기도와 밀접한 관계가 있습니다.

찬양은 기도의 한 형태로 흔히 찬양을 '곡조 있는 기도'라고 부릅니다. 찬송하라는 말씀도 현재 명령형으로 되어 있습니다. 계속해서 찬송하라는 것입니다. 기도에만 능력이 있는 것이 아니라 찬송에도 능력이 있습니다. 역대하 20장에 유다 왕국의 전쟁 이야기가 나옵니다.

유다의 4대왕 여호사밧은 선한 왕입니다. 여호사밧이 왕위에 올라 개혁을 단행하고 하나님을 잘 섬겼습니다. 그런데 주변의 세 나라가 연합해서 쳐들어왔습니다. 모압, 암몬, 마온 연합군이 쳐들어오자 여호사밧이 두려워 하나님께 간구하며 온 백성에게 금식 기도를 선포했습니다. 그리고 하나님 앞에 외치기를, "우리가 대적할 능력이 없고 어떻게 할 줄도 알지 못하옵고 오직 주만 바라보나이다(대하 20:12b)."라고 했습니다. 그때 야하시엘이라는 레위 사람이 성령의 충만함을 받아 예언했습니다.

> …두려워 하거나 놀라지 말라 이 전쟁은 너희에게 속한 것이 아니요 하나님께 속한 것이니라…너희가 싸울 것이 없나니 대열을 이루고 서서 너희와 함께한 여호와가 구원하는 것을 보라…

내일 그들을 맞서 나가라…(대하 20:15-17).

다음날 여호사밧이 찬양대에게 가운을 입혀 앞장세우고 적진을 향해 찬송을 부르며 나아갔습니다.

백성과 더불어 의논하고 노래하는 자들을 택하여 거룩한 예복을 입히고 군대 앞에서 행진하며 여호와를 찬송하여 이르기를 여호와께 감사하세 그의 인자하심이 영원하도다 하게 하였더니 그 노래와 찬송이 시작될 때에 여호와께서 복병을 두어 유다를 치러 온 암몬 자손과 모압과 세일 산 주민들을 치게 하시므로 그들이 패하였으니 곧 암몬과 모압 자손이 일어나 세일 산 주민들을 쳐서 진멸하고 세일 주민들을 멸한 후에는 그들이 서로 쳐 죽였더라(대하 20:21-23).

이 승리를 기념하여 그 골짜기 이름을 '브라가' 골짜기라고 불렀으니, 즉 '찬송의 골짜기'라는 뜻입니다. 찬송을 부르세요. 하나님이 영광을 받으시고 마귀는 도망갑니다. 한국 사람들은 노래를 잘합니다. 한류 가수들이 세계적으로 이름을 날릴 정도로 잘 합니다. 한국 교회도 찬송을 잘 합니다. 이제부터 찬송의 능력을 믿으시기 바랍니다. 언제나 찬송하는 라이프 스타일로 하나님께 영광 돌리고 마귀를 대적하는 성도가 되시기를 바랍니다.

3. 병든 자를 위하여 중보 기도하라(14-18절)

인류의 역사는 질병과의 투쟁의 역사입니다. 현대 의학은 눈부시게 발달하여 병을 진단하고, 치료하고, 수술하고 고칩니다. 이제는 기계가 발달하여 수술보다 시술이 대세를 이루고 로봇을 이용한 수술이 각광을 받고 있습니다.

불과 50년 전 한국인의 평균 수명이 52세였습니다. 지금은 81세로 여자는 세계에서 일본 다음으로 장수합니다. 그러나 10년은 병들어 사는 것으로 얼마 전 통계에 나왔습니다. 아무리 과학이 발달하고 의학이 발달해도 사람은 질병을 겪다가 죽을 수밖에 없는 연약한 존재입니다. 그래서 우리 곁에는 언제나 병든 사람이 있습니다. 병든 자를 위해 중보 기도하는 것, 이것이 바로 그리스도인의 라이프 스타일이라고 본문은 강조하고 있습니다.

> 너희 중에 병든 자가 있느냐 그는 교회의 장로들을 청할 것이요 그들은 주의 이름으로 기름을 바르며 그를 위하여 기도할지니라 믿음의 기도는 병든 자를 구원하리니 주께서 그를 일으키시리라 혹시 죄를 범하였을지라도 사하심을 받으리라 그러므로 너희 죄를 서로 고백하며 병이 낫기를 위하여 서로 기도하라 의인의 간구는 역사하는 힘이 큼이니라 엘리야는 우리와 성정이 같은 사람이로되 그가 비가 오지 않기를 간절히 기도한즉 삼 년 육 개월 동안 땅에 비가 오지 아니하고 다시 기도하니 하늘이

> 비를 주고 땅이 열매를 맺었느니라(약 5:14-18).

병든 자를 위하여 기도하라고 말씀하면서 혼자 기도하라고 하지 않고 장로들을 초청하고, 서로 고백하고, 서로 기도하라고 하신 것은 중보기도할 것을 명령하신 것으로 볼 수 있습니다. 본문은 병든 자를 위한 기도의 단계를 제시하고 있습니다. 먼저 교회의 장로들을 청하라고 했습니다. 여기에 장로는 교회의 지도자, 즉 감독, 목사, 장로 전부 해당된다고 해석할 수 있습니다. 혼자 기도할 때보다 합심하여 기도하는 것이 중요합니다.

> 진실로 다시 너희에게 이르노니 너희 중의 두 사람이 땅에서 합심하여 무엇이든지 구하면 하늘에 계신 내 아버지께서 그들을 위하여 이루게 하시리라 두세 사람이 내 이름으로 모인 곳에는 나도 그들 중에 있느니라(마 18:19-20).

병든 자를 위하여 온 교회가 기도하고, 교회의 지도자들은 기도해야 할 책임이 있습니다. 장로들을 청하여 기도하라는 것은 의사들을 찾기 전에 먼저 하나님을 찾으라는 뜻입니다. 병이 들면 세상에서 모든 방법을 다 찾다가 희망이 사라진 후에 하나님을 찾으면 안 된다는 것입니다. 그 다음 장로들은 주의 이름으로 기름을 발라야 합니다.

기름을 바르는 것은 두 가지 이유입니다. 하나는 약으로 기름을 사용하는 경우입니다. 의학이 발달하지 않은 고대에는 포도주를 소독약으로, 기름을 치료제로 사용하기도 했습니다. 또 다른 경우는 하나님의 은혜를 상징하는 것으로 하나님이 치료하신다, 은혜로 씻어 주신다는 징표로 기름을 바르는 것입니다.

그리고 환자를 위하여 기도했습니다. 이때 주의할 것은 기도하는 사람이 '내가 고친다.'고 생각을 하면 안 됩니다. 또 '어떤 사람의 능력으로 고친다.'고 생각해도 안 됩니다. 오직 하나님께서 고치신다는 사실을 환자나 중보 기도하는 자가 확실히 믿어야 합니다. 이미 사형선고를 받았어도 반드시 하나님께서 고치시는 것은 문제가 아니라는 믿음을 가지고 기도해야 합니다.

15절에 "믿음의 기도는 병든 자를 일으키리라."고 말씀하고 있습니다. 그러면서 "서로 죄를 고백하라."고 권면합니다. 왜 그럴까요? 죄로 인하여 병든 경우가 많이 있습니다. 육적인 질병, 정신적인 질병, 영적인 질병 중에 특히 영적인 질병은 회개하지 않고는 고침을 받을 수 없습니다.

> 내가 나의 마음에 죄악을 품었더라면 주께서 듣지 아니하시리라(시 66:18).

마음에 죄를 품고 있으면 은혜가 오는 것을 막고, 생각이 복잡해지고, 생활이 난잡해지면서 정신적 질병도 오고 육체적 질병도 걸리게 되는 것입니다. 죄를 고백하면 하나님께서 영과 혼과 육을 깨끗하게 하십니다.

> 만일 우리가 우리 죄를 자백하면 그는 미쁘시고 의로우사 우리 죄를 사하시며 우리를 모든 불의에서 깨끗하게 하실 것이요 (요일 1:9).

그러면서 의인의 기도는 역사하는 힘이 많다고 격려하고 있습니다. 여기에서 의인은 착한 사람, 바르게 사는 사람이 아니고 예수를 구주로 믿고 하나님을 아버지로 믿는 사람을 뜻합니다.

> 성경이 무엇을 말하느냐 아브라함이 하나님을 믿으매 그것이 그에게 의로 여겨진 바 되었느니라(롬 4:3).

하나님을 믿는 자가 의인입니다. 하나님의 능력을 조금도 의심하지 않고 믿을 때 치유의 역사가 일어나게 될 줄로 믿으시기 바랍니다. 그러면서 엘리야의 예를 들고 있습니다. 엘리야 선지자는 능력의 선지자입니다. 그가 기도하면 하늘이 닫혀서 3년 반 가뭄이 왔고, 그가 하늘이 열리길 기도하니 비가 내렸습니다. 그런데 그런 슈퍼맨만 기도에 응답을 받는 것이 아닙니다. 우리도 죄를 고백하고 깨끗한 마음으로 하나님이 고쳐 주실 것을 의심하지 않고 확실히 믿으면 그런 능력 있는 역사를 일으킬 수 있다는 것입니다. 본문에 우리를 감동시키는 복음과 같은 말씀이 있습니다.

> 엘리야는 우리와 성정이 같은 사람이라(약 5:17a).

성정은 인간의 본성을 뜻하는 말입니다. 즉 이런 말이 성립됩니다. “엘리야가 했으면 나도 한다. 내가 형제를 위해 중보 기도할 때 치유가 일어난다.”이것을 믿으십니까? 치유 기도는 목사만 하거나 능력 받은 사람만 하는 것이 아니라 모든 그리스도인이 하는 것이요, 우리가 믿음으로 기도할 때 오늘도 기적은 일어납니다. 하나님은 어제나 오늘이나 동일하시기 때문입니다. 오늘도 사도행전의 역사가 일어납니다.

> 베드로가 이르되 은과 금은 내게 없거니와 내게 있는 이것을 네게 주노니 나사렛 예수 그리스도의 이름으로 일어나 걸으라 하고 오른손을 잡아 일으키니 발과 발목이 곧 힘을 얻고 뛰어 서서 걸으며 그들과 함께 성전으로 들어가면서 걷기도 하고 뛰기도 하며 하나님을 찬송하니(행 3:6-8).

사랑하는 형제, 자매 여러분! 믿음의 기도는 병든 자를 일으킵니다. 병든 형제를 위해 중보 기도를 드리고 기적을 체험하는 이 시대의 엘리야가 되시기를 바랍니다.

기도로 나아감

· 고난 가운데도 기도하게 하시고, 기도로 슬픔이 변하여 기쁨이 되고, 재가 변하여 화관이 되는 역사가 일어나게 하소서.

· 우리에게 찬양할 수 있는 입술과 손과 발을 주신 하나님께 영광 돌리게 하시고, 찬송으로 마귀를 물리치는 용사가 되게 하소서.

· 다른 이를 위한 기도를 쉬는 죄를 범치 않게 하시고, 언제나 병든 자, 소외된 자를 위하여 중보 기도하게 하소서.

行 행함

교회를 떠난 자를 어떻게 할까?

[19]내 형제들아 너희 중에 미혹되어 진리를 떠난 자를 누가 돌아서게 하면
[20]너희가 알 것은 죄인을 미혹된 길에서 돌아서게 하는 자가
그의 영혼을 사망에서 구원할 것이며 허다한 죄를 덮을 것임이라

_야고보서 5장 19-20절

지금 한국 교회의 큰 문제 중에 하나가 '가나안 교인'의 문제입니다. 가나안 교인은 과거에 교회를 다녔으나 현재 교회를 나가지 않는 사람들을 일컫는 말로 뒤집으면 '안나가'라는 말이 됩니다. 그 숫자가 정확히 얼마나 되는지 알 수 없으나 100만 명에서 많게는 200만 명까지 봅니다. 설마 그렇게 가나안 교인이 많을까? 의구심을 표하는 분들이 계시다면 주변을 유심히 관찰해 보시기 바랍니다. 설마가 사람 잡는다는 말이 맞습니다.

지난 5월, 고등학교 시절에 교회 후배 6명이 우리 교회를 방문했습니다. 학창 시절의 교회 생활은 결코 잊을 수 없을 만큼 많은 추억을 가지고 있습니다. 손에 시커먼 잉크를 묻혀 가며 주보를 등사하고, 토요 집회 때 문학의 밤, 찬양의 밤, 성경 퀴즈 대회, 또 3·1절 등산 대회, 봄이면 야외 예배, 체육대회, 여름이면 가평, 청평 계곡을 누비며 경춘선 열차를 타고 수련회를 할 때 불렀던 노래들, 겨울이면 목탄 난로 곁에 둘러앉아 정담을 나누던 친구들, 크리스마스 파티, 성탄절 새벽송을 돌던 아련한 추억이 지금까지 새롭습니다.

그런 추억 속에 있는 후배들이 찾아오니 오랜만에 옛날로 돌아가 참 기분이 좋았습니다. 그런데 한참 얘기를 나누다 보니 절반이나 되는 3명이 교회를 나가지 않고 있었습니다. 그중에 한 명은 아예 하나님을 부정하고 두 명은 하나님을 부정하지는 않지만 교회에 대해서는 몹시 부정적인 생각을 피력했습니다. 그중에 한 명은 아버지가 장로이고, 아내는 권사인데도 교회를 나가지 않고 있었습니다. 말로만 듣던 가나안 교인의 실체를 확인하고 충격을 받았습니다.

교회를 다니다가 떠난 사람들 중에 여러 가지 유형이 있을 것입니다. 신을 부정하는 사람, 타종교로 간 사람, 교회에 염증을 느끼고 떠난 사람, 사람들과 다투고 떠난 사람입니다. 여기에 오늘 본문은 한 가지를 더 추가하고 있습니다. 미혹되어 진리를 떠난 사람입니다. 다시 말해서 이단에 빠진 사람들을 뜻합니다.

2005년 인구센서스에서 기독교 인구가 861만 명인 것으로 발표되면서 한국 기독교 역사상 최초로 14만 명이 줄어든 것으로 나타나 기독교계에 충격을 주었습니다. 그런데 861만 명 속에는 이단이 포함되어 있음을 알아야 합니다. 그 숫자를 어림잡아 100만 명 이상이 될 것이라고 추측합니다.

한국 기독교의 대표적 이단인 전도관, 통일교, 신천지, 하나님의교회, 세월호 사건으로 다시 알려진 구원파 유병언, 박옥수, 이요한, 이외에도 몰몬교, 만민중앙교회, JMS, 박윤식입니다. 전도관은 박태선이 죽고 난 후에 급속히 쇠퇴하였고, 통일교도 문선명 사후에 내분이 일어나 세력이 약해지고, 정명석이 구속되어 JMS는 거의 자취를 감추고 있으나, 여전히 구원파, 신천지, 하나님의교회, 만민중앙교회 등은 맹위를 떨치고 있습니다. 이중에 신천지는 여전히 정통 교회에 침투해서 성도를 미혹하고 있으며 하나님의교회는 경매에 나오는 교회를 사들이는 수법으로 전국 곳곳에 세력을 확장하고 있습니다.

과거 전도관, 통일교에 빠진 사람들을 돌이키는 것이 얼마나 어려운 일인가를 한국 교회는 뼈저리게 체험했습니다. 그런데 요즈음 신천지, 하나님의교회, 구원파에 빠진 사람들을 돌이키는 일이 더 어려워졌습니다. 특히 신천지에 한번 빠지면 부모를 떠나고, 남편을 버리고, 가정을 버리고 가기 때문에 엄청난 어려움을 겪습니다. 신천지에 들어간 자녀를 강제로 데려왔다가 경찰에 조사를 받고 어려움을 겪은 부모가 하나둘이 아닙니다. 한번 이단에 빠지면 구해내기가 여간 어려운 것이 아닙니다. 그렇다고 포기할 수는 더욱이 없습니다.

이단 구별 방법

1. 성경에 추가로 덧붙인 것이 있다.
2. 삼위일체 하나님에 대한 관점이 다르다.
3. 예수님을 대신해 누가 나타났다고 말한다.
4. 자기네 교회만 구원이 있다고 강조한다.
5. 극단적 종말론을 내세운다.

본문을 상고하는 중 큰 은혜를 받고 결단하여, 주변에 가나안 교인을 인도하고, 미혹 받아 이단에 빠진 형제를 구해내는 믿음의 사람들이 되시기를 바랍니다.

1. 돌아오게 해야 합니다(19절)

가나안 교인이 많아진 이유가 무엇일까요? 여러 가지 요인이 있겠지만, 세상이 너무 발전한 데 비하여 교회가 옛날 그대로 발전하지 못한 것이 첫째 원인이라고 생각합니다. 제가 자라던 때, 교회는 세상에서 가장 재미있는 곳이었습니다. 여름성경학교 때, 예배당이 비좁을 정도로 아이들이 모여들었습니다. 노래와 율동이 있었고, 동화, 연극이 있었습니다. 공책, 연필 같은 상품이 있었고 과자와 사탕 그리고 빵을 주기도 했습니다. 이성에 눈 뜰 사춘기에 남녀가 자연스럽게 어울릴 수 있는 곳은 교회 밖에 없었습니다. 그래서 세상 사람들이 교회를 연애당이라고 부르기까지 했습니다. 이것은 비난보다는 부러움이 담긴 말이었습니다. 그러다가 우리나라의 경제적 발전과 함께 대학 진학의 부담으로 인해 주일학교 오후 예배, 중고등부 토요 집회가 사라졌고, TV, 컴퓨터의 등장으로 교회는 뒷전으로 밀리기 시작했습니다.

그 다음으로 꼽을 수 있는 원인은 교회 제도나 조직이 경직되어 소통하지 못하고, 교회 내에 인적 구성원들과의 갈등으로 교회를 떠나는 사람들이 많은 것입니다. 교회의 비합리적인 운영에 염증을 느끼고, 자유로운 신앙생활을 하겠다고 교회를 떠난 사람들이 많습니다. 이것은 목회사회학연구소의 연구 발표에서도 드러난 문제로 상당수의 지식인 크리스천이 교회를 이탈하고 있는 것으로 나타나고 있습니다. 교회는 이런 문제를 더 이상 개인의 신앙이 부족한 것으로 치부할 것이 아니라 구조적인 문제를 안고 있음을 직시하고 개선의 노력을 기울여야 할 것입니다. 그리고 이보다 더 심각한 문제가 있습니다.

> 내 형제들아 너희 중에 미혹되어 진리를 떠난 자를 누가 돌아서게 하면(약 5:19).

오늘 본문의 말씀은 가나안 성도의 문제가 아니라 "미혹되어 진리를 떠난 자"[87]의 문제를 거론하고 있습니다. 가나안 성도 중에는 대부분 예수 그리스도를 구세주로 믿고 하나님을 아버지로 섬기는 믿음이 있는 사람들입니다. 그러므로 교회가 제도를 고치고 합리적인 운영과 아래로부터의 소리에 귀를 기울이고, 신앙을 강요하면서 따라오라고만 할 것이 아니라 그들의 아픈 마음을 어루만지려는 노력으로 다가가면 그들을 돌아오게 할 수 있습니다.

그런데 미혹 받았다는 말은 이단에 빠졌다는 말입니다. 이것은 교회 운영에 상처 받는 것과는 차원이 다르고 강도가 센 매우 어려운 이야기입니다. 미혹이란 확신이 없는 사람들이 신앙적으로 방황하는 것을 의미합니다. 그래서 진리의 내용을 제대로 파악하지 못한 채 이단의 사술에 걸려 이리저리 코를 꿴 송아지처럼 끌려 다니는 것을 말합니다. 미혹하는 자는 적그리스도로 많은 사람을 배교하게 만듭니다.

> 미혹하는 자가 세상에 많이 나왔나니 이는 예수 그리스도께서 육체로 오심을 부인하는 자라 이런 자가 미혹하는 자요 적그리스도니(요이 1:7).

벌써 주후 1세기, 요한서신이 기록될 당시 영지주의자들이 생겨 예수님은 육신으로 오지 않고 영적으로 오셔서 가짜 몸이 십자가에 달리신 것이라고 주장했습니다. 이것을 가현설[88]이라고 합니다. 이것이 현대 우리나라의 구원파로 이어진 이단이라는 놀라운 사실입니다. 사람

87. 미혹하다(πλανάω,
라나오): 헤매다, 방
하다, 길을 벗어나다

88. 가현설(假現說, Docetism): 그리스도께서 실제로 물질적인 몸과 인간성을 갖지 않았고, 단지 유령의 몸만 가지셨다는 이단 교리이다.

들이 왜 미혹될까요? 욕심에 끌려가기 때문입니다.

> 오직 각 사람이 시험을 받는 것은 자기 욕심에 끌려 미혹됨이니(약 1:14).

또한 잘못된 지도자를 따르기 때문입니다.

> 백성을 인도하는 자가 그들을 미혹하니 인도를 받는 자들이 멸망을 당하는도다(사 9:16).

그러면 미혹을 당하면 어떻게 되는가? 야고보는 '진리를 떠난다.'고 말씀하고 있습니다. 그리고 하나님을 떠나 다른 신을 섬기게 됩니다.

> 너희는 스스로 삼가라 두렵건대 마음에 미혹하여 돌이켜 다른 신들을 섬기며 그것에게 절하므로(신 11:16).

이렇게 미혹되어 진리를 져버리고 하나님을 떠난 자들을 돌이키는 일은 결코 쉽지 않습니다. 그러나 어렵다고 포기할 수는 없습니다. 배교한 사람을 다시 그리스도께로 돌이키는 행위는 하나님의 고유한 사역입니다. 그러나 하나님께서는 죄인을 회개시킬 때에 사람을 사용하십니다. 이 역할은 특정한 지위에 있는 사역자만 하는 일이 아니라 모든 성도가 해야 할 일입니다. 그래서 본문에 "내 형제들아 너희 중에"라고 말하면서, 우리 모두에게 미혹되어 진리를 떠난 사람을 돌이키게 할 사명이 있음을 주지시키고 있습니다.

> 지혜 있는 자는 궁창의 빛과 같이 빛날 것이요 많은 사람을 옳은 데로 돌아오게 한 자는 별과 같이 영원토록 빛나리라(단 12:3).

사랑하는 형제, 자매 여러분! 주변에 가나안 성도에게 관심을 가지시기 바랍니다. 또한 이단에 미혹되어 진리를 떠난 형제들에게 관심을 가지고, 그들을 위해 기도하고 옳은 길로 인도하는 사랑의 전도자들이 되시기를 바랍니다.

2. 매우 중요한 일임을 알아야 합니다(20a절)

한국 교회는 세계 기독교의 선교 역사상 가장 급성장한 교회입니다. 1960년대부터 80년대까지 30년간 선교 100년 만에 국민 중에 20%가 예수를 믿어 1,000만 명이 넘는 그리스도인이 되는 가장 다이나믹한 교회를 이루었습니다. 세계 최대의 교회인 여의도순복음교회를 비롯한 세계 최대의 감리교회인 광림교회, 금란교회와 세계 최대 장로교회인 명성교회, 온누리교회 등 세계 10대 교회 중 다섯 개가 한국에 있을 정도로 엄청난 부흥을 경험했습니다.

동시에 한국 교회를 병들게 하는 바람이 들었습니다. 무에 바람이 들면 먹을 수 없는 것처럼, 한국 교회가 병이 들었는데 그것이 무엇입니까? 한 영혼의 소중함을 잊어버린 것입니다. 한국 선교 초창기에 선교사들은 한 명을 전도하기 위하여 산을 넘고 강을 건넜습니다. 수많은 선교사가 풍토병에 걸려 죽었습니다. 권서인(勸書人)들은 무거운 성경책을 메고, 이 동네 저 동네를 다니며 성경 말씀을 전했습니다. 완고한 씨족 마을에 교회가 들어가면서 뿌리를 내리기까지 멸시천대 십자가를 져야만 했습니다. 예수를 믿고 집안에서 쫓겨난 사람이 부지기수입니다.

그런데 폭발적인 성장기를 거치면서 올챙이적을 망각한 개구리가 되었습니다. 지금 한국 기독교가 처한 환경을 7년 풍년 뒤에 7년 흉년이 시작되는 때'라고 말합니다. 우리 모두 한 영혼의 소중함을 망각한 죄를 회개하고, 한 영혼의 소중함을 다시 깨달아야 합니다. 그래야 하나님께서 다시 제2의 부흥기를 허락하실 것입니다. 한 영혼이 소중합니다. 잃어버린 한 영혼이 소중합니다. 오늘 야고보 장로는 우리에게 이것을 일깨워 주고자 합니다.

> 너희가 알 것은 죄인을 미혹된 길에서 돌아서게 하는 자가 그의 영혼을 사망에서 구원할 것이며(약 5:20a).

초대 교회 당시 유대교에서 기독교로 개종했다가 다시 유대교로 회귀하거나 여러 이단 사상에 현혹되어 진리에서 떠나 그릇된 길로 가는 자들이 많았습니다. 이러한 일은 현재 한국 교회에서도 흔히 볼 수 있는 공통적 현상이라 하겠습니다. 이러한 사람들을 미혹된 길에서 다시 돌아서게 하는 것은 주님의 구속 사업에 동참하는 중요한 일인 동시에 그 당사자에게 사랑을 베푸는 일이 될 것입니다.

야고보 장로는 당시 서신의 일반적인 형식인 마지막 문안인사를 생략한 채 돌연히 미혹된 자를 구원할 것을 권면하는 것으로 자신의 편지를 끝맺고 있습니다. 이것은 야고보서와 요한일서에만 나타나고 있는 독특한 형식입니다. 이런 까닭은 그만큼 편지를 받는 교회 공동체의 상황이 긴박했음을 말해 주는 것입니다. 그 무엇보다도 진리를 떠난 사람, 배교한 사람을 다시 진리 안으로 인도하는 행위가 중요함을 강조한 것입니다. 20절에 '너희가 이것을 꼭 알아야 한다.'고 강조하고 있습니다. 배교자들을 돌이키는 것은 영원한 형벌에서 그들의 영혼을 구원하는 매우 중요한 일임을 알아야 합니다.

그러면 어떻게 하면 이 중요한 사명을 감당할 수 있을까요? 먼저 자신이 진리 가운데 확고하게 서야 합니다. 소경이 소경을 인도할 수 없기 때문입니다.

> 그냥 두라 그들은 맹인이 되어 맹인을 인도하는 자로다 만일 맹인이 맹인을 인도하면 둘이 다 구덩이에 빠지리라 하시니 (마 15:14).

소경이 소경을 인도하면 함께 구덩이에 빠질 수밖에 없습니다. 우리 모두 참된 복음의 내용이 무엇인지를 알아야 합니다. 사람이 의롭다 하심을 얻는 것은 율법의 행위로 되는 것이 아니라 오직 믿음으로 되는 것을 알아야 합니다. 오직 예수 그리스도를 믿음으로 하나님의 의에 이를 수 있습니다.

모든 사람이 죄를 범하였으매 하나님의 영광에 이르지 못하더니 그리스도 예수 안에 있는 속량으로 말미암아 의롭다 하심을 얻습니다(롬 3:23-24). 이 복음의 진리를 확고히 믿는 자가 되어야 진리에서 떠나서 방황하는 사람을 옳은 길로 인도할 수 있습니다. 그러므로 먼저 진리의 말씀으로 무장해야 합니다. 오직 예수, 예수만이 길이요, 진리요, 생명입니다. 예수로 말미암지 않고서는 구원 받을 수 없습니다. 구원 받는다는 것은 예수의 보혈의 공로를 믿고, 죄 사함 받고, 의롭게 되어, 하나님의 자녀가 되고, 천국 시민이 되어, 천국에서 영생복락을 누리는 것입니다.

이 진리의 복음이 확고한 사람이라야 이단 사설에 미혹 받은 자를 구원으로 인도할 수 있습니다. 예수님의 보혈의 공로 대신 문선명, 박태선, 이만희, 유병언, 안상홍, 장길자 등, 이런 이름이 등장하면 전부 미혹하는 자들과 미혹 받는 자라는 사실을 기억하시기 바랍니다. 예수님은 탕자의 비유를 통하여, 잃어버린 양의 비유를 통하여, 진리에서 떠난 자가 돌아오기를 기다리시는 하나님의 심정을 가르쳐 주셨습니다.

> 내가 너희에게 이르노니 이와 같이 죄인 한 사람이 회개하면 하늘에서는 회개할 것 없는 의인 아흔아홉으로 말미암아 기뻐하는 것보다 더하리라(눅 15:7).

이 하나님의 마음을 아는 자녀라면 미혹을 받아서 진리를 떠난 자를 돌아오게 하는 일이 얼마나 시급하고도 중요한 일인가를 깨닫게 될 것입니다. 죄인을 미혹된 길에서 돌아서게 하며, 구원하는 일의 중요성을 깨닫고, 일어나 탕자를 찾아나서는 성도가 되시기를 바랍니다.

3. 사랑으로 덮어야 합니다(20절).

우리 교회 교적부에 등록된 사람의 숫자가 얼마나 되는지 아십니까? 44,000명이 넘었습니다. 그동안 이사 가고, 이민 가고, 다른 교회를 가고, 다른 종교로 가고, 가나안 교인이 되고, 사망하고, 결혼하여 분가하고 등등의 이유로 떠난 사람이 많습니다. 지난 7월말 현재 정확한 교인의 숫자가 15,000명 정도입니다. 그러면 2만9천 명 정도가 떠났다는 얘기 아니겠습니까?

교회들마다 오는 사람들은 얼마나 따뜻하게 맞이하는지 모릅니다. 간이라도 빼줄 것같이 천사 같은 모습으로 대합니다. 그러다가 마음이 상한 일이 있어서 교회를 떠난 사람에게 대하는 태도는 완전히 다릅니다. 욕하고, 저주하고, 다시는 안 볼 원수를 대하듯 하는 경우가 있습니다. 이렇게 하면 교회를 떠난 사람들이 절대 다시 돌아오지 못합니다. 반드시 애프터서비스를 잘 해야 합니다. 마음에 상처를 받고 가는 사람에게 용서를 구해야 합니다.

"잘 돌봐 드리지 못해 죄송합니다."

"그런 일이 있는지 미처 살피지 못해 미안합니다."

"목사가 부족해서 영적인 부분을 채워 드리지 못한 것을 사과합니다."

"그 동네에 좋은 교회, 훌륭한 목사님이 계신데 그곳에 꼭 가시기 바랍니다."

기도하고 축복해서 보내 드려야 합니다. 그러면 첫째 상처가 덧나지 않고 아물게 됩니다. 그 다음 교회와 목사에 대해 비난하지 않고 서운한 감정을 풀게 됩니다. 그러면 다시 돌아올 경우도 있고 다른 곳에 가서도 교류가 끊어지지 않고, 교회를 다른 사람들에게 소개하고 좋은 소문을 내는 선전 대원이 됩니다. 그런데 많은 목사들과 교인들이 순간의 감정을 참지 못해 저주를 하고 섭섭하게 떠나보내는 실수를 저지릅니다. 결국은 교회의 소문이 나빠지고 전도의 문이 닫히게 됩니다.

허다한 죄를 덮을 것이라(약 5:20b).

'허다한 죄'란 당시 공동체를 떠난 사람들의 죄를 말합니다. 그들을 진리로 돌아서게 하고, 다시 교회로 인도하는 것은 죄를 덮어야 가능한 일이라는 말씀입니다. 영혼 구원과 죄의 용서는 인간의 권한이 아닙니다. 전적으로 하나님의 권한이요, 하나님의 고유한 영역입니다. 다만 우리들은 그 죄에 대하여 아파하는 마음과 덮어 주는 자세를 가져야 합니다.

우리말에 "싸움은 말리고 흥정은 붙이라."고 했습니다. 그런데 개중에는 불붙은 곳에 물을 뿌리지 않고 기름을 뿌려 불을 확산시키는 사람들이 있습니다. 그러면 안 됩니다. 우리 그리스도인들의 태도는 누가 실족하여 진리에서 떠나면 그를 비난하고 정죄할 것이 아니라 그들의 허물을 사랑으로 덮어 주어야 합니다. 그럴 때 그들이 돌이켜 진리의 길로 돌아올 길을 닦아 놓는 것입니다. 당장은 안 되는 것 같아도 사랑으로 죄를 덮어 주면 훗날 반드시 그것을 기억하고 돌아오게 됩니다. 우리들은 모두 다 양 같아서 각기 제 길로 갔고 죄에 미혹되어 사망의 음침한 골짜기를 헤매고 다닌 존재입니다.

이런 우리를 하나님께서 사랑하사 독생자를 보내어 죄악 된 길에서 돌이켜 생명의 길에 이르게 하셨음을 기억하고, 한량없는 하나님의 은혜에 보답하는 심정으로 미혹된 형제를 열심히 돌보아 주어야 합니다. 그것이 그 크신 하나님의 사랑에 보답하는 길입니다.

한 영혼의 크기는 그 공동체의 크기와 같다(정성진).

미혹된 한 영혼을 다시금 돌아서게 하는 것이 공동체의 책임입니다. 이런 인식을 가지고 한 영혼을 사랑으로 덮을 때, 공동체는 온전케 되는 것입니다. 야고보가 바라는 것은 공동체의 한 개인이 아니라 온 공동체가 온전함을 이루는 것입니다.

교회 공동체의 온전함은 믿음과 올바른 행동으로 이루어진다.

공동체의 일원인 자를 잃어버렸을 때 그를 찾는 것이 하나님의 뜻입니다. 이런 자각이 공동체를 공동체 되게 하는 것입니다. 이런 자각이 있다면 한 영혼을 실족케 하는 일이 없을 것입니다. 혈기 때문에, 완벽함 때문에 남을 정죄하고, 비판하여 실족케 했다면 용서를 구하고 태도를 고쳐야 합니다.

> 누구든지 나를 믿는 이 작은 자 중 하나를 실족하게 하면 차라리 연자 맷돌이 그 목에 달려서 깊은 바다에 빠뜨려지는 것이 나으니라(마 18:6).

예수님의 엄한 경계의 말씀을 기억하시기 바랍니다. 룻기는 드라마틱하고도 아름다운 이야기입니다. 시어머니 과부와 며느리 과부가 먼 친척이 되는 보아스라는 부자를 잡는 길만이 살 길이라고 판단하고, 부자인 보아스가 타작마당을 지키면서 잘 때 시어머니가 그 이불 속으로 며느리 룻을 들여보냅니다. 자다가 룻을 발견한 보아스가 그의 허물을 탓하지 않고 은혜로 덮고 법적인 절차를 거쳐 아내로 삼는 가슴 뭉클한 사랑이야기입니다. 이 내용 중 가장 시적인 내용이 나옵니다.

> 당신의 옷자락을 펴 당신의 여종을 덮으소서(룻 3:9).

우리는 룻과 같이 비천한 존재입니다. 하나님께서 사랑의 옷자락으로 덮어 주셨습니다. 이 은혜와 사랑을 갚아야 합니다. 그것은 연약한 형제들을 돕는 사랑의 실천으로 가능합니다. 영적으로 가장 아프고 연약하고 병들어 사랑이 필요한 사람은 마귀의 미혹을 받고 진리에서 떠난 사람들입니다. 이들을 비방하거나 정죄하지 말고 사랑으로 덮어야 합니다.

> 미움은 다툼을 일으켜도 사랑은 모든 허물을 가리느니라 (잠 10:12).

이 땅에 완벽한 교회도 없고, 완전한 그리스도인도 없습니다. 교회는 모순투성이요, 성도는 신앙적으로 도덕적으로 성숙하지 못합니다. 그럼에도 교회는 여전히 하나님 나라의 전위대요, 성도는 이 세상을 변화시킬 수 있는 전사들입니다. 교회는 공동체성을 확고하게 다져야 합니다. 서로 사랑하는 공동체, 믿음을 실천하는 공동체가 되어야 합니다.

사랑하는 형제, 자매 여러분! 미혹되어 진리를 떠난 형제들까지 사랑으로 허물을 덮어 주므로 주께로 돌아오게 하는 온전한 공동체 거룩한 빛광성교회를 만들어 가는 저와 여러분이 되시기를 바랍니다.

기도로 나아감

- 잃은 양 한 마리를 찾기 위해 나선 목자의 심정을 가지고, 주님을 떠나 방황하는 자들을 인도하게 하소서.
- 미혹을 당해 진리에서 떠난 자들을 가엾게 여기며, 사랑과 관심으로 그들을 주께로 다시 돌아오도록 인도하소서.
- 죄인인 나를 구원하신 그리스도의 사랑을 기억하고, 허물이 있는 자들을 사랑으로 덮어 주고 용납하는 넉넉한 마음을 주소서.